KB074368

역사의 갈림길에 선 대한민국

역사의
갈림길에 선
대한민국

혼돈·표류·권력쟁투를 넘어 비전·전략으로

천무진 지음

이른아침

서문

　지금 대한민국은 안팎으로 심각한 난관과 위기, 도전에 직면해 있다. 안으로는 극심한 양극화와 불평등, 그리고 경제의 추세적 활력 저하 등을 겪고 있으며, 밖으로는 스스로의 전략적 좌표조차 설정하지 못한 채 미중 패권 경쟁이 시작된 거대한 세력전환기를 맞고 있기 때문이다.

　양극화와 불평등은 외환위기(1997년) 이후 신자유주의 정책의 추진 등으로 인해 급속히 심화했다. 부의 쏠림 내지 부익부 빈익빈 현상이 가속화하는 가운데 수많은 사회경제적 약자들이 삶의 벼랑으로 내몰렸고, 그 벼랑 끝에서 작은 풀포기 하나 붙잡고 겨우 버티다 끝내 밑으로 떨어지는 이들이 부지기수였다. 주지하다시피 근래 한국의 자살률은 세계 최고 수준을 기록하고 있다. 2011년 기준 한 해 1만5906명이 스스로 목숨을 끊었다. 하루 평균 43.6명, 33분 만에 1명꼴이다. 게다가 최근의 코로나19 대유행으로 불평등은 더욱 심각하게 악화하고 있고, 코로나보다 경제적 어려움 때문에 생존을 더 위협받게 된 자영업자·소상공인 등이 '극단적 선택'을 하는 비극이 이어지고 있다.

　한국 경제 자체도 짙은 먹구름에 휩싸여 있다. 그동안 우리 경제를 이끌어 온 주축 산업이 대부분 중국에 따라잡히거나 추월당하고 있는 가운데 새로운 기술의 도입을 통한 기존 산업의 진화나 차세대 신산업의 발굴·육성은 빨리 이루어지지 않고 있다. 뿐만 아니라, 한국 경제의 유일한 버팀목인 반도체마저 지금 불안한 상황이다. '미중 반도체 대립'의 격화 속에 미국은 동아시아 국가들에 편중된 반도체 생산구조를 뜯어고쳐 반도체 공급망을 자국 중심으로 재편하려 하고 있고, 대만, 일본, EU 등도 전례가 없을 정도의 공격적 투자나 적극적인 육성책을 추진하고 있기 때문이다. 게다가 한국의 가계부채는 국내총생산GDP 대비 100%를 넘어설 정도가 됐으며, 우리 사회가 현재 보이고 있는 **세계 최저 수준의 출산율과 급속한 고령화**는 한국 경제를 더욱 옥죌 것으로 예상된다(생산 인구 급감으로 이대로 가면 2030년대부터 GDP성장률이 0%대로 추락할 것으로 전망되고 있다).

외교·안보적 차원에서도 한국은 총체적 난맥과 표류의 상황에 처해 있다. 전작권(전시작전통제권) 환수 연기와 재연기, 북핵 대처 등에서 그것이 잘 드러난다 하지 않을 수 없다. 중국의 급부상으로 인해 세계질서의 판이 통째로 흔들리기 시작했는데도, 근래의 이명박·박근혜 정부는 미국과 합의된 '전작권 전환'을 잇따라 뒤엎는 등 외교·안보 문제에 있어 기존의 관성적 인식과 자세에서 한 발짝도 벗어나지 못하는 모습을 보였다. 그리고 최근의 문제인 정부의 경우, 미중 패권 경쟁이 본격화하고 있음에도 큰 틀에서의 장기 전략이나 외교안보 대계大計를 수립하는 것도 없이 북한에만 '올인'하면서 북핵 문제에 대해 한반도 문제의 당사자로서 자신의 원칙을 갖고 냉철한 안목으로 접근해 가는 면모를 전혀 보여주지 못했다. 이러는 사이에 한국은 한반도 정세를 이끌어 갈 능력을 강화해 나가는 것으로부터 멀어져 가고 있으며, 남북 관계는 보기 드물 정도의 거친 파열음을 내고 있고, 주변 세력/국가들의 우리에 대한 도발과 압박, 위협, 무시는 노골화하고 있다.

사실 한국은 20세기 후반 들어 경제적 급성장과 정치적 민주화를 이뤄낸 데 더해 밖으로부터 냉전체제가 해체됨으로써 새로운 역사적 기회를 맞았다고 할 수 있다.

대내적 차원에서 그 기회란 분단국가 건설과 개발 독재를 거치면서 쌓여왔거나 지속되어온 갈등과 반목, 정신적 피폐와 노동에 대한 억압 등을 완화 또는 치유, 개선하는 방향으로 나아갈 수 있게 됐다는 것을 뜻할 터다. 바꿔 말하면, 해방과 분단, 권위주의 산업화를 겪으며 극우적 이념축과 압축적 근대화를 근간으로 하여 구축된 한국 사회의 구조적 틀과 그 운영 원리, 운영 방식을 민주화, 인간화, 형평화, 복지화, 다원화 등의 방향으로 바꿀 기회를 갖게 됐다는 것이다.

그리고 대외적 차원에서 그 기회란 전작권 환수 등을 통해 한미동맹의 자연스러운 변화—의존적 동맹에서 자립적 동맹으로—를 끌어내고, 이러한 변화를 계기로 우리의 대외적 자율성을 크게 끌어올리는 한편, 한국 정부의 외교적 입지도 더한층 넓혀가는 방향으로 나아갈 수 있게 됐다는 것을 뜻할 터다. 과거 전통시대까지 포함하면 우리는 참으로 오랫동안 어느 한 강대국과의 일방적인 관계 구조 속에서 생존해 왔다 하지 않을 수 없는데, 이 같은 우리의 존재 방식 내지는 대외 관계 틀을 어느 정도 바꿀 기회를 갖게 됐다는 것이다.

하지만 '민주화 이후의 정부'들은 하나같이 그 안목과 역량의 한계를 뚜렷이 드러냈고, 그리하여 이러한 역사적 기회를 제대로 낚아

채는 데 실패했다고 해야 하지 않을까 한다.

　이제 우리는 또다시 역사의 갈림길에 섰다. 여기서 그대로 주저앉아 정체와 쇠락의 길로 빠져들고 말 것인가? 아니면, 어떻게든 새로운 돌파구를 열어 앞으로 나아갈 수 있을 것인가?

　역사의 전환점으로서의 오늘의 시점이 갖는 중차대한 의미와 오늘의 배면에 짙게 드리워진 어두운 그림자를 직시하지 못한다면 역사는 아마 우리에게 또다시 혹독한 대가를 요구할 것이다.

　지금 우리에게 절실히 요구되는 것은 우리의 과거와 현재를 냉철히 성찰하고 제대로 된 문제의식을 갖는 게 아닐까 한다. 현실의 근본적인 문제들에 대한 해법의 실마리도, 우리가 어디로, 어떻게 갈 것인지에 대한 좌표 설정과 전략 구축의 단초도 여기서 나올 수밖에 없다고 여겨지기 때문이다.

　이런 생각하에 필자는 이 글을 통해 우리의 과거와 현재를 반성적으로 되돌아보는 한편, **한국이 안고 있는 핵심 문제**와 우리가 직면하고 있는 **거대한 대외적 도전** 등을 큰 틀에서 살펴보고자 했으며, 더불어 우리의 미래도 조금 더듬어 보고자 했다.

　이 글이 우리가 지난 시대와 오늘의 현실을 되짚어 보고 더 나은 미래를 모색하는 데 조그마한 자극제라도 될 수 있다면 더 바랄 게 없겠다.

2022년
천무진

차 례

제1장

불량·불안·불행의
잿빛 한국 사회

1

시장논리는 어떻게 우리를
지배하게 되었나

작금의 우리 사회는 대규모의 비정규직 양산, 자영업 황폐화, '부동산 격차'의 극단적 심화, 청년 일자리 대란, 중산층 붕괴, 계층 간 극심한 교육 격차 등과 같은 온갖 심각한 문제로 신음하고 있다. 그리고 이 같은 문제들은 **세계 최고 수준의 자살률과 세계 최저의 출산율**로 이어지고 있다고 할 수 있다. 이런 현실 앞에서 우리는 지난 시대를 깊이 되돌아보지 않을 수 없다 하겠다.

주지하다시피 한국은 1950년대까지만 해도 세계 최빈국 중의 하나였다. 그랬던 한국이 1960년대 이후 초고속 경제성장을 거듭했던 바, 그것은 이른바 '박정희식 발전 모델'하에서였다. '박정희식 발전 모델'이란 잘 알려져 있듯 고강도의 억압적 노동규율과 노동 탄압,

그리고 재벌에 대한 특혜적 지원 등을 주요 특징으로 하는 게 아닐 수 없었다. '경제 성장'이 국가와 사회 전체의 최고 목표이자 최우선 가치로 강력히 추구되는 가운데 한편으론 국가-재벌 동맹이 만들어지고 다른 한편으론 노동에 대한 억압과 배제가 이루어졌다. 압축적 근대화란 바로 **'국가-재벌 동맹을 한 축으로 하고 노동에 대한 억압과 배제를 다른 한 축으로 하여 진행된 것'**이란 얘기다.

박정희 시대의 고도성장은 박정희의 전략적 선택과 산업화에 유리하게 작용한 구조적 조건·지정학적 요인 등이 맞물림으로써 가능했던 것이라 할 수 있다. 국내적으론 1950년대의 농지개혁과 한국전쟁을 통해 지주계급이 몰락, 해체되면서 산업화에 저항할 세력이 없게 된 데 더해 한국의 계급구조가 산업화에 적합한 형태로 만들어져 있었다는 점, 또 대외적으론 미국의 냉전전략 내지는 동아시아전략에 따른 파격적 경제 원조와 지원[1], 그 전략의 연장선상에서의 한일 국교정상화 압박에 의한 한일협정 체결과 미 소비시장에 대한 한국 수출업체의 특혜적 접근 허용, 그리고 새로운 국제분업구조의 형성과 '브레튼우즈 체제[2]에 따른 자본이동 통제[3] 등이 이루어졌다는 점이 중요한 변수로 작용했다고 볼 수 있기 때문이다.

---

1 국제공산주의의 확장을 막는 전초기지로서의 한국의 전략적 가치가 중요하게 여겨졌다. 미국 입장에선 반공의 보루, 냉전의 최전선인 한국이 강해져야 했고, 이를 위해 미국은 한국을 국제 안보·무역체제에 편입시키는 한편 한국에 대한 투자 적임자로 일본을 선택했다.
2 미국 달러를 기축통화로 설정하고 금태환제에 따른 고정환율제를 채택한 2차 세계대전 이후의 새로운 국제통화체제이다. 상품이동은 자유무역체제로 가되 자본이동은 제한하는 것으로 국가의 자본이동 통제를 허용했다.
3 브레튼우즈 체제가 허용한 '자본 이동 통제'로 국제투자는 대부분 직접 투자보다는 차관 형태로 이뤄졌던 바, 한국은 차관 형태의 외국자본을 주로 들여옴으로써 해외 자본의 간섭이

사실 한국의 자본주의 산업화 양상을 결정적으로 규정했던 것은 동아시아의 냉전 구도였다[4]. 냉전 구조 속에서 한국은 미국의 동아시아 전략의 '지정학적 최전선 보루'가 됨으로써 "1945년 이후 130억 달러에 달하는 군사·경제 원조를 받았"는데, 그 중 경제 원조와 차관이 "60억 달러로 같은 기간 아프리카에 대한 미국의 전체 원조액과 맞먹는" 액수였다. 그리고 미국이 소련, 중국, 북한과 대치하는 냉전 구도 속에서 한국과 일본을 묶어 한·미·일 3각 동맹을 만들어 내는 동시에 자국의 대한對韓 원조 부담을 덜기 위해 한일국교정상화를 압박했던 바, 한국은 대일對日 국교정상화(1965년)를 통해 일본으로부터 유·무상 원조와 차관—이른바 '산업화 종잣돈'—을 받을 수 있었고, 수출 중심 경제 성장의 발판도 마련할 수 있었다[5].

앞서 살펴본 '박정희식 발전 모델'이란 국가주도의 발전전략을 의미하는 게 아닐 수 없는데, 1980년대 들어 이러한 '국가주도형 경제'에 일정한 변화가 나타나게 된다. 즉, 밖으로는 무역자유화가 추진되

나 요구에 얽매이지 않고 정부의 경제발전계획에 따라 이 자금을 사용할 수가 있었다.

4 지주형 저 '한국 신자유주의의 기원과 형성' 참고. 한국 자본주의의 산업화 양상 및 역대 정부의 경제정책과 관련해 이 책을 중요하게 참조했으며, 뒤에 나오는 여러 인용들 역시 주로 이 책에서 가져온 것임을 밝혀둔다.

5 당시 일본 입장에선 자국 내의 임금 상승으로 수익성이 떨어진 경공업이나 공해 산업을 인근 국가로 돌릴 필요가 있었는데, 바로 이 같은 일본의 '산업 관련 폐기와 건설 전략—노동집약적인 경공업 부문은 해외로 돌리고 자국 내엔 중화학공업 등을 새롭게 건설코자 한 것임—'에 따라 구축된 일본 주도의 지역적 분업생산네트워크인 이른바 '기러기 편대—기러기가 편대를 이루고 날아가는 것처럼 기술 발전이 가장 앞선 일본이 선두에 서고 다른 아시아 국가들이 기술적 분업구조를 이루며 시차를 두고 그 뒤를 따라가는 것임—'에 한국은 편승해 이익을 얻을 수 있었다. 하지만 이 과정에서 '일본 부품과 기술에 의존하는 구조' 또한 만들어졌다.

고 안으로는 은행민영화나 이자율 자유화 등의 금융자율화 조치들이 추진됨으로써 시장 중심적 요소들이 도입되기 시작한 것이다. 전두환 정권의 등장과 더불어 "철저한 시장경제 신봉자"인 김재익[6]과, "'강경식強硬式'이라는 별명을 얻을 정도로 강경한 시장근본주의자"였던 강경식이 경제정책의 키를 쥐게 됨에 따라[7]본격적인 시장주의 개혁이 시도됐으며, 이 같은 경제정책 방향은 박정희 시대 경제정책과의 차별화를 의미하는 것이기도 했다. 김재익이 내놓은 경제정책은 "민간 자율, 시장 개방, 물가 안정"에 방점이 찍힌 것이었고, 이는 모두 "시장에 의한 자원 배분, 시장경쟁의 촉진, 기업의 국제경쟁력 강화를 목적으로 하는 것"이었다. 정책금융, 수출지원금 등은 바람직하지 않은 것으로 여겨졌고, 물가안정이라는 것도 '통화·재정 긴축으로 국가 개입을 감소시키고 수입 개방을 추진하는 방편으로서의 의미'를 지녔었다. 김재익과 강경식은 "이상적인 팀"을 이루어 금융자율화[8], 수입 자유화, 외국인 투자의 부분 자유화 등을 추진했으나 결국 이 같은 시장주의 개혁은 정부 안팎의 반발[9]과 김재익의 갑작스러운 '아웅산 사망'으로 동력을 잃고 만다(시장주의 개혁의 핵심이

---

6 당시 청와대 경제수석비서관으로 전두환에게 "경제는 당신이 대통령이야"라는 말을 들었던 인물이다. 그는 국내에 신자유주의적 경제정책을 도입한 선구자였다고 할 수 있다.

7 이들처럼 1970년 전후 미국 유학을 다녀온 관료와 학자들은 대부분 시장주의적 신념이 강했는데, 그것은 이들이 신고전학파 경제학의 세례를 받았기 때문이라 할 수 있다. 김재익은 미국 스탠퍼드대학에서 경제학 박사 학위를 받았고, 강경식은 미국 시러큐스 행정대학원을 수료했다.

8 금융실명제, 은행 민영화, 외자도입 자율화 등을 포함한다.

9 허화평, 허삼수 같은 신군부 출신 실세들은 금융실명제 도입에 반대했고, 재계도 금융자율화와 관련하여 "은행 민영화와 경영자율성은 찬성했으나 금리 자율화나 자본시장 개방에 대해서는 반대"했다.

었던 금융자유화가 "좌초"됨). 하지만 그 실패에도 불구하고 당시 추진된 시장주의 개혁은 중요한 의미가 있었다. 왜냐하면 "이후 전개될 한 국 자본주의의 신자유주의적 개혁의 밑그림"이 이때 구상되었다고 할 수 있기 때문이다(한국에서 신자유주의적 정책을 처음 입안한 사람들은 이처럼 전두환 정권 하의 경제 관료들이었지만 신자유주의 정책을 본격적으로 추 진한 것은 김대중·노무현 정권이었다).

민주화가 이루어진 뒤 시장주의 경제정책이 다시 추진된다. 1990년 대 들어 김영삼 정부는 산업정책 폐기, 금융시장 개방 등을 시행한다. 김영삼 정부의 이른바 '신경제 계획'(1993년)은 '1961년부터 지속돼 온 **국가주도형 경제개발의 종료**를 의미하는 것'이었다. 1980년대부터 미국 의 수입개방 압력이 본격적으로 시작되고 냉전종식 이후 미국의 동 아시아 무역정책이 더한층 강화되는 등의 대외적 환경 변화와 더불 어 국내적으로 정치적 민주화와 재벌의 자율성 증가, 노동 운동의 활 성화 등이 이뤄짐에 따라 기존의 자본축적체제가 무너지게 됐던 것 이다. 김영삼 정부는 1995년을 '세계화'의 원년으로 선포했는데, 경제 적 측면에서 이것이 의미하는 바는 "금융 자유화를 통해 한국 경제를 민간 주도 경제로 전환하고 재벌의 투자 및 지구적 경쟁을 지원하는 것"이었다. 금융자유화 조치에는 금리 자유화, 은행경영 자율화, 자본 시장 개방 등이 포함됐다. 그런데 바로 이 과정에서 결정적인 오류가 있었다. **국가의 통제는 없애면서 이를 대신할 시장규율 강화나 금융감독체제 정비 등은 제대로 이루어지지 않았기 때문이다.** 다시 말해, 적절한 규제 장 치나 '금융기관의 건전성 강화', '금융 감독의 고도화' 등이 미비한 상태에서 금융과 자본거래 자유화를 비롯한 대외 개방이 성급히 추진되고 말았다는 얘기다. 게다가 금융 자유화는 순서가 중요한데, 장기 외자도입보다 단기해외차입이 먼저 자유화됐다는 것도 문제였다. 재벌은 이 단기차입금으로 "제철(현대), 특수강(한보·기아), 자동차(삼성) 등"에 과잉 중복투자 했고, 여기에 종금사의 투기수요까지 가세함으로써 외채 규모와 외채 구조—단기외채 비중이 빠르게 증가함—가 급격히 나빠졌던 게 아닐 수 없다. 결국, 한국 경제·기업의 구조적 취약성과 당시의 국제금융체제 불안정성에 더해 이 같은 문제들이 직접적 원인이 되어 외환위기(1997년)라는 미증유의 사태가 터져 나오게 됐던 것이다.

외환위기 직후 들어선 김대중 정부는 '경제 위기' 극복을 외치면서 자본시장 개방, 규제 완화, 노동시장 유연화, 공기업 사유화 등을 강력히 추진한다. 김영삼 정부의 준비 안 된 섣부른 금융 자유화가 외환위기라는 엄청난 '재앙'을 초래했음에도 불구하고 모든 부문의 개방을 훨씬 가속화하는 방향으로 나아갔다. 물론 IMF의 요구도 있었고, 미국의 압력도 있었을 게다. 하지만 김대중 정부는 스스로 정리 해고와 공기업 사유화, 은행 매각을 금과옥조로 여기는 태도를 보였고, 그리하여 IMF의 요구 등으로 인해 우리가 해야 했던 것보다 더 많은 시장개방이나 경제자유화, 시장자유화를 추진했다. "외국인 투자자들이 … 김대중 정부가 단지 IMF 프로그램을 준수하는데 그치지 않고 그 이상으로 해주고 있는 것에 크게 고무되어 있다"고 한 당시 스티븐 보즈워스 주한 미 대사의 발언은 실로 의미심장한 것이었다. 김대중 대통령은 대선 승리 직후 당선인 신분으로 미셸 캉드쉬 IMF 총재에게 보낸 서한에서 "IMF가 제시하는 목표는 지난 30년간 내가 싸워왔던 목표와 일치한다(fighting for the same objectives)"고 했다. 그리고 IMF 프로그램은 신자유주의 이데올로기에 포섭된 한국 경제 관료들의 믿음이기도 했던 바, "IMF 프로그램이 김대중 대통령과 신자유주의적 경제관료 양자의 희망사항을 대부분 실현시켜줄 수 있었다"는 지적이 나오는 건 그래서 당연한 것일 테다. 심지어 IMF 보고서조차도 "(한국)정책당국은 순전히 외부에서 부과된 조치를 실행할 때보다 더 기꺼이 이러한 조치들을 실행할 의지가 있었다"고 했다지 않는가. 김대중 정부가 추진한 이른바 '구조조정'은 인력 감축에 초점이 맞춰진 것이었고, 노동개혁이란 것도 자연히 노사관계는 뒷전으로 밀린 채 노동유연성만이 강조되는 것이었다. 노동시장개혁이란 이름으로 노동시장 유연화 정책이 강력히 추진되었음은 말할 것도 없다. 김대중 정부는 외국인 직접 투자 유치를 외환위기 극복 전략으로 채택함으로써 외국인 투자 유치를 지고지선으로 여겼고[10], 그리하여 이를 위한 "단호한 상징적 행위"로 정리해고제 도입을 강조하기도 했다. 물론 당시 정부 입장에서 노동시장 유연성을 확보할 필요성도 있었겠지만, 제대로 된 준비나 대책도 없이 무조건 잘라내는 방식은 잘못된 것이었다. 우리 사회구성원들의 삶과 직결되는 정리해고 등 노동유연화를 이런 식으로 추진했다는 것은

---

10 김대중 정부는 공적 자금이 10조원 넘게 투입된 제일은행을 고작 5000억원에 사모펀드인 뉴브리지캐피털에 팔아넘겼다. 뉴브리지캐피털은 5년 후 1조1500억원의 차익을 남기고 은행을 되팔았는데, 한국엔 세금 한 푼 내지 않았다.

18   역사의 갈림길에 선 대한민국

김대중 정부의 실책 중의 실책이 아닐 수 없다고 본다. 결국, 구조조정이나 노동유연성 확대 과정에서 실업과 비정규직이 대량 발생할 수밖에 없었고, 이는 우리 사회 양극화의 주요 요인이 됐다.

 김대중 정부에 이어 들어선 노무현 정부의 첫 경제정책은 법인세 인하[11]였다. 당시 야당이던 한나라당이 주도해 법인세 감세안을 국회에서 통과시키긴 했지만, 참여 정부의 경제부총리였던 김진표도 법인세 인하 뜻을 밝혔기 때문이다. 이는 대선 때 노무현 후보가 법인세 인하 반대 공약을 내놓은 것과는 배치되는 것이었다[12]. 소득세율도 인하했는데, 이 또한 주로 고소득자들에게 혜택이 돌아가는 것이었다[13]. 노동정책 역시 애초에 사회통합적 방향을 내세운 것과는 달리 실제론 노동배제적 노사관계 정책을 추진했다. 노무현 정부의 노동정책에서 "고용의 가치는 중시되지 않았으며 노동자는 시장으로의 진입과 퇴출이 자유롭게 허용돼야 할 생산요소로 이해되었을 뿐"이었다. 비정규직에 대한 보호 강화와 차별 해소를 주요 대선공약으로 내걸었었지만 노무현 정부하에서 비정규직은 되레 늘어만 갔고 비정규직과 정규직 간의 임금 격차도 계속해서 확대됐다. 그리

---

11 이는 신자유주의 정책을 추진한 국가들이 가장 선형적으로 채택한 정책이었다.

12 대선 당시 노무현 후보는 "법인세를 2% 인하할 경우 1조5천억원의 세수가 줄어드는데, 그 중 1조 2천억원의 감면 혜택은 대기업에 돌아가고 나머지 3천억원만 소기업이 혜택을 받게 된다"고 하는 등 법인세 인하 반대 입장을 수차례 분명히 밝혔었다. 노무현 대통령은 자신의 비극적 죽음 이후 출간된 자서전에서 "법인세 인하는 대기업의 당기순이익을 키워주었지만 설비 투자와 고용 확대로 연결되지 않았다"고 하고는 "국가 재정을 떼어내 부자들에게 나누어준 셈"이라고 했다.

13 법인세 감세나 소득세율 인하 같은 정책들은 흔히 "부유층 편애 정책"으로 일컬어진다.

고 한미FTA 추진에서 잘 드러나듯 규제 완화와 무차별적인 대외 개방 또한 강력히 밀어붙여졌다(노무현 정부는 공격적인 개방을 통해 경제성장을 이루려 했다). 노무현 정부가 추진한 한미FTA 정책은 단순히 '시장개방을 통한 무역 확대'를 목표로 한 것이 아니었다. 그것은 "사회·경제·문화 등 모든 영역에서 규제를 완화 또는 철폐하여 투자자가 규제에 얽매이지 않고 활동할 수 있는 곳으로 한국을 탈바꿈시키려 한 것"이었기 때문이다. 뿐만 아니라, 노무현 대통령은 대선 과정에선 재벌개혁을 공약했었으나 집권 이후엔 외려 재벌규제를 완화하는 쪽으로 나아갔다. 노 대통령은 '정권인수위 국정운영 백서'와는 별개의 '삼성경제연구소 작성 국정운영 백서'를 2003년 초 전달 받았고, 이후 이 보고서에 들어 있던 내용들이 "한미FTA, 국민소득 2만 달러 시대론, 신성장동력 개발론, 혁신주도형 경제론" 등으로 정책화되거나 정부의 경제 슬로건이 되는 상황에서 노무현 정부의 그 같은 정책 행보는 당연한 것이었다. 특히 노무현 정권과 삼성의 밀월은 실로 깊었다. 당시 "삼성이 준 보고서를 기초로 국정을 운영하는 최초의 정권"이란 지적이 나오기도 했었다. 이처럼 삼성경제연구소가 작성한 경제정책 보고서가 "청와대 경제정책의 청사진으로 작동"됐을 뿐만 아니라, 삼성과 "인재 공유"[14]가 이뤄졌고, 정부조직 혁신이란 취지 아래 '중앙부처 공무원의 삼성 인력개발연구원 연수 프로그램'까지 진행됐다[15]. 노무현 정부는 이렇듯 스스로 시장에

---

14 진대제 삼성전자 사장이 정보통신부 장관에 임명됐고, 삼성경제연구소 전무가 국정원 1급 최고 정보책임자로 발탁됐다.

15 기업조직의 목적은 이윤 추구이고 행정조직은 공공성을 그 중심에 놓아야 한다는 것을 굳

역사의 갈림길에 선 대한민국

권력을 넘기면서 **"이제 권력은 시장으로 넘어갔다"**고 했다. 노무현 정부 시기에 이르러 이른바 '삼성 공화국' 현상이 본격적으로 떠올랐음은 말할 것도 없다. 당시 금감위는 삼성생명과 삼성카드의 '계열사 지분 불법 보유'에 대해 아무런 제재도 가하지 않았으며, 재경부는 한 발 더 나아가 삼성생명과 삼성카드의 위법행위에 면죄부를 주는 부칙 4개항을 포함한 금산법 개정안을 국무회의에 제출하기까지 했다. 결국, 위에서 살펴본 바와 같은 방향으로 그 정책 기조를 밀고 나간 노무현 정부를 거치며 소득불평등이 더한층 악화되고 중소기업과 영세상인의 붕괴가 가속화했다.

노무현 정부에 뒤이어 출범한 이명박 정부는 기업친화적 정부를 표방했다. 재벌기업에 대한 출자총액제한제도[16]를 폐지하고, 금산법[17]을 완화하고, 법인세·종부세·양도세에 대한 감세 조치를 단행했다. 그리고 노동시장 유연성을 더욱더 강조하고, 규제 완화·철폐를 더 강하게 밀어붙이며, '공공기관 선진화'라는 이름하에 이른바 민영화를 비롯한 **'공공기관 시장화·상업화 정책'**의 고삐를 바짝 쥤다. 김대중·노무현 정부에 의해 추진된 신자유주의적 경제·사회 정책

이 언급할 것도 없이 재벌과 대기업을 감독해야 할 공무원들을 재벌 인력개발원의 교육대상이 되게 했다는 것은 놀라운 일이 아닐 수 없다. 삼성이 "정부 정책을 견인"했음은 물론 "관료의 교육자 노릇"도 했다는 것인데, 이는 관료, 나아가 국가 기구 자체가 기업논리, 시장논리, 자본논리에 포획 또는 침식된다는 걸 의미할 수도 있다.

16 대기업 계열사들이 순환출자를 통해 계열사를 확장하는 것을 막기 위한 제도이다.

17 금융산업 구조개선에 관한 법률로 금산분리는 재벌 소속 금융·보험 회사가 계열사의 주식을 소유하는데 한도를 두는 것으로 금융·보험 계열사가 고객이 맡긴 돈을 활용해 다른 계열사를 고도하게 지배하는 것을 방지하기 위한 장치이다.

이 확대된 면이 짙다. 그러나 그렇다고 하여 이명박 정부가 꼭 신자유주의 정책 레짐(틀)에 투철한 정부였다고 할 수는 없다. 왜냐하면 이명박 정부는 다른 한편으론 정부 지출을 대폭 늘려 큰 정부를 추구했고, 시장 상황 변화에 상관없이 고환율정책[18]과 저금리정책을 밀어붙였으며, '물가단속 품목 지정'에서 잘 알 수 있듯 시장에 노골적으로 개입했기 때문이다. 사실 실제의 경제 운영 방식에 비춰보면 이명박 정부는 과거 개발독재 때의 "관리경제정책"을 추구한 면이 컸다. 이명박 정부는 실로 터무니없는 '성장 과욕'—연간 경제성장률 7%를 공약했었음—에 사로잡혀 온갖 정책적 무리수를 두었는데, 22조원이란 엄청난 돈을 쏟아부어 추진한 4대강 사업만 하더라도 거대한 '삽질 정책'이었다고 할 수밖에 없다. 경기를 부양한답시고 감세 정책 또한 강력히 밀어붙였는데, 이 같은 대규모 감세 정책으로 2008년부터 2012년까지 약 82조2천억원의 정부 세수가 줄었으며, 그 줄어든 세수 중 법인세·소득세·종합부동산세 등 이른바 '부자 감세'가 71조2천억원에 달했다(종부세 감세 조치로 이명박 대통령 자신은 "5년 간 세금을 2억6100만원 정도 적게 낸 것으로 추정된다"고 언론에 보도됐음). 이러는 동안에 가계부채는 300조원 정도 늘어났고, 노동소

---

18 고환율 정책은 수출주도 재벌 대기업들에겐 엄청난 수익·특혜를 안기고, 임금 노동자 등 대부분의 서민에겐 물가 상승 등의 문제를 안긴다고 할 수 있다. 당시 환율이 10원 상승하면 삼성전자의 영업이익은 1,831억원 개선되는 것으로 알려졌는데, 이명박 정부가 들어선 직후 아주 짧은 기간 동안 환율이 80원 이상 오르기도 했다. 고환율 정책으로 "수출 기업들은 2008년 43조원, 2009년 80조원, 2010년 18조원의 이익을 봤"는데 환율 상승효과는 "삼성전자, 현대기아자동차 등 16개 대기업에 집중"됐으며, 역으로 수입 물가 상승으로 인해 내수 기업, 자영업자, 서민들이 입은 피해 규모는 "2008년 30조원, 2009년 60조원, 2010년 50조원" 정도였다고 한다.

득분배율은 더욱 낮아졌다. 정규직과 비정규직 간 임금격차 또한 더 크게 벌어졌으며, 이명박 정부의 노동정책—그 기조는 '더욱 강경한 신자유주의 노동정책의 전면적 실시'를 중심으로 하는 것이었다—은 "과거 권위주의 시대 때보다 더 나쁜, 역대 최악의 것"이란 지적을 받을 정도였다.

이명박 정부에 뒤이어 들어선 박근혜 정부는 이른바 '창조 경제'의 기치를 높이 들었다. 그런데 정부 내에서조차 '창조 경제'의 실체가 무엇인지에 대해 아는 이가 없었다고 한다. '창조 경제'가 뭘 의미하든 박근혜 정부는 그러한 것을 정책적 차원에서 실행할 능력과 의지가 없었다고 해야 할 듯싶다. 대선 과정에서 박근혜 후보는 '경제민주화'를 당시의 야당보다 더 적극적으로 주장했었는데, 집권 후 불과 몇 개월 만에 국정 운영 주요 목표에서 경제민주화가 사라져버렸고, 그 뒤 경제민주화 공약은 사실상 금기어가 되다시피 했다. 경제민주화 공약 중 '국민연금 등 공적 연기금의 독립성 보장과 의결권 강화', '재벌에 대한 사면권의 엄격 제한' 등은 실제론 반대로 실행됐다. 박근혜 대통령의 공약 파기 내지 역주행은 노동 분야에서 특히 두드러졌는데, '택배 기사, 대형화물차 기사, 보험설계사, 학습지 교사 등 특수고용직에 대한 산재보험 및 고용보험 적용 공약'이 지켜지지 않았음은 물론, 최저임금법 위반 시 시정조치 없이 곧바로 벌금이나 과태료를 부과하고 반복적으로 최저임금법을 어기는 사업장에 대해선 징벌적 손해배상을 물리겠다고 한 공약 역시 없던 일이 됐다. 노동 관련 공약들이 이처럼 이행되지 않았을 뿐만 아니라 되레 비정규직을 더욱 나쁜 구조적 상황으로 내모는 정책이 '노동 개혁'이란 이름으로 추진되었는데, 이 과정에서 인기 드라마였던 〈미생〉의 '비정규직 주인공' 역을 맡았던 배우가 박근혜 정부의 이른바 '노동 개혁'을 홍보하는 광고에 나오는 참으로 어처구니없는 일까지 벌어졌다. 박근혜 정부는 그 정책 추진에 있어 과거의 '권위주의적 산업화' 방식을 그대로 적용하려 하는 등 한마디로 시대착오적 성격을 짙게 드러낸 정권이었다고 할 수 있다.

　1961년 이후 역대 정부(최규하·노태우 정부 제외)의 경제·노동 정책 등을 살펴보는 것을 통해 작금의 우리 사회 현실이 왜 이렇게 됐는지를 대강 짚어봤는데, 이런 현실은 결국 한국이 박정희식 개발주의와 신자유주의를 거치면서 오로지 성장을 최우선 가치로 하여 질주해 온 탓이 크다고 해야 하지 않을까 한다. 그간의 여러 정부들은 '박정희식 발전 모델'이나 '발전주의적 신자유주의화'—신자유주의 정책이 경제성장이나 수출증대 같은 발전주의적 목표를 이루기 위한 수단으로 작동─를 통해 성장을 이루려는 데만 치중했고, 그리하여 성장 이외의 다른 중요한 사회적 가치들이 희생되어버리거나 소중하게 다뤄지지 못함으로써 오늘의 우리 사회 현실이 이렇게 된 게 아니냔 것이다.

　작금의 한국 사회 현실과 관련해 우리가 현 시점에서 좀 더 자세히 살펴봐야 할 것은 '신자유주의 세계화에 대한 응전 실패'의 지점이라고 생각된다. 김대중 정부는 신자유주의적 제도 개혁의 단행을 통해 신자유주의를 본격 도입, 그 제도적 궤도를 깔았으며, 노무현 정부는 김대중 정부가 깔아놓은 궤도 위에서 신자유주의적 축적전략―대표적인 것이 한미FTA임―을 본격적으로 추진했던 바, 이들 민주 정부가 신자유주의 세계화에 어떻게 대응했는지를 중심으로 하여 이 문제를 한번 들여다보도록 하겠다.

우리가 신자유주의 세계화를 거부할 수는 없었고, 더욱이 민주 정부는 외환위기 이후에 들어섰던 만큼 그 대응에 있어 일정 정도 제약이 따를 수밖에 없었다. 하지만 그렇다고 하여 그에 대응하는 전략적 선택의 공간이 닫혀 있었다고 할 수는 없으며, 우리의 실정이나 발전 단계에 맞는 대응 전략을 추구할 수 있는 공간은 어느 정도 열려 있었다고 할 수 있다.

그렇다면 왜 민주 정부는 신자유주의적 경제 운용 원리를 그렇게 무분별하게 받아들였을까? 그것은 신자유주의 세계화를 적극적으로 수용하는 것―즉, 이른바 '글로벌 스탠더드'의 제도와 정책들을 채택하는 것―이야말로 경제 위기를 극복하고 성장률을 끌어올리는 방법이라고 봤기 때문이다. 그에 따라 민주 정부는 신자유주의의 파괴적 효과에 대한 충분한 고민도 없이 신자유주의 헤게모니를 무비판적으로 수용, 신자유주의적 가치·비전·정책·성장을 스스로 적극적으로 추구했던 것이다.

사실 민주화 세력 사이에선 정부 주도형 경제보나는 시장 주도형 경제가 바람직한 것으로 여겨졌고, 특히 투명한 시장, 공정한 시장이야말로 좋은 것으로 간주됐다. 시장경제에 대한 정부 개입이나 간섭은 관치 경제이고, 그것은 곧 박정희식 경제체제와 연관된 것이라는 인식이 강했다. 그리하여 그들은 이미 시장주의에 크게 경도돼 있었다. 민주 정부는 '더 많은 시장논리'를 도입해야 한다는 관점에서 한국 경제를 시장 주도 경제로 바꿔 놓으려 했으며, 시장 주도 경제 중에서도 시장 논리의 힘이 가장 강력하게 작동하는 미국식 자본주의가 그들의 준거 모델이었다고 할 수 있다.

신자유주의 세계화의 수용 문제와 관련하여 정말 중요했던 것은 그에 대한 자기 나름의 대응 방식이나 전략이 존재했느냐가 아닐 수 없다고 본다. **신자유주의의 수용 자체가 문제가 아니라 신자유주의를 어떤 방식으로 수용, 관리했느냐가 문제의 핵심**이란 게다. 독일이나 스웨덴, 노르웨이 같은 나라들도 신자유주의의 영향을 받았고, 그리하여 이들 국가도 노동시장 유연화 정책 등을 추진했다. 하지만 이들 나라의 경우, '시장개방이 확대되거나 시장원리가 강화되는 것에 맞춰 사회보장 내지는 시민권의 확대·강화가 함께 이뤄지는 방식', 또는 '신자유주의 세계화로 말미암아 불리해지는 사람들을 돕거나 경제 성장의 과실을 노동자들과 함께 나누는 방식'으로 신자유주의가 수용됐거나 '세계화' 문제가 적절히 관리됐다. 다시 말해, 신자유주의 세계화의 부작용 내지는 그 부정적 효과가 제어되고 통제되는 방식으로 그것이 진행됐다는 것이다. 이는 곧 "정치가 신자유주의 세계화에 어떻게 대응했느냐에 따라 그 결과가 다르게 나타났다"는 걸 의미한다고 할 수 있다. 바로 이 지점에서 한국의 민주 정부는 실패했다는 것이다. 즉, **민주 정부는 신자유주의의 파괴적 충격 효과를 완화할 제도적 장치 마련 등과 관련하여 충분한 고민과 노력을 하지 않은 채 신자유주의 세계화를 거의 맹목적으로 수용**하고 말았다는 얘기다.

신자유주의 세계화에 대한 한국 정부의 응전 실패는 앞에서 살펴본 것처럼 정치의 실패를 의미한다고 할 수 있지만, 이는 분명 더 깊은 맥락 속에서 파악되어야 한다고 본다. 왜냐하면 그 실패는 깊이 들여다보면 한국의 파워 엘리트와 지식인 전문가 대부분이 '미국적 관점'을 갖고 있는 문제와 연결되어 있기 때문이다. 한국 지식인 사회의 주류는 말할 것도 없이 미국 유학파들이며, 당시 우리 경제를 주도했던 이들 역시 대부분 미국 유학파들이었다.

잘 알려져 있다시피 미국은 영국과 함께 신자유주의의 본산이었다. 미국에 유학을 했고, '미국적 관점'을 갖고 있는 한국의 파워 엘리트와 지식인 전문가들이 볼 땐 신자유주의는 선진적인 이념이었고, 우리가 배우고 따라야 할 것이었다. 그들이 신자유주의 이데올로기의 본질을 꿰뚫어 본다는 것은 아무래도 어려운 일이었다. 신자유주의 이데올로기가 '국제금융기구나 미국 등의 선진국 지배엘리트들에 의해 어떻게 만들어졌는지, 거기에 미국을 비롯한 일부 선진국의 정치·경제적 계산과 힘이 얼마나 복잡하고 강하게 얽혀 있으며, 또 미국 월가를 중심으로 한 세계 거대 금융자본의 이해利害와 의도가 얼마나 깊이 녹아 있는지'를 그들이 통찰하는 것은 힘들었다는 얘기다. 누군가는 그들을 일컬어 "잘못된 흐름, 또는 거짓 흐름에 넘어가거나 현혹된 헛똑똑이들"이라고 했는데, 이런 지적이 결코 과한 것이라고 할 수는 없지 않나 싶다[19].

---

19 한때 우리 사회에서 크게 회자됐던 '선진화 담론'도 전형적인 신자유주의 담론이었다. 그것은 "미국 지배담론이 한국에 그대로 투사된 것으로 미국 지배담론의 한국식 버전"이었다고 해야 할 게다.

신자유주의 세계화에 대한 응전 실패의 밑바닥엔 바로 이 같은 문제가 깔려있다는 것이다. 사실 한국의 많은 지식인 전문가들은 한국이 직면한 대내외적 문제나 사태를 스스로의 눈으로 바라본다고 하기도 어렵고, 한국의 문제에 대해 독립적으로 사고한다고 하기도 어렵다. 사유의 종속성 내지는 선진 강대국의 관점을 그대로 따르는 것[20]에서 벗어나 우리 스스로 독립적으로 사유하는 것이 얼마나 중요한 것인지가 이 '신자유주의의 수용 문제'에서 잘 드러난다고 할 수밖에 없다. **문제를 보는 눈은 우리가 서 있는 지점으로부터 나와야 하며, 우리 스스로의 눈으로 세계를 조망해야 한다**는 것을 거듭 강조하고 싶다.

앞에서 살펴본 것처럼 민주 정부에 의해 신자유주의가 적극 수용됨으로써 "경쟁과 효율의 극대화라는 **시장논리가 우리 사회의 모든 영역을 이끌고 지배하는 최고의 원리로 군림**"하게 되었고, 그에 따라 "시장가치가 도덕이요 규범이 되는 시대상황"이 펼쳐졌다. 시장 논리, 이윤의 논리가 우리 사회를 압도하게 되었던 바, 이는 곧 우리 사회가 '강자독식의 시장중심 사회'로 급속히 재편되는 것을 의미했다. 대한민국은 거침없는 약육강식이 자랑스럽게 행해지는—신자유주의가 강조하는 '경쟁력'을 아낌없이 보여주는 것이기에—무자비한 정

---

20 과거 전통시대에도 한반도 국가의 지배세력은 '선진 외래문명'을 수용하는 과정에서 주체적·균형적 자세를 취했다기보다는 지나치게 동화적인 태도를 취했다. 그들은 주변 대국의 세계관이나 이념, 그들의 지적·문화적 양상을 거의 무조건 보편적인 것, 선진적인 것으로 인식했고, 그리하여 주변 대국이 자신의 입장이나 자기 이익의 관점에서 만들어 낸 것에 대해서조차 별다른 문제의식이나 비판적 시각 없이 그것을 수용, 그에 녹아들어가는 현상이 나타났다고 할 수 있다(이와 관련해선 뒤에서 중화주의 문제를 다룰 것임).

글이 됐으며, 모든 가치와 모든 삶의 문제가 오로지 돈과 경제로 수렴 또는 치환되는 비인간적 물신物神의 사회로 깊이 빠져들게 됐다[21]. 엄청난 불평등과 격차가 정당화됐음은 말할 것도 없다.

신자유주의의 파괴적 충격 효과를 완화할 제도적 장치가 충분히 마련되지 않은 상태에서 신자유주의적 정책이 무분별하게 추진됨으로써 우리 사회의 수많은 사회경제적 약자 혹은 보통사람들은 그 어디에도 의지할 데가 없는 상황에서 생존의 벼랑으로 내몰리게 됐다. 이전엔 그래도 가족 제도 자체가 사회안전망 비슷한 역할을 했는데, 가족 해체가 이뤄지면서 이마저도 기대할 수 없게 돼버렸다. 급격히 늘어난 비정규직 노동자들만 하더라도 그들은 같은 일을 하고도 임금은 정규직의 절반 정도밖에 못 받는데다 언제 해고당할지 모르는 불안까지 감내해야 했다. 그 절망과 좌절, 분노를 자살로 분출시키는 이들이 줄을 이었다. 구조조정·정리해고로 어쩔 수 없이 자영업에 뛰어들게 된 이들도 비슷한 상황에 처했다. 과당 경쟁 등으로 인해 앞이 안 보이는 막막한 현실 속에서 끝없는 '자기 착취'를 하며 하루하루를 버티다 끝내 스스로 목숨을 끊는 이들이 속출했기 때문이다. 삶의 극단적인 불안정성과 피폐성, 그리고 더 나아질 수 없는 미래에 대한 절망 등이 수많은 사회경제적 약자/보통사람들의 삶을 휘감았다고 할 수밖에 없다.

앞서 살펴봤듯이 민주 정부, 즉 김대중·노무현 정부는 신자유주

---

21 역사상 돈을 잘 버는 행위의 위상이 지금처럼 높았던 적이 있는가. 작금에 돈을 잘 버는 행위는 그 어떤 것보다도 훌륭하고 도덕적이며 모범적인 것이 되었다.

의 정책을 그렇게도 적극적으로 추진했음에도 불구하고 아직까지도 많은 사람들이 이들 정부를 일컬어 '진보 정권'이니 '좌파 정권'이니 하는 걸 보면 참으로 당혹스럽다. 누군가는 "한국 현대사의 가장 큰 비극 중 하나는 **민주화를 주도한 세력이 권위주의적 국가를 대체할 세력으로 시장을 선택**했다는 데 있다"고 했고, 또 다른 누군가는 '민주 정부와 참여연대 등의 신자유주의 연대가 한국에서의 신자유주의 관철에 보수주의자들보다 더 결정적인 역할을 했다'고 했는데, 이런 지적들이 틀렸다고 할 수는 없을 테다. 이처럼 민주화를 주도한 세력 내지 민주 정부가 "권위주의적 국가를 대체할 세력으로 시장을 선택"하고 "신자유주의 관철에 보수주의자들보다 더 결정적인 역할을 수행"하는 가운데 한국 사회는 극심한 양극화와 불평등화를 겪게 됐다고 할 수 있다.

이제 우리 사회의 수많은 사회경제적 약자/보통사람들은 아무리 열심히 일해도 가난에서 벗어나기 어려운, 아니 열심히 일하면 일할수록 오히려 상대적 박탈감과 절망감만 더욱 커지는 구조적 현실에 처하게 됐다. 과거엔 그래도 열심히 일하면 내일은 더 나아질 수 있고, 당장은 고생하더라도 자식들은 더 나은 삶을 살 수 있을 것이란 희망을 가질 수 있었다. 하지만 이제 그런 희망의 통로는 사실상 봉쇄된 것이나 마찬가지다. 이 같은 현실의 이면엔 사회경제적 구조나 제도, 정책 등이 있다고 할 수밖에 없다. 그런데 왜 이런 것들의 문제성은 우리 눈에 잘 보이지 않는 것일까? 그것은 이런 것들 자체가 우리가 쉽게 경험적으로 인식할 수 없는 것인데다가 이런 것들의 본질

을 호도, 은폐하는 이데올로기나 기득이익적인 사회적 관념·관점 등
이 그 강력한 힘을 은밀하고도 광범하게 발휘하고 있기 때문이다.

　사회경제적 약자/보통사람들이 아무리 열심히 일해도 삶이 나아
지기는커녕 점점 더 나락으로 떨어져가는 현실[22]은 결코 개인적 차
원의 문제가 아니다. 그것은 앞에서 이미 말했듯 사회경제적 구조나
제도, 정책 등과 관련된 게 아닐 수 없기 때문이다. 따라서 우리는 이
런 것들에 대해 의문을 품고, 문제를 제기해야 한다. 의문을 품고, 문

22　이 같은 우리 사회의 현실 속에서 근래 개인의 마음을 위로하는 책들이 엄청나게 쏟아졌
고, 또 아주 큰 인기를 끌었다 하지 않을 수 없는데, 이에 대해서도 꼭 좀 언급하고 넘어가
고 싶다. 현실이 하도 어렵다보니 위로도 필요하다고 할 수 있다. 하지만 개인의 고통을 오
로지 개인적 차원에 초점을 맞춰 바라보면서 '개인의 태도나 심리상태의 변화'로 그것을
넘어설 것을 주장하는 게 꼭 올바른 것이라 할 수 있을까? 개인의 마음을 위로한다는 그런
책들은 대부분 개인의 고통을 '사회구조적 문제' 내지는 '사회적 질환'과는 상관없는 것처
럼 간주하는데, 인간이 홀로 살아가는 게 아니라 사회를 이루고 살아간다는 점을 상기하면
개인의 고통이란 '사회구조적 문제' 혹은 '사회적 질환'과 연결되어 있는 것이라 할 수 있
다. 때문에 사회적 원인엔 완전히 눈을 감은 채 개인의 고통을 오로지 개인적 차원에 초점
을 맞춰 바라보면서 '개인의 태도나 심리상태의 변화'로 그것을 넘어설 것을 주장하는 건
올바른 게 아닐 수도 있다는 얘기다.
'개인의 마음을 위로하는 책' 얘기가 나왔으니 한때 서점가에서 선풍적인 인기를 끌었던
'아프니까 청춘이다'라는 책에 대해서도 언급하고 넘어가지 않을 수 없을 듯하다. 이 책은
청춘을 실로 기막히게 선언하면서 한껏 위로한다지만, 과연 지금 우리 사회의 젊은이들이
겪는 아픔이 정말 청춘으로서 또는 청춘이니까 응당 겪을 수 있거나 겪어야 하는 그런 아
픔일까? 현재 우리 사회의 수많은 젊은이들은 극단적 경쟁과 승자독식이 판치는 교육·
사회 구조 속에서 숨 막히고 좌절할 수밖에 없으며, '계층 벽'에 의한 교육격차 앞에서, 학
벌사회 앞에서, 청년일자리 대란 앞에서 절망하고 눈물지을 수밖에 없다. 현실이 정녕 이
러하다면 '아프니까 청춘이다'라는 식의 위로는 부적절한 게 아닌가. 작금의 시점에서 건
네지는 이 같은 위로는 오히려 사태를 호도하는 것이라 할 수 있다. 이런 식의 위로는 우
리 젊은이들로 하여금 자신이 처한 사회적 현실을 직시하지 못하도록 할 뿐이다. 다시 말
해. "청춘"을 아프게 하는 구조적 모순을 은폐하는 역할을 할 뿐이란 게다. 지금 기성세대
가 무엇보다 먼저 해야 할 일은 우리 젊은이들이 왜 이렇게 아파하고 있고 왜 이렇게 아플
수밖에 없는지, 그 사회구조적 차원의 문제를 제대로 직시하고 자신의 책임을 진정 무겁게
느끼는 것이 아닐까 한다. 아울러, "우리가 다음 세대를 위해 해 줄 수 있는 가장 중요한 일
은, 그들이 자신의 기쁨을 온전하게 발견할 수 있는 기회를 최대한 많이 제공해 주는 것이
다. 젊은이들은 하릴없이 파도를 바라볼 수 있어야 하고, 아이들은 운동장에서 마구 뛰어
놀 수 있어야 한다"는 그 누군가의 말에 귀를 좀 기울이는 것도 필요한 듯싶다.

제를 제기하고, 그 문제의 개선을 위해 싸워나가는 것이야말로 공동체 성원의 권리이자 의무라 할 수 있을 테다. 좀 더 나은 사회, 좀 더 살만한 세상은 결코 그냥 주어지지 않는다. 많은 이들이 나서 '인간답게 살 권리'를 주장하고, 그를 위해 적극적으로 행동할 때 비로소 그런 사회, 그런 세상은 열린다는 것이다.

2

'세계 10위권 경제대국'의 민낯

이제 작금의 우리 사회를 조금 자세히 들여다보기로 하겠다. 앞에서 이미 자살률은 세계 최고 수준, 출산율은 세계 최저 수준이라는 걸 언급했지만 그 외에도 임금 불평등 및 부의 편중, 비정규직 비율, 노동권리 지수, 노조 조직률, 노동 시간, 정부의 사회복지지출 규모, 남녀 임금 격차, 자영업 비중과 폐업 주기, 가계부채, 소득 대비 집값, 실질 은퇴 연령, 산재 사망률, 노인 빈곤율, 노사 협력 지표, 사회 갈등 지수, 사교육비, 생활비 지수(주요 도시), 사법시스템에 대한 국민 신뢰도, 행복지수 등에서 한국은 OECD 최악 수준을 보이고 있다.

그러면 이 가운데 몇 가지를 구체적인 지표를 통해 한번 살펴보도록 하겠다.

먼저 **자살률**을 보자. 한국의 자살률은 OECD 회원국 평균 자살률의 3배에 이를 만큼 압도적이다. 2009년 기준 OECD 국가들의 인구 10만 명 당 자살자 수는 그리스 2.6, 이탈리아 4.9, 영국 5.8, 스페인 6.3, 호주 7.5, 독일 9.1, 미국 10.1, 스웨덴 10.6, 프랑스 13.5, 스위스 14.3, 일본 19.4, 한국 28.4 명이다. 이후 한국의 자살률은 더욱더 높아져 2011년엔 인구 10만 명 당 자살자 수가 31.7명을 기록했다(하루 평균 43.6명꼴임). 2007년부터 2016년까지의 자살 사망자 수만 하더라도 14만명을 넘어서는 것으로 집계됐는데, 이는 6·25 전쟁 동안 전사한 한국군 13만7000여명을 뛰어넘는 수준이다.

잘 알려져 있다시피 한국의 자살률은 외환위기(1997년)를 거치면서 급격히 높아졌다. 1992년 8.3명이던 '인구 10만 명 당 자살자 수'가 외환위기 이듬해인 1998년엔 18.4명으로 치솟았다. 그해 자살 사망자 수는 전년에 비해 47.23%나 급증했다. 외환위기 이후 가혹한 구조조정·정리해고 조치가 취해짐에 따라 수많은 가장들이 직장을 잃고 거리로 쫓겨나는 등의 사태가 벌어졌고, 바로 이 같은 고용 불안을 비롯한 사회 문제가 자살률의 급등으로 이어졌던 것이다. 그 뒤의 자살률의 더욱 가파른 상승과 고공행진의 지속 역시 고용 불안이나 경제적 불평등 등과 같은 사회 문제가 더욱 악화되고 구조화된 것을 반영한다고 할 수 있다.

이어서 **출산율**을 보기로 하겠다. 한국의 합계출산율[23]은 2002년부

---

23 가임 여성 1명이 평생 낳을 것으로 예상되는 출생아 수.

터 1.3명 이하[일반적으로 합계출산율이 1.3명 이하이면 '초(超)저출산' 국으로 분류된다]로 떨어졌고, 2018년부터는 4년 연속 '0명 대'(2018년 0.98명, 2019년 0.92명, 2020년 0.84명, 2021년 0.81명)를 찍었다(합계출산율이 0명대라는 것은 한 여성이 평균적으로 한 명의 아이도 낳지 않음을 의미한다). OECD 회원국 중 유일한 '출산율 0명대 국가'다. 한국의 연간 출생 신생아 수는 2001년 50만명대, 2002년 40만명대, 2017년 30만명대로 곤두박질쳤다. 6·25 전쟁 중에도 한 해 50만명 이상이 태어났는데, 2017년 출생아는 35만7800명에 그쳤다. 통계청은 연간 신생아가 35만명대로 떨어지는 시점을 2036년으로 예상했었는데, 그 시점이 무려 19년이나 앞당겨진 셈이다. 전 세계에서 이렇게 빠른 속도로 인구가 추세적으로 감소하는 나라는 없다고 한다. 정부가 그간 출산율을 끌어올리기 위해 보육 지원을 포함한 저출산 대책에 200조원 이상의 예산을 쏟아부었는데도 출산율이 이처럼 계속해서 뒷걸음질 치고 있는 것이다(물론 한국의 '저출산 예산'은 육아나 보육에 투입되는 '직접 지원' 예산뿐만이 아니라 저출산을 막는데 도움이 될 수 있는 사업에 투입되는 '간접 지원' 예산도 포함되므로 그 규모가 부풀려지는 측면이 있다). 저출산 문제가 사회구조적 문제—복지, 주택가격, 사교육비, 사회의 경쟁 격화, 계층 이동 저하 문제 등 포함—와 맞물려 있다는 게 여기서 그대로 드러난다고 할 수 있다. 통계청에 따르면 2021년부터 총인구(국내 기주 외국인 포함)가 감소해 2070년엔 그 수가 3766만명으로 줄어들 것이라고 한다. 영국 옥스퍼드대 인구문제연구소는 이미 2006년에 **22세기 지구상에서 가장 먼저 사라질 나라**로 한국을 꼽았었다. 저출산 문제가 '국가적 재앙'으로 흘러가고 있다고 할 수밖에 없다.

한국이 이처럼 세계 최고 수준의 자살률과 세계 최저 수준의 출산율을 보이고 있는 것은 결국 뭘 뜻하는 것일까? 그것은 작금의 우리 사회가 사람이 살 수 없는 곳이 되어 가고 있다는 걸 의미하는 게 아닐까 한다. 자살은 자기 생명을 스스로 끊는 것을 통해 이 사회에서 벗어나는 것이라 할 수 있겠고, 저출산은 이 사회에선 더 이상 생명을 낳지 않겠다는 걸 보여주는 것이라 할 수 있겠기에 말이다.

이제 **임금불평등 및 부의 편중 문제**를 한번 보기로 하겠다. 한국의 임금불평등(하위 10% 임금 대비 상위 10% 임금)은 OECD 최고 수준이다. 2015년 기준 한국은 4.59배를 기록, 관련 자료가 있는 21개 국 중 미국(5.04배)에 이어 두 번째로 높다(노르웨이 2.55배, 핀란드·덴마크 2.56배, 일본 2.94배임). 뿐만 아니라, 한국은 저임금 노동자(전체 노동자 중간 임금의 3분의 2 미만을 받는 노동자) 비중도 오랫동안 OECD 1, 2위를 다투다 최근 세 번째(23.7%)로 높은 나라가 됐다. 미국(25.02%), 아일랜드(24.00%)가 각각 1, 2위를 기록하고 있고, 벨기에(3.4%), 핀란드(7.77%), 덴마크(8.24%) 등은 한 자릿수를 보이고 있다(OECD 평균은 16.63%임). 게다가 한국은 최저임금 또는 그 이하 노동자 비율도 2013년 기준 14.7%나 된다. 노동자 7명 중 1명이 최저임금 이하를 받고 있는 셈이다. 최저임금 이하 노동자가 이렇게 많다는 것은 기본적으로 정부가 근로 감독 의무를 다하지 않은 탓이 크다. 하긴 정부 등 공공부문에서의 최저임금 위반 비율이 근년에 12.9%나 됐던 점을 감안하면(이는 공공기관들이 직접 고용이 아닌 간접 고용을 남발하면서 이들에게 저임금을 지급했기 때문임) 정부의 근로 감독 의무를 기대한다는 것 자체가

무리였다. 몇 년 전의 감사원 감사 결과에 따르면 국민 기본권을 보
호해야 할 헌법재판소조차도 최저임금법을 위반해 온 것으로 드러
났다. 헌재의 청소용역노동자들은 계약서상 출근 시간보다 2시간이
나 이른 오전 5시에 출근하여 청소를 해 왔는데, 헌재는 청소노동자
들이 실제로 일하는 8시간이 아닌, 계약서상 근무시간인 6시간을 기
준으로 급여(용역비)를 지급해 왔다는 것이다(청소노동자들은 헌재 고위
직 자녀들이 청사 건물에서 결혼하는 날이면 쉬는 토요일이나 일요일에도 무급노
동을 강요당했다고 한다). 국민 기본권을 수호해야 할 헌재가 이럴진대,
어떻게 법정 최저임금 같은 게 제대로 지켜질 수 있겠는가 말이다.

이어서 **부의 편중 문제**를 보자. 한국노동연구원 자료에 따르면 2017년
기준 우리나라 소득 상위 10% 집단이 전체 소득에서 차지하는 비
중─노동소득(임금·보너스·스톡옵션), 사업소득, 금융소득(배당·이자)
을 합한 총 소득을 분석한 것임─은 50.6%로 절반을 넘었다. 상위
10%가 전체 소득의 절반 이상을 가져가고 나머지 90%가 절반 이
하를 나눠 갖는 사회가 된 것이다. 한국의 상위 집단 소득 비중은 주
요 자본주의 국가들 가운데 가장 높은 수준이다. 이 같은 상위 집단
의 소득 비중 증가는 최상위 1%가 주도하고 있으며, 이전에는 임금
불평등이 최상위 소득 증가의 주요 원인이었지만 2010년대부터는
배당과 같은 금융소득과 사업소득 불평등의 영향이 커지고 있는 것
으로 분석됐다. 국내 한 경제연구소가 1996년부터 2012년까지의 종
합소득금액 증가분에 대해 분석한 것을 봐도 전체 증가분 102조원
가운데 56.4%인 57조6000억원이 상위 10%의 몫으로 돌아갔고, 나
머지 90%의 몫은 절반에도 못 미친다. 상위 10%가 전체 종합소득금

액에서 차지하는 비중도 1996년 45.4%에서 2012년 54.3%로 높아졌다. 최상위 1%의 소득 비중은 같은 기간 14.9%에서 21.7%로 증가했다. 다른 보고서—한국보건사회연구원 발간 '우리나라 가계소득 및 자산 분포의 특징'—에 따르면 금융자산의 경우 상위 20%가 63.8%를 갖고 있는 반면 하위 20%는 0.8%를 갖고 있을 뿐이다(이 부문 지니계수[24]는 0.6186임). 그리고 국세청이 내놓은 '2012년 배당소득·이자소득 100분위 자료'를 보면 전체 11조3000여억원의 주식배당 소득 가운데 상위 1%의 몫이 72.1%, 상위 10%의 몫이 93.5%였고, 이자소득의 경우엔 전체 24조9000억원 중 상위 1%의 몫이 44.8%, 상위 10%의 몫이 90.6%였다.

게다가 '부동산 자산 격차' 또한 극심하다 하지 않을 수 없다. 앞서 언급한 보고서에 따르면 부동산 자산의 경우 상위 20%가 66.1%를 보유하고 있는 반면 하위 40%는 2.2%를 갖고 있는데 그쳤다(이 부문 지니계수는 0.6608임). 그리고 국토부 데이터를 세대기준으로 재정렬해 10분위로 나눠 계산하면 "토지를 가장 많이 보유한 최상위 10%가 가액기준으로 68.7%, 상위 20%가 83.4%, 상위 30%가 91.5%를 소유하고 있"으며, 그에 반해 "하위 40%는 토지를 전혀 소유하지 않고 있고, 하위 50%는 토지의 0.9%만 소유하고 있"는 것으로 나타났다. 이 같은 부동산 자산 격차를 포함하면 한국의 부의 불평등도는 더욱 가파르게 올라갈 게다. 2015년 공개된 한 국내 학자의 연구 결과에

---

24 지니계수는 0과 1 사이의 값을 갖고 그 값이 1에 가까울수록 소득분배가 불평등한 것을 의미한다.

따르면 자산 상위 10% 계층(20세 이상 성인 기준)에 금융자산과 부동산을 포함한 전체 부의 66%가 쏠려 있고, **하위 50%가 가진 것은 전체 자산의 2%에** 불과했다. 최근 들어 코로나19 대유행으로 불평등이 더욱 악화하고 있다고 할 수밖에 없는데, 한국은행이 2021년 5월에 발표한 보고서—'코로나19가 가구소득 불평등에 미친 영향'—에 따르면 2020년 2~4분기 최상위 5분위 소득은 1.5% 줄었는데 비해 하위 20%인 1분위 가구의 소득은 17.1%나 감소했다.

한편, 한국의 **'노동권리지수'[25]**는 세계 꼴찌 등급 수준이다. 몇 년 전 한 국제기구가 세계 139개국의 '노동권리지수'를 산출하여 그 결과를 발표했는데, 거기서 한국은 최하위 등급인 5등급을 받았다(5등급 밑에 5⁺등급이 있지만, 이는 소말리아나 시리아처럼 내전 등의 상황으로 법치주의 자체가 아예 이뤄지지 않는 국가들에 적용된다). 이 5등급은 법·제도적으로 노동법, 노동권이 있긴 하나 노동자들이 실제로는 그 혜택을 받지 못하는 그룹을 이르는 것이다. 노동법이 있으나 지켜지지 않고 있고, 그에 따라 노동자의 정당한 권리가 보호받지 못하고 있다는 얘기다. 꼴찌 등급인 5등급으로 분류된 나라는 한국을 포함해 나이지리아, 방글라데시, 과테말라, 라오스, 이집트, 잠비아, 짐바브웨이 등 24개국이었다. 일본과 러시아는 2등급이었고 대만, 가나는 3등급이었다. 케냐, 파키스탄, 쿠웨이트, 이라크, 멕시코 등도 한국보다 한

25　단결권, 단체교섭권, 단체행동권을 중심으로 노동자의 권리가 얼마나 잘 보장되는지를 분석하여 5등급으로 나눈 것이다.

단계 위인 4등급을 받았다. 그동안 한국의 대통령을 비롯한 위정자들은 '선진화'를 끊임없이 외치면서 이른바 '국격'을 거창하게 들먹이곤 했다 하지 않을 수 없는데, 도대체 이런 우리의 노동 현실을 한 번이라도 제대로 돌아보고 그런 말을 되뇌어 온 것일까? 이 '노동권 리지수' 조사에서 덴마크, 노르웨이 등 18개국이 1등급을 받았는데, 이들 나라의 공통적인 특징은 '극히 간헐적으로 발생하는 노동권 침해에 대해 노동자들이 집단적으로 자유롭게 대응함으로써 노동자의 지위와 노동조건이 지속적으로 개선되고 있다는 것'이었다. 굳이 '선진화'를 얘기하자면 바로 이런 게 진짜 선진화가 아닐까 한다[26].

한국의 **노동시간**은 그간 세계 최장이었다. 2013년 기준 한국의 노동자 1인당 연간 노동시간은 2163시간에 달했다. 이는 OECD 평균보다 보다 무려 400시간 정도 더 많은 것이다. 한국의 노동자들이 선진국 노동자들에 비해 1년에 두 달 정도 더 일하는 셈이다. 현재 독일, 네덜란드, 노르웨이 등은 연간 노동시간이 1400시간 안팎이고, 일본은 1700시간 정도 된다. 근래 한국의 연간 노동시간은 "1950년의 미국(1963시간)보다 더 많은 것"이었으며, "1950년 스웨덴(2016시간), 1960년 핀란드(2061시간), 1965년 프랑스(2156시간), 1974년 일본(2137시간)과 비슷한 수준"이었다. 이렇게 일하는 시간이

---

26 노동에 대한 한국 국회의원의 인식 수준을 보면 기가 막힐 정도인데, 2013년 당시 여당(새누리당)의 한 의원은 국회운영위원회에서 국회청소용역노동자들의 직고용 정규직 전환 문제와 관련하여 "(국회청소용역노동자들이) 무기 계약직이 되면 노동3권 보장돼요. 툭하면 파업 들어가고 할 텐데 어떻게 관리하겠어요?"라고 했다.

많다보니 '일과 삶의 균형'[OECD가 세계 38개국을 조사해 내놓은 '더 나은 삶 지표(better life index)'를 보면 한국은 이 부문에서 35위를 기록했음], '경제활동인구의 수면시간', '주말 자유 시간', '자녀와 함께 보내는 시간' 등에 있어서도 한국은 OECD 최하위 수준을 기록하고 있으며, 일에 대한 만족도 역시 가장 낮은 수준인 것으로 조사되고 있다.

고용 상태 역시 OECD 국가 중 한국이 가장 불안한 축에 속한다. **비정규직 비율**이 OECD 평균의 2배에 이르는 것은 말할 것도 없고, 비정규직에서 정규직으로 전환되는 비율도 OECD 국가 중 한국이 최하위권이다. 3년 일한 뒤 정규직으로 전환되는 비율이 한국은 22%에 불과해 OECD 평균인 53%의 절반에도 훨씬 못 미치는 수준이다. 그리고 정규직이라고 해서 불안하지 않은 것도 아니다. 한국의 정규직 고용보호지수는 OECD 34개국 중 22위이다.

경제활동에서의 실질적인 **은퇴 시기** 또한 한국이 OECD 국가들 중 가장 늦은 편이다. 정년퇴직 후에도 가장 오래 일하는 나라로 꼽힌다는 얘기다. 2014년 기준 한국 남성의 실질 은퇴 연령은 72.9세로 OECD 34개 회원국 중 가장 늦다(OECD 회원국의 남성 평균 실질 은퇴연령은 64.6세임—한국을 제외하고 일흔이 넘어서도 일하는 나라는 OECD 국 중 멕시코뿐이며, 중국은 63.3세까지 일하고 남아프리카공화국은 67.2세까지 일함). 여성의 실질 은퇴 연령은 70.6세로 OECD 국가 중 유일하게 70세를 넘겨서까지 일하는 것으로 조사되고 있다(OECD 회원국의 여성 평균 실질 은퇴연령은 63.1세임). OECD 통계에 따르면 한국은 주된 일자리 퇴직 후 경제활동에서 완전히 물러날 때까지 11년이 걸리는데,

이는 전 세계에서 가장 긴 편에 속하는 것이라고 한다. 이 같은 현실은 기본적으로 사회보장제도가 턱없이 부족한 탓이라고 할 수밖에 없다. 우리나라 60세 이상 인구가 확보하는 소득 가운데 연금 비중은 15%에 불과하고 근로소득이 58%를 차지한다. 한국의 **노인빈곤율[27]**은 48.6%(OECD 기준 노인 빈곤율의 경우, 주택이나 예금 같은 것은 고려하지 않고 월급이나 연금 등을 통해 한 달에 벌어들이는 소득만 따지기 때문에 실제 상황과는 어느 정도 괴리가 있을 수 있다)로, OECD 회원국 평균의 4배에 이를 정도다[28]. 심지어 한국보다 노인 평균 소득이 적은 멕시코조차도 노인 빈곤율이 한국보다 낮다(이는 한국 고령층의 소득 분포가 매우 불균등하기 때문이다). 잘 알려져 있다시피 한국의 **노인 자살률**이 매우 높은데, 이 같은 자살률 역시 노인 빈곤율과 깊은 관련이 있는 것이라고 할 수 있다. 왜냐하면 빈곤과 질병에 시달리다 스스로 목숨을 끊는 극단적인 선택을 하는 경우가 너무나 많기 때문이다. 2015년 기준 우리나라 65세 이상 노인자살률(인구 10만명당)은 58.6명으로 OECD 회원국(평균 18.8명) 중 가장 높다. 2위 슬로베니아(38.7명)와도 큰 격차를 보이고 있다(일본은 22.8명, 핀란드는 15.1명 기록).

한국은 일하는 여성의 환경을 평가하는 '**유리천장지수**'에서도 OECD 조사 대상국 중 꼴찌다(영국 시사주간지 이코노미스트 발표). 이

---

27 65세 이상 노인 가운데 전 국민 중위소득의 50% 미만 소득으로 생계를 꾸려가는 노인의 비율.

28 OECD 회원국들의 노인 빈곤율을 보면 멕시코 27.6%, 일본 19.4%, 미국 14.6%, 스페인 12.5%, 이탈리아 11.0%, 독일 10.5%, 핀란드 9.7%, 스웨덴 9.3%, 영국 8.6%, 노르웨이 5.5%, 프랑스 5.4%, 체코 3.7%, 네덜란드 1.4%다.

역사의 갈림길에 선 대한민국

지수는 성별 고등교육 격차, 남녀 임금 격차, 여성의 경제활동 참여 비율, 고위직 여성 비율, 의회 여성 의원 비율, 남녀 육아휴직 현황 등의 세부 지표를 종합해 산출되는데, 한국은 2013년 지수 집계 이래 10년 연속 최하위를 기록하고 있다. 2022년 3월 발표된 '유리천장지수'에 따르면 한국은 100점 만점에 종합 20점대를 받아 조사대상 29개국 중 29위를 차지했다(스웨덴은 80점을 넘어 선두를 달렸고, 노르웨이, 아이슬란드, 핀란드 등이 상위 순위에 이름을 올렸다). 가부장적 문화가 여전히 강한 것으로 알려져 있는 터키보다 한국이 두 단계 낮은 순위다. 한국은 남녀 임금 격차 29위, 관리직 여성 비율 29위, 기업 내 여성 이사 비율 29위, 여성 노동 참여 비율 28위, 남녀 고등교육 격차 28위, 의회 여성 의원 비율 27위 등 대다수 부문에서 낮은 평가를 받았다. 특히 성별 임금 격차에선 OECD 평균(13.5%)보다 두 배 이상 큰 31.5%(남성이 100만원 받을 때 여성은 31.5% 적은 68만5000원을 받는다는 뜻임)를 기록했다.

자영업자 비율도 한국이 OECD 국가 중 가장 높은 수준이다. 2013년 기준(OECD 자료) 27.4%를 기록, 2010~2011년 OECD 회원국 평균인 15.8~16.1%의 두 배에 가까울 정도다(2012년과 2013년에는 일부 국가의 수치가 누락돼 OECD 평균을 산출하지 못했음). 영국(14.4%), 일본(11.5%), 독일(11.2%) 등 대다수 선진국이 10% 대 수준이고 덴마크(9.0%), 캐나다(8.8%), 미국(6.6%)의 경우엔 그 비중이 한 자릿수를 기록하고 있다. 한국의 자영업자 비율이 이렇게 높은 것은 외환위기 이후 가혹한 구조조정·정리해고 조치가 취해졌던 데다 고용구조가 매우 불안정하고 사회보장제도가 제대로 안 돼 있기 때문이라 할 수밖에 없다.

한국은 **산업재해사망률**에서도 OECD 최악 국가이다. 한국의 산재사망률은 미국의 2.5배, 일본의 3배, 덴마크의 6배, 스웨덴의 9배, 영국의 14배에 이른다. 산재사망률만 따지면 한국은 튀니지와 비슷한 수준이다. 2001년부터 2010년까지 작업 중 사망한 사람이 무려 2만 2897명에 달했다. 실로 믿기 어려울 정도다. 실제 산재사망자 수는 통계에 잡힌 수치보다 더 많을 것이란 점을 감안하면 정말 어마어마한 수의 노동자들이 산업재해로 죽어가고 있다 하지 않을 수 없다. 이런 산재를 두고 아직까지도 정부나 언론 등에선 기업의 안전 불감증 등을 탓하는 목소리가 많으나, 이는 근본적으로 한국사회체제의 내재적인 문제라고 할 수 있다. 즉, 그것은 한국 사회구조 자체의 문제를 반영하는 것이란 얘기다[300여 명의 생때같은 목숨이 수장된 '세월호 사건'도 이런 맥락에서 파악될 수 있을 게다—왜냐하면 그 참사는 노후화한 여객선의 무리한 선령 연장 및 선체 증축, 관피아(관료+마피아)·이익 집단(한국해운조합)의 구조적인 유착과 비리, 유명무실한 안전 규제(과적·고박 불량), 선장을 포함한 승무원 절반의 비정규직 신분 등 한국 사회의 온갖 구조적 문제가 얽혀 있는 사건이라 할 수 있겠기에 말이다].

국내총생산GDP 대비 **사회복지지출 규모**에서도 한국은 OECD 꼴찌 수준이다. 2019년 기준 12.2%로 OECD 평균 복지지출(20.0%)의 절반 수준에 불과하다. 한국보다 사회복지지출 비중이 낮은 나라는 멕시코, 칠레, 터키 세 나라뿐이다.

이런 가운데 한국의 **사교육비 비중**은 국내총생산GDP의 2.9%로 OECD 회원국 중 1위다(2006년 판 OECD 통계연보). 이는 OECD 평균 (0.7%)의 4배를 웃도는 수준이다. 2007년 사교육비 통계 조사가 시작된 이후 한국의 연 총사교육비는 2011년까지 계속 20조원 대였다. 세금이나 통계에 잡히지 않는 사교육비가 상당하다고 할 수 있기 때문에, 실제 총사교육비는 파악되는 액수보다 훨씬 크다고 봐야 할 게다. 국내 가계의 소비지출에서 교육비가 차지하는 비중이 6.7%(2012년 기준)에 달하는데, 이는 같은 기간 프랑스 0.8%, 독일 1.0%, 일본 2.1%, 미국 2.4%에 비해 월등히 높은 것이다.

뿐만 아니라, 한국의 **가계부채**는 세계 최고 수준이다. 2021년 2분기 기준 한국의 국내총생산GDP 대비 가계부채 비율은 104.2%를 기록—국제금융협회IIF 세계부채 보고서—했다[국제결제은행(BIS)에서는 GDP 대비 가계부채 비율의 임계점을 대략 85% 안팎으로 본다]. 조사 대상 37개 주요국 중 1위다. **한국은 가계부채 규모가 경제 규모보다 더 큰 유일의 나라다.** 한국의 가계부채 비율은 미국(79.2%), 일본(63.9%), 중국(60.5%)에 비해 크게 높을 뿐만 아니라 증가 속도 또한 전년 동기 대비 6.0%포인트 늘어 가장 빠른 것으로 나타났다. 1997년 외환위기 당시 300조원 수준이었던 가계부채는 2011년 1000조원을 넘어섰고 이제 2000조원 돌파를 눈앞에 두고 있다. 2008년 글로벌 금융위기 이후(2009~2016년) 우리나라의 가계부채 증가 속도는 OECD 회원국 평균의 7.8배에 이르렀고(한국은행 자료), 2016년 말부터 5년 간 한국의 GDP 대비 가계부채 증가 폭은 주요 선진 5개국(미국·영국·독일·프랑스·일본)의 2.6배(한국은 16.5%포인트 늘었는데 비해 이들 5개국은 6.4%포인트 증가하는데 그쳤음)에 달했다(한국경제연구원). 2008년 이후 2020년 2분기까지 한국의 GDP 대비 가계부채 비율이 27.6%포인트나 치솟았는데(조세재정연구원 보고서), 이는 전 세계 평균인 3.7%, 선진국 평균인 -0.9%와 비교하면 그 증가율이 매우 가파른 게 아닐 수 없다.

게다가 한국의 **물가**(주요 도시)는 세계에서도 손꼽힐 만큼 비싸다. 세계 최대 국가·도시 비교 통계 사이트인 '넘베오^{Numbeo}'에 따르면 서울의 식료품 가격은 미국의 뉴욕, 일본의 도쿄보다 비싸고, 1인당 GDP가 5만~8만달러 수준인 북유럽 국가의 도시보다 비싸다. 전 세계 370여개 주요 도시 가운데 살인적인 물가로 유명한 스위스의 5개 도시(취리히·바젤·로잔·제네바·베른)에 이어 서울이 6번째로 식료품값이 높은 것으로 조사됐다. '넘베오'의 조사를 들먹일 것도 없이 근래 스타벅스의 아메리카노 톨 사이즈 커피값이 서울은 4100원이었는데 비해 뉴욕은 2850원, 도쿄는 3660원이었다. 서울이 뉴욕보다 44%, 도쿄보다 12% 더 비싼 셈이다.

행복지수에서도 한국은 OECD 최하위 수준이다. 2018년부터 2020년까지 3년 간 한국의 국가행복지수는 10점 만점에 평균 5.85점을 기록, OECD 37개 국 중 35위를 차지했다[한국개발연구원(KDI) 경제정보센터 발간 '나라경제'—행복지수가 가장 높은 나라는 핀란드(7.84점)였음]. 한국보다 행복지수가 낮은 나라는 그리스(5.72점), 터키(4.95점) 뿐이었다. 한국 아이들과 청소년의 행복지수가 '바닥'임은 말할 것도 없다. 2011년 실시된 한 조사에 따르면 한국 어린이와 청소년의 행복지수는 OECD 회원국 중 해당 지표가 있는 23개 국 중 최하위였다. 바로 위인 헝가리와 20점 이상(100점 만점) 차이가 나는 **비교 불허의 확실한 꼴찌**였다. OECD 소속 30개국을 대상으로 진행된 2013년 아동 종합실태 조사에서도 한국 아동·청소년의 '삶의 만족도'(100점 만점)는 60.3점으로 최하위였다. 끝에서 두 번째인 루마니아조차도 한국보다 훨씬 높은 점수인 76.6점을 받았다.

　지금까지 여러 지표를 통해 작금의 한국 사회를 좀 자세히 들여다봤는데, 그 민낯은 '세계 10위권의 경제대국'이라는 화려한 겉모습과는 사뭇 다르다 하지 않을 수 없다.
　'민주화 이후의 정부'들이 신자유주의를 적극 수용하고 세금 감면·고환율 정책 등을 통해 '대기업 집중지원 성장전략'을 취하는 가운데 일부 재벌 대기업들은 세계적인 기업으로 올라섰거나 세계시장에서 "눈부신 성과"를 올렸다. 하지만 재벌 대기업의 그러한 성과는 소수 재벌로의 엄청난 경제력 집중을 의미하는 것이었을 뿐 우리 사회 대다수 구성원의 삶과는 철저히 유리된 것이었다.
　노무현 정부가 '기업하기 좋은 나라'를 외치고 이명박 정부가 '비즈니스 프렌들리'를 부르짖는 가운데 한국 기업들의 사내보유금 규모는 2012년 기준 무려 762조원에 달했다[기업인들은 말할 것도 없고 대다수 경제전문가와 언론은 우리나라가 기업하기 어려운 나라라고들 하지만 기업하기에 얼마나 좋은 환경인지를 따지는 세계은행의 기업환경평가를 보면 한국은 2014년 세계(190개 정도 국가 중) 5위, 2015년 4위, 2016년 5위, 2017년 4위, 2018년 5위를 차지했다─신산업 부문의 진입·경쟁제한규제 등은 평가 대상이 아님]. 이 같은 상황은 외환위기 이후 수많은 사회경제적 약자/보통사람들의 삶이 크게 피폐해져 온 것과는 뚜렷이 대비된다.

세계적인 경제학자인 조지프 스티글리츠 교수(미국 컬럼비아대학·노벨 경제학상 수상)는 친기업 중심의 경제규칙을 쓰면 어떤 일이 벌어지는지를 미국이 잘 보여줬다고 하면서 극소수가 대부분의 성장 과실을 가져가는 상황은 "경제뿐만이 아니라 민주주의에도 위협"이라고 했다. 그는 기업의 이익을 중심으로 경제규칙을 쓰면 번영을 공유하는 것도, 빠른 성장을 일궈내는 것도, 민주적인 시장경제를 구현하는 것도 어렵다고 말했다.

경제성장이나 국가발전이 그 사회 다수 구성원의 개별 삶의 개선과 안정에 기여하는 것이 아니라면 그게 대체 어떤 큰 의미를 가질 수 있을까? 성장이나 발전이 외려 불평등과 격차, 차별과 배제를 확대하고 비인간화와 반생명화를 심화시키는 것으로 연결된다면 그게 바람직한 것이라 할 수 있겠는가 말이다.

이제 우리는 **무조건 국가발전을 부르짖고 무조건 경제성장을 외치는 주장들의 이면에 은폐되어 있는 수많은 진실들을 마주해야 한다**. 우리 사회 다수 구성원의 삶의 문제에 실질적으로 다가가지 못하거나 되레 기득구조 또는 상층 편향적 수혜구조를 더욱 강화하는 정권, 정치세력들이 정부 혹은 국가라는 그럴듯한 옷을 입고, 민주주의라는 그럴듯한 어깨띠를 두른 채 성장과 발전을 무조건 강조하는 것에 대해 우리는 이제 제대로 따져봐야 한다.

3

그 커진 파이는 누가 가져갔나?

그동안 기업인들은 말할 것도 없고, 많은 정치인·지식인 전문가 등이 부의 분배 문제와 관련하여 '낙수효과' 또는 '파이론'을 역설해 왔다. 잘 알려져 있듯 '낙수효과'란 대기업의 성장을 촉진하고 부유 층의 부를 먼저 늘려주면 그 효과가 아래로 흘러내려 결국 사회구성 원 전체가 혜택을 입게 된다는 것이며(그냥 쉽게 말하면 수출이 잘 되고 대기업이 잘 나가게 되면 그 혜택이 서민에게까지 돌아간다는 것임), '파이론' 은 상위 계층이 가져가는 파이의 크기를 따지지 말고 일단 부를 먼 저 창출하여 전체 파이를 키워야 한다는 것이다(파이를 먼저 나누려고 하면 파이가 잘 커지지 않는다는 것, 즉 성장을 위해선 일단 분배를 희생해야 한 다는 '선성장 후분배'를 말하는 것임). 그런데 이런 이론이나 주장이 정말로 맞는 것일까?

지난 노무현 정부 시절 여권 내에서 '성장이냐, 분배냐'의 논란이 일었을 당시 정권 핵심 실세이던 이광재 의원은 "결국 파이가 커야 나눠지는 것"이라고 했다. 이는 그 얼마 전 국내 최대 재벌 회장이 했던 얘기와 닮아 있다. 그 회장은 2003년 6월 "지금은 당장의 제 몫 찾기보다 파이를 빨리 키워 국민소득 2만 달러 시대에 돌입하기 위해 온 국민이 다 함께 노력해야 할 때"라고 강조했었다 (그의 이 발언은 노무현 정부의 '2만달러 시대론'으로 그대로 이어졌음).

그러면 그 이후 실제 상황은 어떻게 됐을까? 2004년 826조8927억원이던 국내총생산이 2012년 1272조4595억원으로 크게 늘어났다(한국은 2006년에 1인당 국민소득 2만 달러를 처음 돌파했음). 9년 사이에 국내총생산이 53.9% 증가한 것이다. 그런데 "통계가 존재하는 2005~2010년 우리 일반가구 임금소득은 3370만원에서 3490만원으로 6년 간 120만원(3.6%) 늘어"나는데 그쳤다. 같은 기간 연평균 물가상승률 3.0%를 고려하면(물가 상승을 반영한 2010년 소득은 "4024만원이 돼야 2005년과 동일"함) 실질 소득은 오히려 크게 뒷걸음질 친 셈이다. **결국, 파이는 엄청나게 커졌지만 우리 사회 대다수 구성원의 삶은 나아지지 않았다**는 것이다. 아니, 나아지기는커녕 실질소득이 되레 많이 쪼그라들어 살림살이가 후퇴했다는 얘기다.

이제 눈을 밖으로 한번 돌려보자. 미국의 1인당 국내총생산은 1980년부터 30년 동안 75%정도 늘었다고 한다. 그러면 커진 파이만큼, 아니 파이가 커졌으니 많은 하위 계층 사람들도 그 혜택을 봤을까? 상위 1%의 임금이 150%, 상위 0.1%의 임금이 300% 넘게 인상되는 동안 하위 90%의 임금은 불과 15% 인상되는 데 그쳤다고 한다. 과연 이를 두고 하위 계층 사람들이 '커진 파이'의 혜택을 누렸다거나 꼭대기에서 늘어난 부가 아래로 흘러내려 결국엔 사회전체로 퍼졌다고 할 수 있을까? 미국 전체 소득에서 "상위 1%가 차지하는 소득 비중이 1979년엔 10% 정도였다가 2006년 중반엔 22.9%로 두 배 이상 늘어났"는 데도[29]—즉, '1% 부자'들을 훨씬 더 큰 부자로 만들어 줬는데도(성장을 위해 분배를 희생해야 한다는 이들은 부자들 내지 고소득층이 주로 투자를 하기 때문에 이들에게 부가 집중되어야 투자와 성장이 촉진된다고 본다)—, "미국 경제의 투자율은 1960~1970년대와 비교할 때 더 떨어졌고 경제성장 역시 오히려 둔화됐다"고 하지 않는가.

세계적인 차원에선 어떨까? 1980년대 이후 신자유주의자들이 "파이를 고르게 나누기 위해서는 그 이전에 파이를 먼저 키워야 한다"는 것을 강조하는 가운데 많은 나라의 정부들이 규제완화 정책과 고소득자에 대한 감세 정책 등을 시행했다. 그런데 정작 세계 경제의 성장률은 "1960~1970년대의 3.2%에서 1980~1990년대의 2.2%로 떨어졌"고, 대부분의 나라에서 소득 분배 또한 더 악화됐다.

위에서 잘 드러나는 것은 고소득자들에 대한 감세정책 등을 통해 부유층에게 부를 몰아주고 규제를 완화—논 있는 사람들이 부를 창출할 기회를 더 크게 열어주는 것임—한다고 해서 꼭 파이가 커지는

---

29 한 경제학자에 따르면 1979~2007년 미국 국내 총소득 증가분의 88%가 상위 1%에게 귀속됐다고 하며, 또 다른 조사 결과에 의하면 2009년부터 2012년까지 발생한 전체 소득 증가분 중 91%가 최상위 부유층 1%에게 돌아갔다고 한다.

것도 아니며, 또 파이가 커졌다 해도 시장에만 맡겨두면 그것이 저절로 나눠지거나 아래로 흘러내리는 효과는 별로 없다는 것이다. 따라서 파이가 어느 정도 고르게 분배되기 위해서는 세금징수를 통한 소득이전移轉 기제 내지는 복지시스템이 반드시 필요하다고 할 수밖에 없다. 경제 **성장이 적절한 분배로 그냥 이어지지 않는다**는 것은 '자본주의 산업화가 시작된 이래 그 어떤 시기에도 국내총생산 확대 자체가 자동적으로 사회복지지출 증가로 연결된 적이 없다'는 데서 잘 드러난다 할 수 있다. 전체 파이를 키우면 결국 개인의 이익도 늘어날 것이란 주장, 즉 저절로 우리 모두가 살기 좋게 될 것이란 주장은 허구라는 것이다. 파이가 커져야 나눠진다거나 당장의 제 몫 찾기보다 파이를 빨리 키우기 위해 국민이 노력해야 한다거나 하는 식의 발언들은 문제를 호도하거나 맞지 않는 것이란 얘기다.

4

정치가 경제의 발목을 잡는다고?

외환위기 이후 한국 사회에서 신자유주의적 이행이 가속화함에 따라 정치논리와 경제논리의 철저한 이분법적 구분이 더욱더 횡행했다 하지 않을 수 없는데, 이제 이 문제를 한번 살펴보기로 하겠다.

그동안 기업인들은 말할 것도 없고, 많은 지식인 전문가 등이 정치논리와 경제논리를 철저히 구분, 정치논리를 '나쁜 것', '멀리해야 할 것'으로 낙인씌으면서 경제에 정치논리가 끼어들어선 안 된다는 것을 강력히 주장해 왔다. 한국 정치가 워낙 무능, 무책임하고 제 역할을 못하다보니 이런 주장이 쉽게 먹혀들거나 힘을 얻기도 하지만 이는 근본적으로 올바른 것이라 하기 어렵다.

이런 주장을 펼치는 이들이 그렇게도 중시하는 경제논리란 대체 무엇인가? 그것은 다름 아닌 시장논리이다. 이들은 경제에 정치논리가 끼어들면 시장의 합리성이 깨지고 시장이 왜곡된다는 것을 엄청나게 강조한다(물론 '정치의 실패'도 많다). TV 경제토론에서든 신문 경제칼럼에서든 경제전문가[30]들이 가장 많이 언급하는 용어 중의 하나가 이 '시장의 왜곡'이란 것이다.

그런데 시장이라는 게 대체 어떻게 성립된 것인지를 들여다보면 이런 태도가 얼마나 유난스러운 것인지가 잘 드러난다.

시장이란 간단히 말하면 일정한 거래 관계의 틀이나 제도 등으로 규정되는 것이라 할 수 있다. 그렇다면 이런 것들은 대체 어떻게 결정된 것일까? 바로 정치적으로 결정된 것이다. 오늘날 사람을 사고파는 시장 따위는 존재하지 않는데, 이런 결정이 정치에 의해 이뤄진다는 얘기다. 시장의 경계를 결정짓는 것, 시장의 영역을 규정짓는 것이 정치라는 게다. "시장에서 누가 무슨 물건을 어떻게 팔 수 있는지"는 정치적으로 결정되며, '시장의 영역에 어떤 것을 넣고 안 넣을 것인지를 정하는 것 자체가 사회적·정치적 차원의 싸움이요, 권력투쟁'이다. 요컨대, 경제와 정치, 경제논리와 정치논리는 근본적으로 분리될 수 없는 것이며, 시장이란 "사회적 힘의 관계와 가치가 반영된 정치적 결정의 산물"이란 것이다.

---

[30] 한국의 경제 전문가들은 거의 대부분이 이른바 주류 경제학을 전공했거나 떠받드는 이들이라 할 수 있는데, 그 중에서도 신고전학파적 관점을 가진 이들이 절대 다수다. 신고전학파 경제학은 잘 알려져 있다시피 "인간의 합리성이 완전하다"고 가정한다. 개인들은 자신의 이익을 위해 합리적으로 계산하고 결정하기 때문에 "시장은 조화로운 균형에 도달"하며, 자신의 이익을 위한 바로 그런 합리적 행동이 "인간에게 가장 바람직한 상태를 가져다준다"는 것이다. 이런 관점에서는 빈부격차나 불평등, 실업, 불의한 사회구조 같은 건 그리 염려할 게 못 된다.

민주주의가 1인1표의 원칙으로 작동한다면 시장은 1원1표의 원리를 기초로 하여 움직인다(많이 가진 사람들 입장에서는 될 수 있으면 많은 사안을 시장의 영역에 밀어 넣고 그것들을 정치논리로부터 보호하는 것이 유리하다). 시장 원리만 떠받들거나 정치논리가 개입되면 시장이 왜곡된다는 것을 무조건 강조하는 것은 결국 가능하면 모든 것을 시장에 맡겨야 한다는 얘기인데, 이것이 궁극적으로 뭘 의미하는 것인지는 자명하다. **시장 논리만 따라가면 강자 독식이 불가피하다.**

　'정치적 논의', '정치적 논리' 그 자체가 나쁜 것이라고 할 수는 없다. 민주주의 정치체제하에서는 경제적 사안과 관련된 것을 포함하여 공동체 내부의 모든 주요 정책들이 민의를 반영하여 결정되어야 할 터인데, 이처럼 민의를 반영하여 결정된다는 것은 곧 그런 정책들이 정치적으로 결정된다는 것을 의미할 수 있지 않겠는가. '정치가 경제의 발목을 잡는다느니 정치인들이 표만 좇아 인기 영합적으로 행동한다느니 하는 등의 말이 내포하는 이른바 정치논리의 문제'는 정치인들이 공적 사안 내지는 공공 이슈를 정치적으로 잘못 다루기 때문에 발생하는 것이라 할 수 있다.

　시장의 무차별적인 경쟁과 무자비한 이윤 추구가 초래하는 부작용이나 폐해를 막기 위해서는 이러한 것들을 추동하는 경제논리를 제어해야 한다. 정치논리가 응당 필요하다는 얘기다. 세제 개혁을 통해 복지제도를 확대하거나 환경 보호를 위해 경제논리에 제약을 가하거나 하는 식의 '정치적 개입'이 많으면 많을수록 그 사회는 더 좋은 사회가 될 수 있지 않겠는가.

정치논리를 무조건 부정적으로 낙인찍으면서 경제논리, 시장논리로 경제문제를 풀어가야 한다고 하는 주장은 경제 혹은 시장에 대한 민주적 정치개입의 길을 억압하는 효과를 갖는다. 경제논리와 정치논리를 이분법적으로 철저히 구분하는 것은 결국 민주주의의 약화와 관련되는 것이라고 할 수 있으며, 이 민주주의의 약화란 곧 사회경제적 약자나 보통사람들의 권익의 약화를 의미할 테다.

제2장

민주화 이후의 한국 정치와
그 퇴행적 모습

1

사회경제적 민주화의 지체와
절차적 민주주의

민주화 이후 우리 사회는 양극화와 불평등이 급속도로 심화하고 계층이동의 기회가 급격히 축소되는 등의 방향으로 치달았다. 이는 민주화 시기와 겹쳐 신자유주의 세계화가 진행됐다는 걸 감안하더라도 민주화 이후의 한국 정치와 민주주의의 문제를 뚜렷이 드러내는 게 아닐 수 없다.

민주화란 단순히 정치체제 수준에서의 변화만을 의미할 수 없으며, 그것은 그 이전의 구체제가 구축한 사회·경제 구조와 그 운영 원리, 운영 방식을 민주주의에 맞게 새롭게 변화시키는 것을 함의한

역사의 갈림길에 선 대한민국

다고 할 수 있다[1]. 한데 민주화 이후 권위주의 체제는 종식되었지만 구체제적 특성들은 그대로 유지되었다고 할 수밖에 없다. 정치적 민주화가 사회·경제 구조와 그 운영 원리, 운영 방식을 변화시키는 방향으로 흐르지 못했다는 얘기다[2].

민주주의는 "다수 보통사람들의 의사를 보다 잘 대표하는 체제"로 이들 보통사람이 자신의 권익을 추구할 수 있는 정치적 공간과 기회를 열어준다는 데에 그 큰 장점이 있다고 할 수 있다. 민주주의가 바람직한 정치체제라고 말할 수 있는 근거 역시 민주주의 내지 민주 정치 그 자체에서 비롯된다기보다는 민주주의가 정치적 참여의 평등을 통해 보통사람들이 사회경제적 권리를 확보, 확대할 수 있는 길을 열어주고, 그리하여 그들 보통사람이 자신의 삶의 조건을 스스로 개선할 기회에 다가갈 수 있게 해준다는 데서 비롯되는 면이 크다고 해야 하지 않을까 한다. 누군가는 "인민을 위해 민주주의가 만들어졌지, 민주주의를 위해 인민이 만들어진 것은 아니다"라고 하지 않았던가. 여기서 인민이란 다름 아닌 보통사람들을 말할진대, 그렇다면 **민주 정치의 존재 의의는 가난하거나 평범한 보통사람들의 삶을 우선 살피고 개선하는데 있다**고 해도 틀린 말이 아닐 게다.

그런데 민주화 이후의 한국 민주주의는 이런 방향으로 작동하기는커녕 소수의 사회 상층이나 엘리트들을 위한, 그들만의 리그로 퇴락했다. 민주화가 이뤄진 뒤에도 사회경제적 약자 혹은 서민 대중은

---

1 최장집 저 『민주화 이후의 민주주의』, 『민주주의의 민주화』, 『어떤 민주주의인가(공저)』 참고.
2 최장집 저 『민주화 이후의 민주주의』, 『민주주의의 민주화』, 『어떤 민주주의인가(공저)』 참고.

정치적으로 대표 또는 대변되지 못했고, 그 반면 사회 상층은 과다 대표됐다.

민주주의가 이처럼 부나 권력, 사회적 지위를 갖지 못한 보통사람들의 사회경제적 권리를 확대하는 데 기여하지 못하고, 그리하여 또한 사회의 계층적 구조화를 약화시키거나 사회적 균열을 완화하는 데도 기여하지 못한다면, 아니 되레 기득구조를 정당화하거나 상층 편향적 수혜구조를 디욱 강화하는 방향으로 작동한다면 민주주의에 대한 불만과 냉소가 밑으로부터 광범하게 터져 나오는 건 당연한 일일 테다. 민주화 이후 우리 사회에서 "민주주의가 밥 먹여주냐"는 말이 크게 회자됐는데, 이는 '민주화 이후의 한국 민주주의'에 대한 날것 그대로의 냉소적 반응이자 그 압축적 표현이라 할 수 있다.

두루 알다시피 한국 정치를 주도하는 양대 정당은 보수적 이데올로기를 기반으로 성립되었다. 이들 거대 양당의 이념적 거리는 멀지 않고, 그동안 남북문제 정도를 제외하곤 실질적인 정책적 차이는 거의 없거나 크지 않았다. 그간 한국에서 보수-진보를 가르는 기준은 사회경제적 입장의 차이가 아니라 대북 문제에 대한 태도의 차이였다. 주요 정당들이 사회의 다양한 갈등과 균열을 대표하면서 자기 나름의 비전이나 정책 대안을 제시하는 게 무엇보다 중요한데도 한국 정치에서는 이게 제대로 이뤄지지 않았다고 할 수밖에 없다.

민주화 이후 실체 없는 보수/진보가 사회경제적 이슈와 괴리된 정치적 쟁투를 사생결단식으로 벌이며 격렬하게 대립해 오는 가운데 근래 대규모의 촛불 시위도 있었고, 이를 통해 시민들의 엄청난 참여 열기가 분출되기도 했다. '촛불'의 힘은 어느 대통령으로 하여금 "청와대 뒷산에 올라 '아침 이슬'을 들으며 반성하고 자책했다"는 대국민 담화를 내놓게 하기도 했고(얼마 후 그는 "당시 참여했던 지식인과 의학계 인사 누구도 반성하는 사람이 없다"며 오히려 촛불 집회를 비판했지만), 또 다른 어느 대통령을 아예 권좌에서 끌어내리기까지 했다. 하지만 촛불 시위 자체는 한국 민주주의의 위기와 실패 탓에 발생한 것이라 할 수 있다. 그것은 대통령의 독단적·권위주의적 정책결정과 권력행사에 저항하거나 대통령의 권력 사유화 및 그에 따른 민주주의의 심각한 훼손을 저지하기 위한 것이었기 때문이다. 그리고 그 후 이른바 '촛불 정신'을 계승했다는 정권이 들어서 임기 막바지에 이른 시점에서 볼 때, 한국 민주주의가 얼마나 달라졌는지도 참으로 의문이라 하지 않을 수 없다. 한국 민주주의가 사회의 다양한 목소리에 얼마나 더 귀 기울이게 됐으며, 그에 얼마나 잘 응답하게 됐는가 말이다. 정부운용 및 권력작동 방식 또한 변한 게 없는 듯하다. 아니, 민주주의가 더 나빠지고 정치가 더 황폐화한 것으로 보인다. 진영 논리, 진영이익 추구가 극단화하고 이른바 '내로남불'이 판치는 가운데 정권 지지자들은 대통령이나 권력에 대한 그 어떤 비판·견제도 용납하려 들지 않으며, 민주주의의 근간인 삼권(입법·행정·사법) 분립이 훼손되고, 법의 지배가 위협 받으며, 정치적 내결과 충돌은 더욱 격렬해지고, 국민 분열은 더욱 심화됐기 때문이다. 심지어 도덕과 윤리, 정의와 공정, 참·거짓의 기준이 무너지거나 바꿔치기 되는 현상까지 나타나기도 했다.

앞서 이미 말한 것처럼 '민주화 이후 한국 민주주의'의 핵심적인 문제는 사회경제적 약자 혹은 서민 대중의 의사와 요구, 이익이 정치적으로 대표되지 못했다는 게 아닐 수 없는데, 이처럼 민주화가 이뤄진 뒤에도 우리 사회 저변층의 권익이 정치적으로 대변되지 못했음은 말할 것도 없고, 그들의 목소리나 요구의 표출 자체가 무조건 부정적으로 여겨지거나 교묘히 억압되는 상황 또한 계속됐다. 이는 '사회 통합' 담론에서 잘 드러난다 할 수 있는데, 이제 이 문제를 갈등을 어떻게 바라볼 것인지에 초점을 맞춰 한번 살펴보도록 하겠다.

그동안 한국의 이른바 '정치·사회 지도층 인사'들은 하나같이 '사회 통합'을 강력히 부르짖어 왔다. 그런데 사실 그 주장들의 대부분은 사회경제적 약자들의 밑으로부터의 목소리나 요구의 표출 자체를 '분열적이고 바람직하지 않은 것'으로 인식하는, 다시 말해 갈등을 무조건 부정적으로 바라보는 관점에 기초해 있는 것이었다고 할 수 있다. 밑으로부터의 그러한 목소리나 요구의 표출 자체를 '사회의 안정과 질서를 해치고 경제 성장이나 국가 발전에 걸림돌이 되는 유해한 요소'로 바라본다는 얘기다. 이런 식의 '사회통합론'에선 사회적 불만이 밖으로 표출되지 않거나 갈등이 억압되어 보이지 않게 되면 그게 곧 사회적 안정이요, 통합이다. 그런데 과연 이러한 것을 두고 진정한 사회적 안정이나 통합이라 할 수 있을까? 결코 그렇다 할 수 없을 것이다. 갈등의 존재나 표출을 무조건 부정적으로 바라보는 관점에 기초해 있는 '사회 통합' 주장은 기실 "기득이익적 억압 행위일 뿐"이다. 작금의 우리 사회 현실을 한번 보라. 사회통합을 주장하는 목소리는 날로 커져가고 있지만 실제 현실은 그와 정반대로 격차와 배제가 갈수록 심화하고 있지 않은가.

갈등을 찍어 눌러 보이지 않게 하는 것은 갈등을 당사자들만의 문제로 만드는 것이라 할 수 있다. 이렇게 갈등이 당사자들만의 문제, 즉 사적 차원의 문제로 한정될 경우, 갈등은 그 당사자들 중 더 큰 힘을 가진 쪽이 원하거나 그에 유리한 방향으로 처리될 가능성이 매우 높다. 때문에 갈등을 억압하여 당사자들만의 문제 내지는 사적 차원의 문제로 한정시키는 것은 언제나 '더 큰 힘을 가진 쪽'이 선호하는 것이다. 반면 힘이 약한 쪽의 입장에선, 다시 말해 사회경제적 약자나 보통사람들의 입장에선 갈등의 범위가 사적 차원에 그치지 않고 사회 전체로 확대되는 게 낫다. 갈등이 '사회화'되는 게 더 좋다는 얘기다. 어떤 갈등, 즉, 어떤 문제 혹은 사태에 대해 직접적인 당사자가 아님에도 불구하고 많은 사람들이 관심을 갖게 되고, 그리하여 그 문제가 사회적으로 크게 주목을 받아 사회적 이슈가 되면, 그 문제는 좀 더 공정한 관점에서 접근될 수 있거나 공적 영역에서 처리될 수가 있기 때문이다.

갈등은 민주주의의 핵심 요소이며, 정치는 바로 이 갈등을 다루는 것이라 할 수 있다. 갈등이 억압된다는 것은, 다시 말해 밑으로부터의 사회적 목소리나 요구의 표출 자체가 억눌러진다는 것은 곧 "정치가 약화되고 민주주의가 축소된다"는 것을 의미한다. 누군가는 "갈등은 민주주의의 위대한 엔진"이라고 했다. 민주주의가 권위주의나 전체주의와 다른 것이 무엇인가? 그 핵심적 차이의 하나는 민주주의는 갈등을 찍어 누르지 않는다는 것이다. 즉, 민주주의는 갈등을 억압하거나 박멸하려 하지 않고 "정치의 틀 안으로 가져와 사회적 합의를 만들어간다"는 것이다.

갈등이 표출되지 못하고 축적될 때 그것은 더 심각한 문제들을 만들어 낸다고 할 수밖에 없다. 때문에 갈등을 무조건 억압하거나 박멸하려 할 게 아니라 이의 불가피성을 인정하고 이를 어떻게 정치 과정 내로 가져와 공동체 전체의 이익과 조화되고 사회적 평화가 이뤄지는 방향으로 풀어낼 것인지에 초점을 맞춰 접근하는 것이 바람직하다. 진정한 사회통합에 이르는 길도 바로 여기에 있다고 생각한다. 즉, 갈등의 표출과 이의 조직화 및 정치적 대표를 인정하고, 그 바탕 위에서 "정치 과정 등을 통해 갈등이 타협되거나 해소되도록 하는" 것이 제대로 된 사회통합을 이루는 길이란 얘기다.

민주주의란 보통 정치체제의 차원에서 이해되지만 보다 넓게 보면 '사회의 상태'를 의미한다고 할 수 있다. 그러하기에 민주화 이후 우리 사회의 **계층 이동 문제**와 법의 지배 상황을 먼저 들여다보고, 그 다음에 '민주화 이후의 민주주의'와 관련해 그동안 많은 지식인과 정치인 등에 의해 빈번히 언급되어 온 '절차적 민주주의는 공고화되었다'라는 언설을 살펴보기로 하겠다.

민주화가 이뤄지면 아무래도 사회적 계층 이동의 기회가 넓어질 것으로 기대될 게다. 그런데 역설적이게도 민주화 이후 우리 사회는 계층 이동의 기회가 거의 사라져버린 사회, 계층 상승의 문이 거의 닫혀버린 사회가 되고 말았다. 어느 학자는 "조선 말기가 연상될 정도로 신분이 고착화하는 양상이 나타나고 있다"고 했는데, 민주화 이후 우리 사회는 새로운 세습 사회, 새로운 신분제적 사회가 되었다고 해야 하지 않을까 한다.

이전엔 그래도 교육이나 열심히 일 하는 것 등을 통해 사회적 계층이동이 가능했다(이것이 어떤 방향으로 흐른 면이 있는지는 차치하고).

하지만 교육만 하더라도 이제 그것은 계층 이동의 통로가 되기는 커녕 사회적 계층 이동을 막는 강력한 장벽이 되었다. 교육이 부와 계층을 세습시키는 유력한 수단이자 계급 간 격차와 계층적 구조를 고착화하는 위력적인 기제가 되고 말았다. 과거와 달리 이제 그것은 부와 가난을 제도화는 역할을 하고 있으며 계층적 세습을 구조화하고 불평등 구조를 공고화하는 메커니즘으로 기능하고 있을 뿐이란 게다.

민주화 이후의 교육정책과 관련해 어느 학자는 "전두환 정부가 민주화 이후보다 더 좋은 정책을 시행했다"고 했는데, 이 통렬한 지적이야말로 그간 우리 교육제도가 얼마나 잘못된 방향으로 흘러왔는지를 제대로 꼬집은 게 아닐까 한다. 적어도 당시의 대학 입시 제도는 부모의 소득이나 부富와는 크게 상관없이 돌아갔고, 그리하여 소외 계층이나 빈한한 가정의 자녀들도 교육을 통한 사회적 계층이동이 가능했다는 것이다. 그런데 민주화 이후의 교육제도는 오히려 부모의 경제서·사회적 지위에 따라 그 혜택이 주어지는 구조가 되고 말았다고 할 수밖에 없다.

교육 문제를 '탐사 보도'한 어느 신문의 기사 내용에 따르면 서울 강남의 한 중학생은 일주일에 한 번씩 '진로 코칭 과외'를 받는다고 한다. 이 학생은 외교관이 꿈인데, 중학교 성적은 어느 정도 나와야 하고, 영어와 제2외국어 실력은 어느 수준까지 끌어올려야 하며, 동아리 활동은 어떤 게 좋은지 등에 대해 일일이 '코칭'을 받는다는 것이다. 입시에서 학교생활기록부와 서류전형이 중요해지면서 중학생들도 이런 '진로 코칭 과외'를 많이 받는다고 한다(물론 부모가 경제적 능력이 있는 경우에 한하겠지만). 이 학생의 사교육비는 영어·수학 과외에다 진로 코칭 과외까지 합쳐 한 달에 200여 만 원이 들어간다고 한다. 이 학생은 "꿈에 계획적으로 다가가는 것 같다"고 말하고 있다. 이에 비해 저소득층 아이들은 부모가 생활비를 쓰고 나면 학원비를 대줄 여력이 없어 학원 다니는 것조차 꿈도 못 꾼다고 하지 않는가. '없는 집' 아이들이 '있는 집' 아이들을 도저히 따라 갈 수 없는 구조가 되어버린 것이다. 경쟁 자체가 원천적으로 안 되게끔 돼버렸다는 얘기다. 더욱이 대입 학종(학생부종합전형) 같은 경우엔 '금수저 전형'이란 말도 있는데, 이른바 '스펙 쌓기' 등이 중요해지면서 엘리트 부모들끼리 서로 자식들 스펙을 만들어주는 '스펙 품앗이'까지 이뤄짐으로써 부모의 사회적 지위와 인적 네트워크가 입시 결과에 직접적인 영향을 끼치는 일마저 벌어지고 있다.

이렇다보니 이른바 '명문대' 입학생의 부유층 쏠림 현상이 극단화하고 있다. 한 연구 논문에 따르면 학생 100명당 서울대 합격자(2014년 기준)가 강남구(서울)는 2.1명인데 비해 강북구(서울)는 0.1명이다. 그 차이가 무려 21배다. 합격자 상위 3개구(서울)와 하위 3개구(서울)의 순위는 아파트 매매가격과 거의 일치하는 것으로 나타나고 있다. 부모의 경제적 능력의 차이가 자녀의 학력 차이로 그대로 이어지고 있는 것이다. 고교 유형(일반고-특목고) 별 격차도 극심해 서울지역 일반고의 경우 100명당 0.6명이 서울대에 합격했으나 외국어고와 과학고의 경우 각각 10명과 41명이 합격해 그 차이가 무려 15~65배나 된다. 특목고는 일반고에 비해 수업료도 3배 정도 비싸지만 '고액 사교육'을 받지 않으면 입학 자체가 어렵다고 할 수 있다. 이른바 '명문대' 입학생의 이 같은 부유층 쏠림 현상은 교육에 있어서의 공정 경쟁이 근본적으로 훼손되고 있음을 적나라하게 드러내고 있다고 할 수밖에 없다. 그동안 우리 사회에서 경쟁이 참으로 크게 강조돼 왔었는데, 정작 그 경쟁은 이처럼 전혀 공정하지 않은 경우가 많았다.

공교육의 처참한 붕괴와 상상을 초월하는 사교육 광풍 속에서 부자 부모나 엘리트 부모를 두고 있지 못하다는 이유만으로 수많은 아이들이 공평한 배움의 기회를 갖지 못한 채 삶의 기회로부터 원천적으로 배제당하고 있다. 그 아이들은 출발선에 제대로 서 보지도 못한 채 밖으로 밀려나고 마는 것이다. 그리하여 결국엔 부모의 가난과 계층을 대물림할 수밖에 없다. 민주주의 정치체제하에서 "누가 어떤 부모를 두고 있고 어떤 집안에 태어났느냐"에 따라 그 사람의 꿈과 희망의 크기, 삶의 기회, 그리고 미래의 삶이 결정된다면 그 사회는 과연 민주주의 사회로서 정당성을 제대로 갖췄다 할 수 있을까?

교육 자체를 보더라도 작금의 한국 교육은 심각한 문제를 안고 있다. 교육이 인간성을 북돋우고, 윤리적·도덕적 가치를 익히도록 이끌며, 학생 개개인의 가능성과 잠재력을 발견해 키워주는 등의 그 본래 목표나 역할은 사라진 채 학생들을 '한 줄 세우기 무한경쟁'[3]속으로 밀어 넣고 기존의 체제나 발전시스템을 떠받치는 정형화된 인적 자원으로 만들어 내는 데에 초점이 두어져 있는 듯하기 때문이다.

우리 교육은 스스로 생각하는 힘을 키워주고 비판적·창의적 사고 능력을 길러주는 방향이 아니라 단순 나열식 지식을 일방적으로 주입하고 무비판적 수용 학습을 진행하는 방향으로 이뤄지고 있다고 할 수밖에 없다. 이렇게 해서는 창의력과 응용력이 배양될 수 없고, 사회성이나 성숙한 시민의식을 함양하는 것도 어렵다고 할 수 있다. 최근 이른바 '4차 산업혁명'이 많이 운위되고 있는데, 싫든 좋든 우리가 이런 시대적 흐름에 제대로 대응해 나가기 위해서라도 현재와 같은 교육방식은 바뀌어야 한다. 지금 우리 앞에 성큼 다가온 'AI(인공 지능)시대'에는 비판적 사고력, 창의적 문제 해결 능력, 소통 능력, 협업 능력 등을 기르는 게 중요하지 단순 나열식 지식을 머릿속에 집어넣는 건 별 쓸모없는 일이다. 이미 오래 전에 외국의 한 미래학자는 "한국의 학생들은 하루 15시간 동안 학교와 학원에서 미래에 필요하지 않을 지식과, 존재하지도 않을 직업을 위해 시간을 낭비하고 있다"고 지적했었다.

그리고 현재와 같은 무비판적이고 획일적인 교육방식으로는 학생들이 성숙한 시민의식을 가진 좋은 시민으로 성장하는 것도 힘들다

---

3 한국, 중국, 일본, 미국 등 4개국 대학생 각 1000명을 대상으로 고등학교는 어떤 곳—'함께 하는 광장', '거래하는 시장', '사활을 건 전장(戰場)' 등 세 가지 이미지 가운데 하나 선택—이냐고 물었더니 한국 대학생의 80.8%는 '사활을 건 전장'을 택했고 일본 대학생의 75.7%는 '함께 하는 광장'을 택했다고 한다.

역사의 갈림길에 선 대한민국

고 할 수 있다. 이런 식의 교육은 본질적으로 시민교육이 아니라 신민_{臣民}교육이기 때문이다. 독일의 경우, 공식 교과목명이 '정치교육'인 고교 시민교육 수업이 행해지고 있는 것으로 알려져 있다. 그 시간엔 교실의 모든 학생이 참여해 민주주의와 사회주의 등의 체제를 놓고 입장을 바꿔가며 토론을 벌인다고 한다. 각자 한 쪽 관점에서만 토론을 하는 게 아니라 반대 입장으로 관점을 바꿔가며 논쟁을 벌인다는 것이다. 이런 식의 교육을 통해 자신과 다른 의견도 존중하고 수용하는 자세를 가질 수 있도록 할 뿐만 아니라, 학생들 스스로 어떤 체제가 바람직한 것인지 느끼고 판단하도록 한다는 얘기다. 결국 이 같은 방식의 시민교육은 학생들이 자신의 상황과 이해관계에 대한 고려 속에서 시민적 역량을 기를 수 있도록 돕고, 그리하여 그들이 성숙한 시민의식을 가진 공동체 성원으로 성장하게 한다고 할 수 있다.

이제 우리도 나라의 근본을 다시 놓는다는 자세로 교육의 대전환을 이뤄내야 한다. 장기적 관점에서 한국 교육을 환골탈태시켜나가는 것이야말로 나라의 백년대계가 아닐 수 없다. 이 과정에서 잊지 말아야 할 것은 고용과 임금 격차 등의 문제와 관련한 노력을 병행해 나가는 것도 정말 중요하다는 것이다.

한편, 교육과 함께 지난 날 계층이동을 가능하게 했던 '근면·성실함' 또한 이젠 한낱 조롱거리로 전락했다. 그동안 한국 사회는 '부동산 광풍' 등으로 인해 사회 전체가 하나의 거대한 투기판, 투전판이 되어 돌아갔다 하지 않을 수 없는데, 아파트값이 불과 몇 년 만에 평범한 직장인들이 평생을 벌어도 모으지 못할 액수만큼 뛰는 경우가 부지기수였다. 이 기막히고 부조리한 현실 앞에서 정상적인 방법으로 삶을 차근차근 다져나가려는 사람들은 세상 돌아가는 것 모르는 얼뜨기 내지는 사회적 부적응자로 인식될 뿐이었다.

아무리 열심히 일해도 상대적 박탈감이 더욱 커지고 가난에서 벗어나기 어려운 지금과 같은 한국 사회구조에서는 이 근면·성실함이란 차라리 '삶의 저주'와도 같은 것이 되었다. 비정규직 노동자들만 하더라도 그들은 똑같은 일을 하고도 정규직의 절반 정도밖에 안 되는 임금을 받는 등 엄청난 차별을 감내해야 하는데, 그들에게 이 근면·성실함이란 참으로 무참한 게 아닌가 말이다.

이제 이어서 민주화 이후 **'법의 지배'** 상황을 한번 살펴보도록 하겠다. 민주화가 이뤄진 뒤에도 '법의 지배'는 공정성과 형평성을 상실했다고 해야 하지 않을까 한다. 법이 권력의 입맛이나 재산의 크기에 따라 굴절되거나 차별적으로 적용되는 경우가 적잖았기 때문이다. 민주화 이후에도 사법부는 시민권을 수호하는 역할을 제대로 수행하기는커녕 정치권력이나 사회적 강자 편에 서서 그들의 의중이나 요구를 일방적으로 대변하는 듯한 모습을 보였다.

과거 권위주의 시절엔 법의 지배가 정치권력에 의해 유린당했다면 민주화 이후엔 정치권력과 경제권력이라는 두 개의 힘에 의해 훼손됐다. 최근까지도 정치권력이 사법을 덮다시피 하는 현상이 나타났음은 말할 것도 없고, 재벌의 경우 그동안 법의 지배에서 거의 "열외 상태"에 있었다. 배가 고파 먹을 것—요구르트 등—을 조금 훔친

역사의 갈림길에 선 대한민국

70대 독거노인은 징역 2년 실형—이전에도 먹고 살기 힘들어 두 번 절도를 했다고 함—을 선고 받는 반면, 수 백 억, 수 천 억 원을 횡령 또는 탈세한 재벌 총수들은 그간 집행유예를 선고받곤 했다. 이래도 과연 법이 공정하게 적용되고 있다고 할 수 있는가? 2008년 1100억 원대의 조세포탈 혐의 등으로 기소된 국내 최대 재벌 회장은 징역 3년과 집행유예 5년을 선고 받았는데, 당시 항소심 재판부는 "불법의 정도가 실형을 선고할 정도로 중하지 않다"고 하면서 "국가경제 발전에 이바지하고 고용 창출 등을 통해 사업보국事業報國의 역할을 수행했다"고 판결 이유를 밝혔다. 먹고 살기 힘들어 먹을 것을 조금 훔친 '장삼이사 피고인'은 징역 2년 실형을 선고받는데, 1100억원대의 조세포탈 혐의 등으로 기소된 재벌 회장에게는 불법의 정도가 실형을 선고받을 정도가 아니라고 하니 이게 대체 무슨 말인가? '국가경제에 기여했다'느니 '고용 창출의 공로가 있다'느니 하는 것을 관대한 양형의 이유로 들었는데, 그렇다면 아무리 큰 불법을 저질러도 국가 경제에 기여하고 고용 창출의 공로만 있다면 제대로 처벌 받지 않는다는 것인가? 형사정책연구원이 2013년 실시한 '법집행의 공정성에 대한 국민의식 조사'를 보면 응답자의 76.3%가 "돈과 권력이 많으면 법을 위반해도 처벌받지 않는다"고 응답하고 있다. 한국의 사법 현실을 그대로 반영하는 조사 결과가 아닐까 한다. 권력과 금력에 따라 법의 잣대가 휘어지고 법 적용이 차별적으로 이뤄진다면 '법의 지배'란 '권력의 지배' 또는 '유전 무죄, 무전 유죄'와 크게 다르지 않은 것이라 할 수 있다. '법의 지배'가 실현되지 못할 때 시민적 덕성이 함양·발휘되는 게 어려워짐은 물론, 시민적 권리와 민주주의의 가치가 설 자리도 별로 없다.

이제 앞서 얘기했던 대로 '**절차적 민주주의**는 공고화됐다'는 언설을 살펴보는 것을 통해 '작금의 한국 민주주의 상황'에 한 발 더 다가가 보도록 하겠다. '절차적 민주주의가 공고화됐다'는 것은 이제 한국에서 절차적 민주주의가 자리를 잡았다는 것인데, 정말로 그런 것인가?

이른바 '민주 정부'로 일컬어지는 노무현 정부 때로 한번 거슬리 올라가 보자. 당시 집권세력은 자신들이 절차적 민주주의를 완성했다고 했다. 그런데 정녕 노무현 정부에서 절차적 민주주의가 실현됐다거나 제대로 작동했다고 할 수 있는가? 노무현 정부의 핵심 정책 사안이었던 한미FTA의 추진 과정을 들여다보면 그 실상이 잘 드러난다고 할 수 있다.

한미FTA는 분명 국가적 중대 정책 이슈가 아닐 수 없었다. 그런데 그 정책을 추진하는 과정에서 정당이나 의회에서의 토론·심의가 제대로 이뤄졌다든가, 그 정책의 영향을 받을 사회집단들의 목소리가 제대로 반영됐다든가, 이렇게 말할 수 있는가? 결코 그렇다 할 수 없을 것이다. 왜냐하면 대통령과 그를 둘러싼 몇몇 극소수 인사만의 극히 폐쇄적인 논의 구조 속에서 그 정책이 결정되어 일방적으로 밀어붙여졌기 때문이다. 한미FTA의 선전을 위해 국가홍보기구의 대대적인 동원을 포함한 거대한 여론몰이가 행해졌고, 이를 통해 한미FTA 추진에 유리한 논리, 논거만이 강조됐다. 특히, 그 기대 효과 내지 예상 효과와 관련해선 심한 과장과 부풀리기가 동반됐다.

과연 이런 정책 결정 및 추진 과정을 두고 민주주의의 결정 과정이라고 하거나 절차적 민주주의가 제대로 작동한 것이라고 할 수 있을까? 이 같은 정책 결정 및 추진 과정은 과거 권위주의 시대 때와 별로 다를 게 없다. 민주주의하에서 어떤 정책을 입안·결정·추진하는 데 있어 가장 중요한 것은 그것의 영향을 받을 사회구성원 또는 사회집단들이 그 과정에 참여하거나 그들의 목소리가 거기에 반영되도록 하는 것이다. 이것이야말로 민주주의의 핵심이라 할 만하다. 그런데 어떤 정책이, 그것도 한미FTA와 같은 국가적 중대 정책이 시민사회로부터의 제대로 된 의견 수렴이나 정당과 국회에서의 심도 있는 토론·심의 등이 거의 생략된 채 "권력에 의해 위로부터 폐쇄적으로 결정"되어 일방적으로 밀어붙여진다면 그러한 것을 어떻게 민주주의의 결정 과정이라거나 절차적 민주주의가 제대로 작동한 것이라고 할 수 있겠는가 말이다.

참여 정부라고 자신을 호명하던 노무현 정부가 한미FTA라는 국가적 중대 정책을 추진하는 과정에서 자신과 다른 목소리의 참여를 철저히 배제한 것은 작금의 한국 민주주의 상황이 절차적 민주주의의 완성을 자랑할 때가 아니라 오히려 그 결핍을 걱정할 때라는 것을 보여주는 게 아닐까라고 생각한다면 이는 지나친 것인가?

민주주의가 '인민을 위한 정치'여야 한다는 것은 말할 것도 없지만, 이른바 '국민과 나라 경제를 위한 것'이란 명분하에 정책을 일방적으로 밀어붙이는 것이 민주주의일 수는 없다. 옛날 왕조 시대의 어느 왕이 설령 훌륭한 '위민 정치'를 폈다고 해도 그는 저 멀리 높은 곳에서 백성을 내려다보면서 '일방향적인 정치'를 한 것이다. 백성들은 그 정치과정에서 배제됐다고 할 수밖에 없다. 요컨대, 민주주의는 우리의 참여 없이 우리를 위해 위정자들이 일방적으로 뭔가를 추진하거나 베푸는 정치가 아닌, 우리의 참여가 그 정치 과정에 함께 하는 '동행의 정치'를 이르는 것이란 얘기다.

2

'보수 대 개혁·진보' 대립구도의 실체

민주화 이후 한국 정치는 겉으로 보기엔 참으로 변화무쌍했다. '새로운 피의 수혈'이니 뭐니 하면서 민주화세력을 포함한 새로운 정치 엘리트층의 정치권 진입이 계속해서 이뤄졌을 뿐만 아니라, 중요 선거가 있을 때마다 정당이 재편되거나 정파 간 합종연횡이 전개되었기 때문이다. 민주화 운동 세력의 정치권 진입만 하더라도 그것은 기존의 한국 정치에 뭔가 새로운 변화의 기운을 불어넣지 않을까 하는 기대를 불러일으켰다. 하지만 그것은 그냥 기대로 끝나버렸다고 해야 할 듯싶다. 애초 그들의 정치권 진출이란 게 "보수 정치 엘리트들이 구축해 놓은 보수 정치의 틀 내로 편입되는 것"이었는데, 정치권 진출 이후 그들 스스로 그 틀에 안주해 버렸다고 할 수 있다.

중요 선거가 있을 때마다 이뤄진 정당 재편이나 정파 간 합종연횡 등도 진정한 정치변화와 무관한 것이었음은 말할 것도 없다. 이런 것들을 포함해 '지구당 폐지'니 '중앙당 축소'니 '원내 정당화'니 '국민경선제'니 '상향식 공천'이니 '모바일 투표'니 하는 온갖 요란한 정치적 조치와 액션들은 실상 기존의 정치구조를 연장시키는 '정치적 푸닥거리'로서의 역할을 했을 뿐이다. 다시 말해, 그런 것들은 정치가 뭔가 바뀌는 듯한 인상을 불러일으키는 '정치적 이벤트'로 활용되거나 '정치적 퍼포먼스'로 행해짐으로써 기존 정치구조의 문제를 희석시키거나 은폐하는 역할을 했다는 것이다.

민주화 이후의 한국 정치와 민주주의가 앞으로 한 발짝도 나아가지 못하고 있는 것은 한마디로 기존의 정치구조가 온존, 지속되고 있기 때문이다. 사회의 서로 다른 요구와 이익, 다양한 갈등과 균열을 대표하지 못하는 정당체제와 민의를 제대로 반영하지 못하고 왜곡, 소외시키는 선거제도 등이 큰 문제라고 할 수밖에 없다. 즉, 사회·경제 문제나 노동 문제를 제대로 다루지 못하는 후진적인 정당체제와 승자독식의 폐해를 낳는 선거제도를 비롯한 정치 구조적 문제가 핵심 원인이란 얘기다.

이제 이러한 **정치구조의 문제**에 초점을 맞춰 민주화 이후의 한국 정치와 민주주의에 대해 계속 살펴보기로 하겠다.

민주화 이후 한국 정치의 경쟁·대립 구도는 흔히 '보수세력 대 개혁·진보세력'의 구도로 얘기된다. 그런데 이 '보수세력 대 개혁·진보세력'의 구도란 겉으론 뭔가 크게 다른 양 진영이 맞서는 것처럼 보이지만 실은 내용상 별반 차이가 없는 거대 양당을 중심 행위자로 하는 정치 대립 구도를 의미할 뿐이다(이 같은 기만적인 정치 경쟁·대립 구도는 그동안 한국 정치 현실을 오해, 오독하게 만들어 왔다고 할 수 있다).

그렇다면 이 '보수세력 대 개혁·진보세력'의 정치 대립 구도에서 그 실제 중심 행위자들인 양대 정당은 내용상 별반 차이가 없음에도 불구하고 어떻게 '가공의 차이' 또는 '허구적 차이'를 만들어내거나 그러한 차이를 강화해 왔는가?

민주화 이후 한국 정치의 이념적 구분은 '민주 대 반민주' 구도의 연장선상에서 이뤄졌다. 이런 가운데 수구적·냉전적 성격을 갖는 보수 정당(국민의힘과 그 전신 정당들)은 이른바 개혁·진보세력(실상 중도우파 내지는 민주개혁세력을 의미함)과 그들의 정당(더불어민주당과 그 전신 정당들)에 대해 사실상 허구적인 것이라고 할 수 있는 '보수 대 좌파'의 프레임을 끌어들여 그들을 좌파라 공격하거나 그들에게 엉뚱하게도 '진보' 딱지를 붙임으로써 자신을 멀쩡한(?) 보수로 위치시키는 동시에 자신과 그들 사이에 뭔가 큰 차이가 있는 것처럼 '가공의 차이' 또는 '허구적 차이'를 만들어냈다. 그리고 이른바 개혁·진보세력과 그들의 정당은 보수 세력·정당에 의해 좌파로 공격당하거나 '진보' 딱지가 붙여짐으로써 저절로 진보로 설정되는 측면이 있었던 데 더해 스스로 '민주 대 반민주'를 끊임없이 불러들이면서 개혁·진보세력이라 칭하거나 진보를 자처함으로써 자신들과 보수 정당 사이에 뭔가 큰 차이가 있는 것처럼 '가공의 차이' 또는 '허구적 차이'를 만들어냈다. 이들 거대 양당은 "격렬한 대립과 투쟁의 관계를 갖는 듯이 나타나"지만 실은 "적대적 상호 의존을 통해 양당제의 독과

점 이득을 공유하는 공생관계"라고 할 수 있다. 그리고 이 같은 정치 대립 구도는 진짜 진보가 성장하고 자리 잡을 수 있는 공간을 내어주지 않았다.

보수세력의 실체[4]에 대해선 여기서 굳이 더 언급할 필요가 없다고 여겨지기에 이른바 개혁·진보세력의 실체에 초점을 맞춰 '보수세력 대 개혁·진보세력'의 정치 대립 구도에 대해 좀 더 살펴보도록 하겠다.

앞에서 이미 개혁·진보세력에 대해 간단히 언급했지만 민주 정부, 즉 김대중·노무현 정부는 남북문제 정도를 제외하곤 거의 모든 정책 영역에서 보수 정부와 크게 구별되는 어떤 것을 보여주지 못했다. 그들 민주 정부는 보수 정부와 다를 바 없이 친시장·친기업 정책과 노동 배제 정책을 폈는데, 주지하다시피 정리해고법, 파견법, 비정규직법 등이 김대중·노무현 정부 때 만들어졌고, 이를 계기로 한국 사회에서 노동의 분할과 배제가 가속화됐다. 김대중 정부가 만든 파견법에 의해 간접 고용[5]이 매우 광범하게 확산됐으며, 노무현 정부가 만든 비정규직법은 '비정규직 보호법'으로 명명됐으나 실상 '비정규직 노동자들을 마음대로 사용하다가 2년이 되기 전에 해고

---

4 보수는 통상 개인의 자유, 도덕성, 법치, 노블레스 오블리주, 민족 등을 중시하는데, 그동안 한국에서 이런 가치를 중시하는 진정한 보수는 거의 없었고 그 대부분이 수구세력이었다. 이들 수구세력이 보수를 참칭해 왔던 것인 바, 한국의 보수세력은 실상 보수가 뭔지도 모르는 이들이었다.

5 이는 '노동력을 필요로 하는 기업이 노동자를 직접 고용하지 않고 타인에게 고용된 노동자를 이용하는 형태'를 말하는 것으로 이에는 파견, 용역 등 아주 다양한 유형이 있는데, 지금 이들 간접고용 노동자들이 비정규직 중에서도 가장 불공정한 고용상태, 가장 열악한 노동조건에 처해 있다.

역사의 갈림길에 선 대한민국

하는 법', 즉 '비정규직 해고법' 또는 '2년 내에 비정규직을 마음대로 자르는 것을 보호하는 법'이었다고 할 수 있다. 게다가 신자유주의 정책의 결정판이라 할 한미FTA 또한 개혁·진보세력을 자처하던 노무현 정부에 의해 일방적으로 밀어붙여져 체결됐지 않은가. 노무현 정부에 뒤이어 들어선 이명박 정부는 신자유주의와 한미FTA를 중심으로 하는 노무현 정부의 정책기조를 계승(?)해 친기업·친재벌 정책을 더한층 강화하고 한미FTA를 최종 비준했다. 신자유주의와 한미FTA를 중심으로 하는 정책 기조라는 점에서 노무현 정부와 보수 정부는 동일한 방향으로 나아간 것이 아닌가. 민주 정부는 남북문제 같은 이데올로기적인 이슈를 제외하고 우리 사회 구성원들의 삶과 직접 관련된 사회경제정책이나 노동정책 등의 영역에서 보수 정부와 실질적인 차이가 거의 없었다. 달리 말하면, 사회경제적 약자나 보통사람들의 삶의 입장에선 민주 정부나 보수 정부나 도긴개긴이었다는 얘기다. 민주정치 체제하에서 "정부 혹은 정당이 차이를 드러낼 수 있는 핵심 정책영역"은 바로 "경제정책 및 노동·사회정책"이 아닐 수 없는데, 한국 정치가 워낙 '수구꼴통'이니 '친북좌파'니 '친노'니 '반노'니 하는 것들로 갈라지거나 분획되다보니 정작 이런 중요한 기준에서의 그들 양 쪽 정부 간의 커다란 유사성이 잘 드러나 보이지 않는다고 할 수 있다.

김대중 정부와 노무현 정부에 참여했고, 그리하여 이른바 '진보·개혁적' 인물로 널리 알려져 있는 한 인사(문재인 정부에서도 중용되었음)는 한국의 '보수-진보 구분'에 대해 꽤나 솔직한 얘길 털어 놓은 바 있다. 그는 "우리나라의 진보는 유럽 기준으로 보면 보수나 마찬가지다. 나라는 사람이 진보의 카테고리 안에 들어가고 개혁적인 사람으로 평가 받는 것은 반대로 우리나라가 얼마나 우경화돼 있는지를 보여준다. 내가 진보로 분류되는 것은 내가 선택한 것이 아니다. 사람들이 나를 색칠하고 구분하면서 그렇게 된 것이다"라고 하면서 "나는 한 번도 내가 진보라고 생각해 본 적도 없고 개혁적이라고 생각해 본 적도 없다"고 했다. 그의 이런 얘기는 우리 사회의 이념적 지형, 이념적 구분이 얼마나 한 쪽으로 심하게 치우쳐져 있고 얼마나 크게 왜곡돼 있는지를 생생하게 증언(?)하는 것이라고 해야 하지 않을까 한다.

지난 참여정부 시절 노무현 대통령은 한나라당과의 '대연정'을 주장하면서 열린우리당과 한나라당 사이에 "실제 노선의 차이는 그리 크지 않다"고 했다. 노 대통령의 이 발언은 의도했든 의도하지 않았든 이른바 '개혁·진보세력' 스스로 자신의 이념적·정책적 정체성을 정확히 밝힌 것으로, '보수세력 대 개혁·진보세력'이란 정치 대립 구도의 실체를 그대로 까발린 것이라고 할 수 있다.

민주 정부는 자신들이 서민을 위한 정부임을 끊임없이 강조했지만, 김대중·노무현 정부가 추진한 실제의 정책 내용들은 대부분 사회경제적 약자나 보통사람들을 위한 것이 아니었고 사회 상층이나 시장에서의 강자들의 이익을 크게 증대시키는 것이었다. 결과적으로 민주 정부는 한국 사회의 기득구조 강화와 강자 독식 흐름에 커다란 역할과 기여를 했다.

이른바 개혁·진보세력, 즉 민주개혁세력과 관련해 또 하나 꼭 짚고 넘어가고 싶은 것은 과거 자신들 집권 시 추진됐던 핵심 정책—한미FTA—을 자신들이 야당이 되자 돌연 반대하고 나섰다는 것이다. 참으로 기가 막힌다고 할 수밖에 없다. 아니, 자신들이 집권 여당이던 시절 체결됐던 한미FTA를 자신들이 야당이 되자 태도를 180도 바꿔 분연히 반대하고 나서는 이 같은 행태를 도대체 어떻게 이해해야 한단 말인가?

물론, 과거 자신들 집권 시 추진됐던 정책의 문제점을 뒤늦게 깨달았다면 그 정책적 입장을 당연히 바꿀 수도 있다. 하지만 거기엔 그만한 설명과 성찰이 반드시 뒤따라야 한다고 본다. 그런데 그들은 왜 자신들이 한미FTA 정책에 대한 입장을 그렇게 180도 바꾸게 되었는지, 그 어떤 설명도 성찰도 없었다. 기껏 한다는 게 노무현 정부의 한미FTA와 이명박 정부의 한미FTA는 다르다느니, 노무현 정부의 한미FTA는 이익 균형이 이뤄진 것이었으나 이명박 정부의 한미FTA는 이익 균형이 깨진 것이라느니 하는 등의 얘기를 늘어놓는 것뿐이었다. 그런데 당시 그들—민주당—이 요구한 재재협상 요구 10개 항 중 9개가 노무현 정부 때 체결된 내용이었다고 하지 않는가. 한미FTA의 대표적 독소 조항이라며 민주당이 '재재협상 1호'로 꼽았던 이른바 '투자자-국가제소' 조항은 그들이 집권 여당이던 시절엔 "우리 제도 선진화에 기여할 것"(열린우리당 '한미FTA평가위원회') 이란 진단을 받은 조항이었다. "우리 제도 선진화에 기여할" 조항이 어떻게 되어 갑자기 "대표적 독소 조항"이 되었단 말인가? 실로 아연할 노릇이다. 무릇 정치에 있어 핵심적으로 중요한 것은 책임성이 아닐 수 없다. 그런데 이 같은 행태는 정치에 있어서의 책임성을 완전히 몰각한 것이거나 철저히 내팽개친 것이라고 할 수밖에 없다.

그러면서도 당시 그들은 '빅텐트론'이니 '백만 민란'이니 하는 온갖 주장과 운동을 펼치면서 보수정권으로부터의 권력탈환만을 지상 과제처럼 강조했다. 자기성찰은 존재하지 않는 가운데 오로지 정권을 되찾겠다는 열망과 목소리만 가득했다. 그들은 정권을 되찾아야 한다고 소리 높이 외쳤지만 정작 자신들이 다시 집권하면 과거 김대중·노무현 정부 때와 어떻게 다를 수 있고, 또 보수 정부와는 어떻게 다를 수 있는지 등에 대해선 제대로 얘기하지 않았다. 이건 아니지 않은가. 과거 자신들 집권 시 추진됐던 신자유주의 정책 등과 관련해 무엇이 문제였고, 무엇이 잘못됐는지를 진정으로 성찰하고, 그리고 다시 집권하면 과거 자신들 집권 시와는 그 정책 기조가 어떻게 다를 수 있으며, 또 보수정당이 재집권했을 때와는 무엇이 다를 수 있는지 등을 자신들의 비전과 정책을 통해 먼저 보여주고, 그 다음에 정권탈환을 외쳐야 하는 게 아닌가 말이다. 그들이 집권하고 있던 시절, 권력을 상실한 보수 세력·정당은 맹목적인 '반DJ' '반노무현' 정서를 극단적으로 자극하면서 정권교체를 부르짖었었다. 내용—비전과 정책상에 있어서의—을 갖지 못한 '정권교체론'이나 '정권탈환론'은 한마디로 정치인 그들만의 '권력 잔치'를 위한 것일 뿐이다.

한국 정치의 경쟁·대립 구도가 앞서 살펴본 것처럼 만들어진 것은 물론 한국 정치가 기반하고 있는 역사적 조건 탓이 크다. 이 같은 정치 경쟁·대립 구도는 '해방 이후의 냉전반공주의가 주조해 낸 한국

역사의 갈림길에 선 대한민국

정당체제의 왜곡된 이념 구조가 반영된 것'이기 때문이다. 냉전반공주의로 인해 "한국 정당의 이념적 범위는 보수의 영역에서 한 발짝도 벗어날 수 없었"고, 그에 따라 "보수의 이념적 스펙트럼에서만 정당의 조직과 경쟁이 허용되는 정당체제가 만들어졌"던 것이다.

하지만 그렇다고 하여 역사적 조건만 탓하고 있을 순 없는 노릇이고, 특히 민주화 이후엔 그 같은 '역사적 조건'이 부과하는 압력이나 제약도 상당히 약화됐다고 할 수 있다. 민주화라는 것 자체가 분단구조에 편승한 기형적 보수 일변도 정치에서 벗어나 정치적 '가능의 공간'이 새롭게 개척될 수 있는 기회가 열리는 걸 함의하는 게 아니겠는가 말이다. 그렇다면 '차이 없는 차이'에 기반한 정치 경쟁·대립 구도가 이렇게 지속된 데는 그동안 한국 정치를 주도해 온 정치인·정당들의 책임이 실로 크다고 할 수밖에 없다.

민주화 이후의 한국 정치가 중심적으로 마주해야 할 사안은 우리 사회 구성원들의 삶과 직접 관련된 사회경제적 문제였다. 이는 곧 그러한 문제를 둘러싼 정책적 차이를 중심으로 하여 정치적 갈등축이 새롭게 만들어졌어야 했다는 것을 의미한다. 즉, '민주 대 반민주'의 정치적 갈등축으로부터 **사회경제적 문제를 둘러싼 새로운 정치적 갈등축으로의 전환이 이뤄졌어야 했다**는 것이다. 하지만 보수세력과 그들의 정당은 사실상 허구적인 것이라고 할 수 있는 '좌파 프레임'을 끌어들이는데 골몰하고, 이른바 개혁·진보세력과 그들의 정당은 정치적 갈등축으로서의 의미가 크게 퇴색된 '민주 대 반민주' 구도를 불러들이는데 치중함으로써 정치적 대립축이 사회경제적 문제를 둘러싼 정책적 차이를 중심으로 하여 새롭게 만들어지는 게 어렵게 됐다고 할 수 있다.

이 같은 상황에선 그동안 우리가 충분히 목도해 온 바와 같이 여야 간 정권교체 역시 큰 의미가 없다. 정권교체가 이뤄져봤자 그것은 집권세력 내지 권력집단의 자리바꿈 정도의 의미밖엔 없는 것이기 때문이다. 정치인, 그리고 그와 연결된 지식인전문가·시민단체 등에겐 이러한 정권교체가 하늘이 뒤집어질 정도의 엄청난 일이겠지만, 우리 사회의 수많은 사회경제적 약자/보통사람들의 삶의 입장에선 별다른 의미가 없는 것이다. 사실 정권교체 자체도 상대의 실정이나 실패를 먹고 사는 '반사이익 정치'에 의한 진자운동 같은 것일 뿐이라고 할 수 있다.

지금까지 '보수세력 대 개혁·진보세력'의 정치 대립 구도에 초점을 맞춰 얘기해 왔는데, 이 구도가 완전히 공허한 것이라고 할 수는 없는 이유가 바로 대북문제 때문이다. 대북문제는 분명 중대한 사안이며 우리 사회의 주요 갈등 이슈가 아닐 수 없다. 하지만 대북문제를 둘러싼 차이를 중심으로 하여 정치적 대립축이 만들어지는 것은 바람직하지 않다고 할 수 있다. 왜냐하면 대북문제를 중심으로 한 정치적 갈등축의 형성은 "우리 사회 구성원들의 삶과 직접 관련된 사회경제적 문제를 둘러싼 차이를 중심으로 하여 정치적 갈등축이 만들어지는 것을 억압"하기 때문이다. 달리 말하면, 남북문제가 정당 간 정치경쟁 과정에서 가장 앞자리에 놓이는 이슈가 될 경우, "우리 사회 구성원들의 삶과 직접 관련된 사회경제적 이슈가 덜 중요한

것으로 밀려"나기 때문이다. 남북문제만 잘 되면 다른 건 다 깽판 쳐
도 좋다는 어느 대통령의 발언—정확히 얘기하면 대선 후보 때의 발
언임—은 이를 보여주는 것이라고 할 수 있다. 정치가 응당 중심적
으로 대면하고 다뤄야 할 사안인 우리 사회 구성원들의 삶의 문제가
민족문제 또는 통일문제라는 '지상과제적 사안' 앞에서 왜소화되고,
그리하여 사회경제적 약자나 보통사람들의 삶의 고통과 좌절, 절망
이 후순위적인 과제로 밀려난다면 그게 과연 바람직한 것이라 할 수
있을까? 그런 상황, 그런 조건에서 한국 정치와 민주주의가 좋은 방
향으로 나아갈 수 있겠는가 말이다.

남북문제 얘기가 나왔으니 대북문제 또는 통일문제 자체에 대해
서도 조금 언급하고 넘어가지 않을 수 없을 듯하다. 남북문제를 다
뤄나가는데 있어 정말 중요한 것은 정권이 바뀌더라도 그 정책 기조
가 어느 정도 일관성 있게 유지되는 것이라고 생각한다. 집권세력이
남북관계 또는 대북문제를 끊임없이 내부 정치에 이용하려 하고, 여
야 간 정권 교체가 이뤄지면 이전 정권이 추진했던 대북정책은 무조
건 엎어버리는 식이 되어선 안 된다는 것이다.
독일이 통일을 이룰 수 있었던 것도 정권교체와 상관없이 유지됐
던 정책적 일관성 덕분이었다고 할 수 있다. 사민당이었던 빌리 브
란트의 동방정책은 수차례의 정권교체에도 불구하고 그대로 유지되
었고, 결국 보수당인 기민당의 헬무트 콜이 그것을 계승해 독일 통
일을 이뤄냈기 때문이다. 브란트가 추진한 동방정책은 동독을 포함
한 동구 공산권 국가들과의 관계심화정책—그 핵심은 '접근을 통한

변화'였다—이었는데, 이것이 통일정책으로 직결됐다고 할 수 있다. 통일정책이란 측면에서 그것은 "동독의 실체를 인정하고 영토적 통일을 강조하기보다는 기능적 관점에서 하나 됨을 추진하는 것"이었다. 그런데 사실 사민당인 브란트 이전에 보수 정당인 기민당의 지도자 콘라드 아데나워가 프랑스 등과의 적극적인 화해 정책, 즉 서방정책을 추진함으로써 브란트의 동방정책의 길을 열었다고 할 수 있다. 브란트의 동방정책은 아데나워의 기민낭 노선이 깔아놓은 길의 연장선상에서 추진된 면이 있다는 것이다. 뿐만 아니라, 아데나워의 기민당 노선은 내부적으로 "나치 지지자 등을 포함하는 독일 보수세력을 설득하고 제어하는 역할"도 했는데, 이 또한 중요한 것이었다. 한국의 이른바 보수정당을 한 번 떠올려 보라. 이런 역할을 조금이라도 기대할 수 있겠는가 말이다. 결국 서독은 이념적 성향이나 정파에 따른 '정책적 널뛰기', '정책적 판갈이'를 하지 않는 일관성을 통해 국제사회와 상대방, 그리고 내부 구성원들의 신뢰를 얻을 수 있었고, 바로 이를 바탕으로 독일통일을 끌어낼 수가 있었던 것이다.

우리도 국민적 공감대의 토대 위에서 대북정책 기조를 어느 정도 일관성 있게 유지해 나가는 게 반드시 필요하다[6]. 민족주의적 감성·열망에 사로잡히거나 통일을 앞세우기보다는 먼저 어떻게 평화 공존의 틀을 만들고 평화체제를 구축할 것인지에 힘을 쏟아야 한다고

---

[6] 남북문제를 다뤄나가는 데 있어 또 하나 정말 중요한 것은 한반도 문제 내지 남북통일 문제는 그 자체가 크나큰 국제성을 띤 이슈가 아닐 수 없기에, 한국 정부가 거시적인 안목과 전략적 혜안을 갖고 한반도를 둘러싼 주변 강대국들의 세력 각축 같은 원심력에 주도면밀하게 대응해 나가는 것이다.

본다.

　물론 그 길은 이제 북핵 문제로 인해 훨씬 어렵고 복잡해졌다. 북한이 2017년 11월 29일 대륙간탄도미사일^{ICBM} '화성-15형' 시험발사에 성공하며 핵 무력 완성을 선언했는데, 이는 북핵 문제의 차원이 달라졌다는 걸 의미하는 게 아닐 수 없다. 북핵 상황이 이처럼 근본적으로 변했다는 걸 냉철히 인식하고 '과거의 매뉴얼'에 의존하는 정책[7]에서 벗어나 새로운 북핵 접근법, 대응전략이 나와야 한다고 할 수밖에 없다. 우리의 기존 핵정책의 재검토를 포함해 발상의 대전환이 요구된다.

　지금까지 정치 경쟁·대립 구도의 문제에 초점을 맞춰 얘기를 해왔는데, 이제 정당의 문제를 한번 살펴보기로 하겠다.

　정당이란 공통의 이념적 지향과 그에 기반한 정강정책의 제시 등을 중심으로 하여 운영되어지는 정치결사체가 아닐 수 없다. 그런데 한국의 경우, 같은 정당에 소속돼 있는 인사들끼리도 생각이 많이 다르고 지향도 다르다. 공유되는 가치나 목적이 없다는 것이다. 대부분이 단순히 자신의 출신 지역 때문에, 혹은 자신의 사적 이익을 도모하는 데 더 적합하거나 더 유리하기 때문에 그저 한 당에 모여 '동

7　문재인 정부의 대북 인식, 북핵 대응은 '북의 핵 무력 완성'이라는 달라진 상황을 따라가지 못했다. 문 정부의 대북 정책은 과거의 '햇볕정책'과 별반 다를 게 없는 것이다. 주지하다시피 '햇볕정책'은 김대중 정부에서 시작된 것인데, 당시 김대중 대통령은 "북은 핵을 개발한 적도 없고, 개발할 능력도 없다"고 했다(2001년). 북한이 과거 핵물질 생산을 시작하고 초보적 핵개발을 하던 단계에서는 그런 정책이 유효했을지 몰라도 지금은 그 때와 달리 북한이 대륙간탄도미사일(ICBM)까지 개발한 사실상의 핵보유국이 됐지 않은가.

거'하고 있을 뿐이란 얘기다. 이렇다보니 정당이 이념적 지향이나 가치, 정책적 내용을 중심으로 하여 움직여지는 게 아니라 지역 기반이나 몇몇 유력·인기 정치인에 의존하여 유지되거나 존립한다. 정당이 사회적 기반을 갖지 못한 채 그저 정치엘리트들의 도당徒黨이 되어 굴러가고 있을 뿐이란 게다.

이처럼 정당이 사회와 접맥되어 있지 못한 조건에서는 사회의 서로 다른 요구와 이익이 대표되는 게 힘들어짐은 물론, "정치인들이 자신을 선출한 유권자들에 대해 책임을 지지 않아도 되는 상황"이 초래된다. "유권자들이 자신의 의사를 대변할 대표를 선출하고 선출된 정치인들이 유권자들의 의사를 대표하면서 자기를 뽑아준 유권자들에 대해 책임을 질 때 대표-책임의 연계 고리가 형성"되는데, 정당이 사회와 접맥되어 있지 못한 조건에서는 민주주의에서 핵심적인 것이라고 할 수밖에 없는 이 대표-책임의 연계 고리가 만들어지는 게 어렵게 되고, 그렇게 되면 정치인들은 "너무나 쉽게 유권자들에 대한 책임의 구속을 벗어던지고 자율적으로 행동하게 된다"는 것이다. 즉, 정치인들이 당선만 되고 나면 민심에 제대로 귀 기울이거나 반응하지 않고 제 맘대로 행동하면서 자신의 공적 행위에 대해 책임도 지지 않는 특권화한 정치계급, 정치귀족이 되고 만다는 얘기다. 정치인들이 이처럼 특권화한 정치계급, 정치귀족이 될 경우, 그들은 사회경제적 약자나 보통사람들이 어떤 삶의 고통을 겪고 있는지 알지도 못하고 이들의 절실한 요구와 간절한 바람이 무엇인지 등에 대해 진정한 관심도 갖지 않게 된다. 정치인들이 이들의 한숨, 가슴앓이, 눈물, 절규, 분노, 소망 등을 느끼지도 이해하지도 못하며, 정치가 어떻게 하면 이들의 삶 속으로 들어갈 수 있을지에 대해 고민하지도 고뇌하지도 않는다는 것이다.

물론, 민주화 이후 정당개혁의 깃발 아래 실로 많은 것들이 실행됐다. '지구당 폐지'니 '원내 정당화'니 '당정 분리'니 '당내 민주화'니 '중앙당 축소'니 하는 온갖 것들이 추진됐으니 말이다. 그런데 이런 것들을 통해 한국의 정당이 조금이라도 강화됐다거나 우리 정치와 민주주의가 조금이라도 달라졌다고 할 수 있는가? 결코 그렇다 할 수 없을 것이다. 사실 그동안의 여러 정당 개혁 조치들은 외려 정당의 정체성과 리더십을 훼손 또는 약화시키는 결과를 만들어 냈을 뿐이라고 할 수 있다.

한때는 '정책 정당'이 내세워지기도 했다. 하지만 이 역시 문제가 있는 것이었다고 할 수밖에 없다. 왜냐하면 그것은 정책을 구성하고 결정하는 과정에 있어 '이해당사자 집단의 참여를 확대하는 것과 같은 투입 측면에 방점이 찍힌 것이 아니라 지식인 전문가들의 참여만 대폭 확대하면서 정책 산출 측면에서의 생산성과 효율성을 강조한 것'이었기 때문이다. 그런데 민주주의의 핵심은 "정책의 산출 측면에 있는 것이 아니라 참여의 투입을 확대하는 데 있는 것"이 아닌가. 정책을 형성하고 결정하는 과정에 밑으로부터의 사회적 요구나 이해당사자 집단들의 목소리가 투입되는 게 무엇보다 중요하며, 이것이야말로 민주주의의 요체라 할 수 있다. 한데 정책 정당이 내세워지면서 오히려 학자나 엘리트 전문가들의 참여만 확대되고 정책의 산출 측면이 강조되었으니 이를 어찌 진정한 '정책정당의 면모 강화'라 할 수 있겠는가 말이다.

사실 한국에선 정당이 집권을 해도 정당이 정부가 되는 게 아니라, 대선 캠프가 청와대가 되고 정부가 된다. 정당이 정부가 되어 책임 정치의 기반을 다져나가면서 국정이 운영되는 게 아니라 대선 캠프 출신들을 중심으로 한 청와대 핵심 실세 그룹이 국정을 좌지우지한다. 이런 식이 되어선 정부운영과 정부정책의 책임성이 확보될 수 없어 책임 정치의 토대가 만들어질 수 없고, 정당의 발전이나 강화를 기대하는 것도 어렵다.

이제, 개별 단위로서의 정당을 넘어 "정치의 대표체계인 동시에 정당 간 경쟁의 틀"인 정당체제의 문제를 한번 들여다보도록 하겠다.

민주 정치의 핵심은 개별 정당에 있다기보다는 정당들 사이의 관계 양식 내지는 경쟁의 틀인 정당체제에 있다고 할 수 있다. 누군가는 "민주주의의 핵심은 정당 내 민주주의에 있는 게 아니라 정당 간 경쟁의 차원에 있다"고 하지 않았던가.

그간의 한국 정치를 되돌아봐도 개별 정당 수준에선 정치인들의 물갈이가 빠르게 진행되는 등 여러 변화가 있었다. 많은 학자와 언론인이 개별 정당의 변화나 대대적인 인적 쇄신의 필요성을 역설하는 가운데 실제로 총선에서 절반에 가까울 정도의 국회의원이 교체—세계 최고 수준의 의원교체율임—되는 등의 '들썩거림'이 있었기 때문이다. 그런데 과연 이러한 것을 통해 한국 정치와 민주주의가 조금이라도 달라졌다고 할 수 있는가? 대답은 부정적인 것일 수밖에 없을 테다. 민주주의의 핵심이 개별 정당의 수준에 있는 게 아니라 정당 간 경쟁의 차원에 있다는 게 여기서 그대로 드러난다고 할 수 있다. 정치권에 새로운 인물들이 아무리 많이 수혈되고, 국회의원들이 참신하고 개혁적인 인물들로 거의 통째로 물갈이 된다 해도 주요 정당들이 사회의 서로 다른 요구와 이익, 다양한 갈등과 균열을 대표하지 못하는 지금과 같은 정당체제가 유지되는 한 한국 정치와 민주주의의 진정한 변화를 기대하긴 힘들다는 얘기다.

작금의 정당체제가 유지되는 구조 내에서 이뤄지는 정치개혁/정치혁신은 진정한 정치개혁/정치혁신이라고 하기가 어렵다. 현재의 정당체제가 온존되는 구조 내에서 '개혁'이니 '혁신'이니 하는 것들을 수 십 번, 수 백 번 해봤자 그런 것들은 국면적 이벤트나 표피적 변화로 끝나버리고 말 가능성이 큰 까닭이다. 아니, 오히려 그런 것들은 역설적이게도 사태를 더욱 악화시킨다고 할 수 있다. 왜냐하면 앞에서 이미 말했듯 그런 것들은 정치가 뭔가 바뀌는 듯한 인상을 불러일으키는 '정치적 푸닥거리'로서의 역할을 함으로써 결국 정치 구조의 문제를 희석시키나 가려버리고 말기 때문이다.

앞에서 정당, 정당체제의 중요성을 강조했지만, 다른 한편으로 필자는 현대의 대의제 민주주의 내지 정당 정치 자체의 문제에 대해서도 꼭 좀 짚고 넘어가고 싶다. 그것은 현대의 대의제 민주주의/정당 정치라는 게 민의를 제대로 대의하기는커녕 소수의 사회상층이나 자본의 이익을 최우선시하는 방향으로 강하게 작동하고 있지 않느냐 하는 문제의식 때문이다.

정치인들은 '국민의 뜻'을 늘 입에 달고 다니지만, 과연 그들이 유권자들을 정말로 대표하고 있는 것일까? 오늘날 유권자들을 대표한다는 정치인들에 의해 공동체 내에서의 사회적·경제적 삶을 영위하는 틀 내지는 사회의 기본 제도가 '다수를 위한 것'이라는 명분하에 만들어지고 있지만 과연 그러한 것들이 실제로 다수를 위한 것이라고 할 수 있는가 말이다.

근년에 독일의 한 정치학자는 지금의 (정당)정치를 프로축구에 비유하면서 통렬히 비판했다고 한다[8]. 잘 알려져 있다시피 독일은 정당정치가 상대적으로 잘 작동하고 있다는 평가를 받는 나라가 아닐 수 없다. 그런데 왜 그 학자는 (정당)정치를 그렇게 신랄히 비판했을까? 얘긴즉슨 이렇다. 선발된 22명의 선수—즉, 정치인—가 그라운드를 누비고 있고, 수백만의 관중·시청자들—즉, 유권자들—은 단지 구경꾼으로 이들의 게임을 지켜보기만 한다. 선수를 바꾸기도 어렵고 선수를 바꿔봤자 별로 달라지는 것도 없다. 정당은 여론조사전문가와 정치컨설턴트 등 선거기술자들을 동원하여 어떻게 하면 관중들, 즉 유권자들을 감동시켜 사로잡을 것인가에만 열중한다(정당이 일종의 '정치기업'이 되었다는 것임). 그렇게 유권자들을 감동시켜 권력을 거머쥔 정당과 정부는 '시민들의 어려움이나 바람을 대변하기보다는 거대 기업 등의 눈치를 살피며 **비즈니스 정치**에 몰두한다'는 것이다. 정당 정치가 제대로 자리를 잡았다는 '정치 선진국'에서조차 이런 모습이 노정되고 있다는 얘기가 아닐 수 없다.

지금 한국의 상황에선 정당이 강화되는 게 중요하지만, 이 같은 현

---

8 연구년을 맞아 독일에 체류 중이던 한 국내 학자가 독일서 출판된 이 학자의 책을 국내 신문에 소개했다.

역사의 갈림길에 선 대한민국

실에 비춰보면 다른 한편으론 기존의 제도적 민주주의나 정당 정치의 틀을 넘어서는 새로운 민주주의 제도나 새로운 정치의 형태들이 적극 모색되고 실천될 필요가 있다. 지금처럼 단순히 선거를 중심으로 하는 정치참여의 방식을 뛰어넘는, 시민참여의 새로운 제도적 공간을 여는 과감한 시도들이 있어야 한다는 것이다. 민주주의 제도를 좀 더 민주적인 제도로 만들려는 노력은 제도 안에서 뿐만 아니라 제도 바깥에서도 이뤄져야 한다고 본다.

3

사회적 이슈와 괴리된
'권력쟁투의 정치'

정치의 가장 중요한 수단은 권력, 즉 '합법적 폭력' 혹은 '폭력적 강제력'이며, 정치적 결정과 행위란 바로 이 같은 '합법적 폭력'에 기반한 것이거나 이러한 '폭력적 강제력'을 수반하는 것이라 할 수 있다. 때문에 정치인은 필연적으로 이런 '악마적 힘'과 관계를 맺을 수밖에 없고, 따라서 정치인의 빛나는 대의나 훌륭한 비전조차도 이런 '악마적 힘'에 기초하여 접근되거나 이런 '악마적 힘'을 통해 실현될 수밖에 없다는 것이 '정치의 운명'일 테다. 이 같은 '정치의 운명' 앞에서 제대로 된 비전과 그것을 현실화시킬 구체적인 정책, 그리고 그 정책을 효과적으로 추진해 나갈 실천적 역량도 없이 권력을 좇거나 운영한다는 게 얼마나 위험하며 재난적인 것인가는 실로 가늠하

역사의 갈림길에 선 대한민국

기조차 어려운 것이라고 할 수밖에 없다.

정당의 목표나 존립 이유—집권—를 굳이 들먹일 것도 없이 당파적 권력투쟁은 정치의 영역에서 어쩔 수 없는 것이며, 또 당파적 권력투쟁이 인간의 자유와 권리를 보장해 주는 측면—상호 견제 등을 통해—도 있다. 매우 거칠고 단순화시켜 말한다면 정치란 국리민복과 권력투쟁이라는 두 개의 축을 중심으로 하여 움직여지는 것이라고도 할 수 있다. 국리민복이란 축은 정치의 목적 내지 존재 이유를 함축하는 것이고, 권력투쟁이란 축은 정치의 수단적 측면 내지는 힘의 확보 과정—정치의 목적이나 정치적 비전을 실현하기 위해서는 정치적 파워를 획득하든가 정부를 구성할 수 있어야 한다—을 함축하는 것일 테다.

여기서 선명히 드러나는 것은 권력투쟁만의 정치는 "정치의 전도요 파탄"이 아닐 수 없다는 것이다. 제대로 된 비전과 정책도 없이 '민생'이 정치적 수사修辭로만 불러들여지고 정치적 구호로만 흘러넘치는 가운데 실제론 권력 장악이나 그 유지에만 몰두하는 정치라면 그런 정치는 권력투쟁만의 정치이며, 그런 정치는 마땅히 혁파되고 전복되어야 한다.

하지만 그렇다고 하여 '싸우지 않는 정치'를 주장하거나 '정쟁 없는 정치'를 칭송하는 것은 올바른 것이라고 할 수 없다. 다시 말해, 파워 게임이 무조건 부정적으로 여겨져선 안 된다는 것이다. 아무리 훌륭한 정치·사회적 비전도, 아무리 좋은 정책 대안도, 아무리 깊은 전략적 통찰을 담은 공동체 대전략도 그러한 것들을 현실화시킬 정치적 힘이 뒷받침되지 않는다면 그런 것들은 그 가치가 제대로 발현되지 못하거나 무용지물이 되고 말지 않겠는가.

파워 게임은 정치의 본질적 요소이다. 정치에서 싸움은 피할 수 없는 것이다. 그렇다면 싸움 자체가 문제인 게 아니라 정치인, 정당들이 제대로 된 싸움을 하지 않는 게 문제라고 할 수밖에 없다. 작금의 한국 정치가 너무나 잘 보여주고 있듯 내용 없는 싸움, 즉 사회의 근본적 이슈와 괴리된 싸움, 국가권력 장악이나 고급의 공직 획득 그 자체에만 몰두하는 싸움, 이런 싸움을 하는 게 문제라는 것이다. 정치인·정당들이 사회의 근본 문제에 대한 해결 방안이나 더 나은 미래를 위한 제대로 된 비전과 정책을 내놓고 이런 것들을 중심으로 하여 치열하게 경쟁하면서 집권을 다투는 게 아니라 진영의 차원에서, 혹은 개인적 차원에서 국가권력 장악이나 고급의 공직획득 그 자체를 겨냥한 싸움, 즉 정치인·정치세력 그들만의 이익을 위한 싸움을 하는 게 문제란 얘기다. 정치적 싸움이란 보다 나은 사회, 보다 나은 미래를 위한 싸움이어야 하고, 그 이행 방책을 둘러싼 싸움이어야 한다. 이런 싸움을 하지 않는 게 문제지 정치적 싸움 그 자체가 문제인 게 아니다. 민주주의하에서 싸우지 말라고 하는 것은 민주주의를 하지 말라는 소리나 마찬가지다. 민주주의는 원래 시끄러운 것이다. 정치적 싸움 그 자체를 문제시하는 것은 정치 자체를 공격하는 것이자 대개의 경우 기득질서나 기득구조의 온존, 강화를 위한 은밀한 몸짓이라 할 수 있다.

정치가 기득구조를 온존, 강화하는 방향으로 강하게 작동하고 정치적 싸움이란 게 정치인·정치세력 그들만의 이익을 위한 방향으로 전개될 때, 정치적 무관심이나 정치 혐오가 팽배하게 되는 건 당연한 일일 테다. 하지만 정치가 아무리 잘못됐고 아무리 무능하다 하여 '탈정치'가 답이 될 순 없다고 본다. 우리는 사회적 인간으로, 공동체 구성원으로 살아가기에 우리의 삶은 사회적·정치적인 것일 수밖에 없고, 그렇기에 우리가 정치를 외면한다고 하여 정치에서 벗어날 수 있거나 정치와 무관해질 순 없기 때문이다. 아니, 오히려 정치를 외면하면 할수록 나의 삶은 점점 더 남의 결정에 휘둘리게 되거나 남의 지배를 받게 된다고 할 수 있다. 왜냐하면 내가 정치를 외면하여 공적 문제를 멀리하게 되면 공적 문제는 다른 사람들에 의해 결정될 수밖에 없고, 그렇게 되면 결국 그 공적 결정이 나의 삶을 좌지우지하게 되거나 나의 삶에 커다란 영향을 미치게 될 터이니 말이다.

정치적 무관심이나 정치 외면이 심해지면 심해질수록 사회경제적 약자 혹은 보통사람들의 삶의 문제는 정치의 영역, 공공의 영역에서 더욱더 배제될 가능성이 있다. 정책이나 사회제도의 기본구조는 정치의 힘에 의해 결정 또는 구축된다 할 수 있는데, 사회경제적 약자 혹은 보통사람들이 정치에 무관심하게 되면 정치의 힘은 기득권층 쪽으로 더한층 쏠릴 수밖에 없고, 그렇게 되면 정책 등이 그들에게 더욱더 유리한 방향으로 짜이지 않겠는가.

사회경제적 약자/보통사람들의 삶의 문제가 정치 안으로 들어오지 못하고 그들의 고통과 좌절, 절망이 정치적으로 다루어지지 못할 때, 그들의 삶의 문제는 단순히 '개인적 문제'로 처리되고 만다. 즉, 그들의 삶의 문제는 단지 개인적 차원의 경쟁력 부족이나 무능력, 게으름 등의 탓으로 돌려지고 만다는 것이다. 이런 상황에선 모든 것을 개인의 노력과 능력, 성과로 돌리는 가치관의 폭력성이 더욱 횡행할 수밖에 없다.

정치적 무관심이나 정치 외면, 정치 혐오의 근저엔 정치가 잘못됐고 무능하다는 인식이 깔려 있을 뿐만 아니라, '정치와 권력은 더러운 것'이란 인식이 깔려 있다고도 할 수 있다. 하여 **정치를 도덕주의적 관점으로 바라보거나 도덕적 잣대로 이해, 접근하는 태도**에 대해서도 살펴보지 않을 수 없다.

정치에 대한 도덕주의적 관점이나 태도, 접근은 한마디로 바람직한 것이라고 할 수 없다. 이렇게 말하는 이유는 정치에 있어 도덕적 기초가 중요하지 않다거나 정치를 통하여 윤리·도덕을 세우는 게 안 된다고 생각해서가 아니라 도덕주의적 관점이나 태도, 접근을 통해서는 현실의 핵심 문제—사회구성원들의 삶의 문제 등—를 정치의 가장 중요한 사안으로 위치시키기도 어렵고, 또 그러한 관점은 정치의 본질적 요소일 수밖에 없는 갈등이나 권력, 파워 게임에 대한 부정적 인식을 강화하여 정치를 혐오하게 만들기 때문이다.

정치에 대한 도덕주의적 관점이나 태도·접근과 관련해 우리가 쉽게 떠올려 볼 수 있는 것은 조선 중·후기의 '사림士林의 정치'가 아닐까 한다. 기존 기득권 세력인 훈구파의 부도덕을 비판하며 등장했던 사림은 도덕주의 철학을 너무도 깊이 신봉했고, 그리하여 도덕적 수양·실천·명분·이상을 철두철미 강조했다. 하지만 사림의 정치는 거대한 파국과 실패로 귀결됐다. 그 실패의 뿌리는 바로 강력한 도

역사의 갈림길에 선 대한민국

덕적 자기 확신이었다. 스스로 도덕적 확신에 가득 차 상대를 '소인'으로 낙인찍고 정의를 독점하려 했으며, 그에 따라 명분과 의리만 강조됐다. 이렇게 되다 보니 정치라는 게 백성의 삶을 보듬고 나라를 튼튼히 하는 데 초점이 맞춰져 돌아가는 게 아니라 사림 당파의 강력한 도덕적 자기 확신을 밀고 나가는 방편으로 전락했고, 그리하여 결국 도덕적 수양·실천·명분·이상에 대한 사림의 강조는 백성과 나라보다는 가문과 당파의 안녕·번창·결속·이익을 더 생각하고 더 추구하는 방향으로 귀착됐던 것이다. 이런 정치가 궁극적으로 조선 망국의 원인이 됐음은 두 말할 나위가 없다.

정치는 윤리적·도덕적 접근으로는 해결되지 않는 인간 현실의 핵심 문제들을 다루고 풀어 나가야 한다. 그런데 정치에 대한 도덕주의적 관점은 현실에 초점을 맞추기보다는 규범적 좌표에 초점을 맞춘다. 이렇게 되면 사태나 현상을 선과 악의 이분법으로 바라보게 됨으로써 문제를 올바로 인식하는 것 자체가 어렵게 됨은 물론, 민중적 삶의 문제 내지는 사회경제적 이슈와 같은 현실의 핵심 문제들이 갖는 중요성에 대해 둔감해지게 된다. 뿐만 아니라, 정치에 대한 도덕주의적 관점은 기득구조나 기득질서에 대한 밑으로부터의 정당한 불만이나 저항, 민중적 개혁의 요구를 거의 무조건 국가 질서나 사회 질서를 흐트러뜨리는 행위로 바라보게 하기도 한다. 게다가 정치를 도덕주의적 관점으로 바라볼 경우, 조용하고 질서정연한 정치과정이 무작정 좋은 것으로 여겨지기 쉬운데, 이런 정치과정이 꼭 좋은 것이라고 할 수도 없다. 왜냐하면 조용하고 질서정연한 정치과정은 오히려 "정치 자체를 축소"시켜버림으로써 사회경제적 약자들의 "밑으로부터의 목소리를 제약하는 효과를 만들어"내고, 그리하여 결국 그들의 권익이 정치에 반영되는 것을 어렵게 하기 때문이다. 정치에 대한 도덕주의적 관점이나 태도·접근은 기실 엘리트주의와 은밀한 관련성을 갖는다고 할 수 있다.

이제 이쯤에서 정치가 왜 인간 사회에 불러들여지게 됐는지를 한 번쯤 생각해 보는 것도 좋을 듯싶다. 인간은 홀로 살아가는 게 아니라 함께 모여 사회를 이루고 살아감에 따라 서로 다른 온갖 요구와 이해관계가 맞부딪칠 수밖에 없다. 이처럼 인간 사회는 갈등으로 이루어져 있기에 정치가 어쩔 수 없이 불러들여지게 됐다는 것이다. 억압과 통제, 타락과 부패, 독선과 전횡, 암우暗愚와 광기, 음모와 술수 등 인간과 권력의 온갖 부정적 면모가 거기에 동반될 수 있음에도 말이다. 그렇다면 문제의 핵심은 정치와 권력은 더러운 것이라며 손가락질하거나 마구 두들겨 패는 데 있는 게 아니라 권력이 선용될 수 있는 정치의 구조와 체계를 어떻게든 만들어가는 데 있다고 할 수밖에 없지 않겠는가.

정치에 대한 혐오나 외면은 정치의 축소로, 정치의 축소는 민주주의의 축소로, 민주주의의 축소는 사회경제적 약자나 보통사람들의 권익의 축소로 연결된다고 할 수 있다. 정치가 다루는 사안의 범위는 실로 넓고 정치가 미치는 영향은 무척이나 크다. 정책의 기조나 우선순위를 조금만 바꾸어도 현실의 부조리와 모순을 일정 부분 바로잡을 수 있고, 수많은 사회경제적 약자들의 삶의 어려움을 어느 정도 덜어줄 수 있지 않은가. 시대의 중심적 문제에 착목하면서 완

역사의 갈림길에 선 대한민국

전한 해결책은 아닐지라도 현실을 개선할 수 있는 가능성에 주목, '가능의 공간'을 끊임없이 개척해 나가는 게 정치가 진정 해야 할 일이 아닐까 한다. 정치를 좀 더 나아지게 하고 좋아지게 하는 것은 결국 우리의 삶과 우리 공동체를 좀 더 나아지게 하고 좋아지게 하는 것일 테다.

제3장

활력 잃어가는
한국 경제

1

경제 구조적 문제와 선진국 추격 전략의 한계

지금 한국이 직면하고 있는 또 하나의 실로 중대한 문제는 경제가 심각한 **구조적 난관**에 봉착해 있다는 것이다. 내수가 지속적으로 부진한 가운데 기존 주력산업이 쇠퇴하고 있고, 소득 양극화·대중소기업 양극화·노동시장 양극화 등 경제의 양극화 구조는 심화될 대로 심화됐다. 뿐만 아니라, 급속한 출산율 저하와 인구 고령화로 인해 생산 가능 인구마저 줄어들고 있으며, 가계 부채는 한국 경제의 시한폭탄으로 지목될 정도로 심각한 수준에 이르렀다. 게다가 지나치게 높은 대외의존도 탓에 한국 경제는 외부 충격에 매우 취약한 구조라 하지 않을 수 없다.

이 같은 한국 경제의 구조적 문제를 기존 주력산업의 쇠퇴와 경제

역사의 갈림길에 선 대한민국

양극화 구조, 그리고 과도한 대외의존도에 초점을 맞춰 살펴보기로 하겠는데, 그에 앞서 일단 외환위기와 김대중 정부에 의한 신자유주의적 경제개혁을 거치면서 경제가 얼마간 성장을 하고 수출이 잘 되더라도 그것이 국민경제 전체로 파급되어 나가지 못하게 됐다는 것, 즉, '연관 효과'가 끊어져버린 게 됐다는 것을 간단히 언급하고 넘어가기로 하겠다.

경제가 낮게나마 성장세를 이어가고 수출이 잘 되더라도 그것이 투자 및 고용 증대와 내수 확대로 연결되지 않게 된 것은, 다시 말해 **수출과 내수, 성장과 분배의 선순환 고리가 끊어지게 된 것**은 이른바 '글로벌화'가 진행되는 가운데 "시장개방, 규제완화, 노동시장 유연화 등의 신자유주의적 요소가 강력히 관철되면서 대내적 연관관계가 약화"됐기 때문이라 할 수 있다. 수출대기업들은 글로벌 아웃소싱 전략 등을 채택함으로써 대내적인 분업 연관과 재생산 구조가 약해질 수밖에 없었고, 이처럼 수출기업과 내수기업 간의 연계 내지는 국내 산업 간의 연관이 약화되고 부가가치의 대내적인 연쇄 고리가 깨지면서 수출대기업들이 세계 시장에서 아무리 많은 실적을 내봤자 그것이 고용 확대 등을 통한 국민소득 증가로 연결되지 않게 된 것이다. 더욱이 수출대기업들은 대내적인 분업 연관은 약화시키면서도 하도급 등을 통한 '쥐어짜기' 관행은 그대로 유지시켰다고 할 수밖에 없다.

한국 경제를 되돌아보면 1980년대 들면서 수출과 내수 사이에 나름의 선순환이 이뤄지기 시작했다. 수출이 증가하면 시설투자와 고용이 함께 늘어나면서 내수시장이 커지는 흐름이 만들어지게 됐던 것이다. 특히, 1987년 노동자 대투쟁 이후 노동자들의 임금이 많이 상승했는데, 이는 내수시장 활성화에 큰 역할을 했다. 이 같은 양상은 수출의존도가 줄어드는 가운데 중산층 확대를 바탕으로 내수시장이 괜찮게 형성돼 간다는 것을 뜻했기에 한국 경제를 건실한 구조로 바꿔나간다는 점에서 바람직한 게 아닐 수 없었다. 하지만 이 같은 선순환은 1990년대 초반부터 국내에서 '신자유주의 세계화' 바람이 본격적으로 불기 시작하면서 무너지기 시작했고, 외환위기와 김대중 정부에 의한 신자유주의적 경제개혁을 거친 뒤에는 수출과 내수의 불균형이 심화되면서 그것이 구조화되어 버렸다.

그러면 이제 한국 경제의 구조적 문제를 앞서 언급한 측면들에 초점을 맞춰 하나하나 살펴보기로 하겠다.

그동안 한국 경제를 이끌어 온 **주축 산업**은 두루 알다시피 철강, 조선, 자동차, 석유화학, 반도체 등이었다. 그런데 이제 이들 주축 산업이 반도체를 제외하곤 대부분 중국에 따라잡히거나 추월당하고 있다. 스마트폰도 한때 수출의 핵심이었으나 세계 최대 중국 시장과 가장 빠르게 성장하고 있는 인도 시장에서의 점유율이 크게 떨어지면서 위기를 맞고 있다[1].

게다가 한국 경제의 유일한 버팀목인 반도체마저 지금 거센 도전에 직면해 있다. 반도체를 둘러싼 미중 대립이 격화하고 있는 가운

---

[1] 2017년 4분기 삼성전자의 중국 스마트폰 시장 점유율은 0.8%를 기록했으며, 동기간 인도 시장 점유율도 23.9%로 줄어 26.2%를 차지한 중국의 샤오미에 1위 자리를 내줬다.

데 미국은 동아시아 국가들이 주도하던 반도체 생산구조를 뜯어고쳐 자국 중심의 새로운 공급망을 구축하려 하고 있고, 대만, 일본, EU 등도 반도체 경쟁력 강화를 위해 엄청난 규모의 공격적 투자를 하거나 민관합동의 대대적인 육성책을 추진하고 있기 때문이다.

일단 중국부터 한번 보자. 그동안 중국 정부는 '반도체 굴기'를 산업 정책의 최우선적 목표로 내걸고 총력을 기울여 왔다. 2015년 반도체 투자 자금 173조원을 조성한 데 이어 2018년엔 34조원 규모의 국영펀드까지 만들었다. 막대한 규모의 자금을 반도체 육성에 쏟아붓겠다는 게 아닐 수 없는데, 이는 중국 정부의 반도체에 대한 엄청난 야심과 집념을 그대로 보여주는 것이라고 할 수밖에 없다. 시진핑 중국 주석은 2018년 4월 중국 토종 반도체 업체를 시찰하면서 "반도체는 인체의 심장과 같다"고 하고는 "심장과 같이 중요한 반도체 영역에서 우리는 세계적인 수준에 도달해야 한다"며 반도체 국산화를 직접 강조하기도 했다. 중국은 낸드플래시와 D램 등 메모리 반도체 양산 계획을 내놓고 있으며, 2025년엔 반도체 자급률을 70%까지 끌어올리겠다는 목표를 세워놓고 있다. 물론 최근 미국의 본격적인 중국 기술 견제가 시작됨으로써 중국의 '반도체 굴기'가 차질을 빚고 있지만, 중국은 반도체 때문에 '제조 2025'가 무너질 판이라 반도체 자급에 더욱 이를 악물고 달려들 수밖에 없게 됐다. 중국은 반도체 국산화 정책을 더 강하게 밀어붙이려 하고 있으며, 어떻게든 미국에 반격하려 하고 있다. 당장 중국 정부는 2021년부터 2025년까지 수천억 달러를 투입해 반도체 육성을 집중 지원할 것으로 알려지고 있다. 중국이 이처럼 반도체 국산화를 가속화하는 데 사활을 걸고 나섬에 따라 중국의 반도체 국산화 속도는 더욱 빨라질 가능성이 있다고 봐야 할 게다.

작금의 '미중 반도체 전쟁'이 미중 패권 경쟁에서 비롯됐음은 말할 것도 없다. 이는 반도체를 둘러싼 경쟁이 미중 패권 경쟁의 미래를 가늠할 바로미터가 될 것이란 전망이 나오고 있는 것에서 잘 드러난다. 반도체는 첨단 산업, 4차 산업 혁명의 핵심 자원이자 군사력 등 안보와 직결되는 전략 물자가 아닐 수 없다.

미국은 자국의 반도체 기술을 지키고 중국의 '반도체 굴기'의 싹을 잘라 패권을 유지하려 한다. 사실 미국은 오바마 행정부 때부터 반도체에 대한 중국의 전략적 육성 노력과 공격적 행보가 미국의 국가 안보를 위협할 수 있다는 이유로 중국의 반도체 굴기를 저지해야 한다는 입장을 취했다. 그 후 트럼프 행정부는 중국의 거대 기술 기업인 화웨이에 대한 전면 제재 등을 통해 중국 반도체 산업의 숨통을 조이려 했다. 그리고 최근 출범한 바이든 행정부는 산업의 핵심 부품이면서 국가 안보와 직결되는 반도체 생산을 더 이상 해외에 의존해선 안 된다고 보고 반도체 제조 시설의 자국화에 나서는 등 반도체 공급망을 자국 중심으로 재편하려 하고 있다(미국의 반도체 자체 생산 비중은 1990년대 후반 37%에서 2020년 12%로 크게 낮아졌고, 대신 동아시아의 비중은 75%로 높아졌다). 바이든 대통령이 "반도체는 21세기 편자의 못"이라며 반도체의 중요성을 강하게 역설한 뒤 미국 인텔은 파운드리(반도체 수탁생산) 시장 진출을 전격 선언했다. 현재 세계 파운드리 시장은 대만 TSMC(점유율 54%), 삼성전자(17%) 등 아시아 기업들이 장악하고 있는데, 미국의 이러한 움직임은 반도체의 자국 내

역사의 갈림길에 선 대한민국

생산 역량을 강화해 아시아로 넘어간 반도체 공급망 주도권을 되찾겠다는 의미가 담겨 있는 것이라고 할 수 있다. 미국은 반도체 개발과 설계에서 세계 최고의 기술력을 갖고 있지만, 그동안 비용 효율성 등을 감안해 생산은 대만과 한국 등 동아시아 국가들에 대부분 맡겨왔다. 그런데 미중 반도체 전쟁이 가열되면서 이 같은 구도에 금이 가기 시작했다. 미국은 중국과 지리적으로 가까운 한국·대만 등 동아시아 국가들에 편중된 반도체 공급망이 내포하는 '위험성'을 우려하게 된 것이다. 그에 따라 동아시아 국가들에 의존하던 반도체 생산을 자국 영토 내로 가져와 자기 완결적인 공급망을 구축하겠다는 게 아닐 수 없다. 인텔은 최소 200억 달러(약 23조원)를 투자해 미국 애리조나 주에 신규 반도체 제조 공장 2곳을 짓기로 했으며, 새로운 파운드리 구축을 위해 앞으로도 수백억 달러를 투자할 것이라고 밝혔다. 인텔은 또한 마이크로소프트, IBM과 반도체 기술을 공동 개발키로 했다. 미국 정부도 자국의 반도체 공급망 문제를 타개하기 위해 새로운 반도체 육성 방안을 내놨는데, 바이든 대통령은 2조3000억 달러(약 2500조원) 규모의 인프라 투자 계획을 발표하면서 이 중 500억 달러(약 56조4500억원)를 반도체 생산시설 확충과 연구개발에 투입할 것이라고 했다. 이런 가운데 메모리 반도체 분야에서의 삼성전자와 SK하이닉스의 독주를 저지하기 위해 바이든 행정부가 일본과의 협력 관계를 강화할 수 있다는 분석이 나오고 있는가 하면 미국 반도체 기업 마이크론은 일본 반도체 업체와 협력하여 5세대 D램 기술을 개발하겠다고 밝히기도 했다(현재 삼성·SK는 3세대 D램을 주력으로 삼고 있다).

한편, 대만, 일본, EU 등도 앞서 이미 말했듯 반도체 경쟁력 강화를 위해 팔을 걷어붙이고 있다. 세계 파운드리 시장 1위인 대만의 TSMC는 미국 애리조나 주에 360억 달러(약 41조원)를 쏟아부어 생산 공장 6개를 짓겠다는 계획을 내놓고 있으며, 일본에도 반도체 연구개발R&D센터와 생산 라인 건설을 추진 중이다. 설계(미국)-생산(대만)-소재·장비(일본)로 이어지는 '3각 협력'의 강화를 통해 글로벌 공급망에서의 자기 입지를 더욱 탄탄히 나시겠다는 것이다. 일본 정부 또한 대만·미국 기업과의 기술 협력 확대를 추진함은 물론 민관 협력을 기반으로 하여 2025년까지 첨단 반도체 개발·양산 체제를 구축키로 하는 등 '반도체 산업 부활'을 위해 정책 역량을 총동원하고 있다. 이러한 움직임은 한국과 중국의 반도체 산업에 대항하고 자국 내 반도체 제조 기반을 강화하려는 의도가 담겨 있는 것이라고 할 수밖에 없다. 뿐만 아니라, 유럽연합EU도 1450억 유로(약 196조원) 규모의 반도체 투자 계획을 내놓으며 세계 반도체 전쟁에 가세했는데, 현재 10%를 밑도는 반도체 시장 점유율을 2030년까지 20%까지 끌어올리겠다고 밝혔다.

이처럼 반도체를 둘러싼 글로벌 경쟁이 가속화하고 있는 가운데 삼성전자의 D램·낸드플래시 점유율은 계속 하락하고 있다. D램 점유율은 2016년 46.6%에서 2020년 41.7%로, 낸드플래시 점유율은 2017년 38.7%에서 2020년 33.9%로 떨어졌다. 그리고 기술 초격차도 흔들리고 있다. 미국 마이크론이 2020년 11월 세계 최초로 176단 낸드플래시를 출시한데 이어 2021년 1월엔 세계 최초로 1a D램(10나노급 4세대 D램)을 출하했다고 발표했기 때문이다. 메모리 반도체의 양대 분야인 D램과 낸드의 '최첨단 개발 경쟁'에서 마이크론이 속도를 내고 있는 모양새다(업계에선 마이크론의 기술이 과대 포장되었다는 얘기도 있다).

한편, 한국 반도체 산업의 생태계가 지나치게 메모리 분야에 쏠려 있다는 것도 약점이라 하지 않을 수 없다. 세계 반도체 시장의 4분의 3을 차지하는 시스템 반도체[2] 분야에서 한국의 점유율은 겨우 3%에 불과하다. 반도체 연구자 규모 등 현실을 감안하면 현재의 메모리 경쟁력을 유지하는 것도 쉽지 않은 상황이라 할 수 있지만, 어쨌든 메모리에 지나치게 편중돼 있는 구조에서 탈피하는 게 필요하다. 비메모리 분야의 역량을 끌어올려야 하며, 다가올 새로운 반도체 패권 경쟁에서 살아남으려면 AI용 초저전력 반도체 기술 개발에도 큰 노력을 기울여야 한다.

위에서 살펴본 것에서 잘 드러나듯 지금 글로벌 반도체 산업의 지형이 뿌리째 흔들리고 있는 가운데 한국 반도체 산업이 사면초가의 상황으로 빠져들고 있다 해도 과언이 아닌 형국이다. 한때 세계 반도체 시장을 휩쓸었던 일본 반도체 업계의 몰락은 한국 기업에도 시사점이 적잖다고 해야 할 게다[3].

반도체를 제외한 대부분의 한국 주력 산업이 앞서 말했듯 쇠퇴하

---

2 시스템 반도체는 저장장치인 메모리 반도체와 달리 전자제품에서 정보처리·제어 등을 담당한다. 인공지능(AI)·자율주행 ·5세대(5G) 이동통신을 비롯해 거의 모든 첨단 산업에 없어선 안 될 필수품으로 4차 산업혁명 시대를 맞아 수요가 폭발적으로 늘고 있다.

3 삼성이 반도체를 시작한 1980년대 초 미국 중앙정보국(CIA)은 "한국의 반도체 산업을 키워야 한다"는 보고서를 작성했다고 한다. 그 후 미국은 1985년 '플라자 합의'를 통해 엔화를 대폭 절상시켜 일본의 수출경쟁력을 떨어뜨렸고, 이듬해 미·일 반도체 협정으로 일본 반도체 산업에 결정타를 날렸다(1980년대 중반 일본이 메모리 반도체 D램에서 세계 1위에 올랐는데, 반

고 있지만, 이를 대체할 신산업이나 '반도체 이후의 산업 전략'은 제 대로 나오지 않고 있다. 한국이 **'산업구조적인 위기'**를 맞고 있다는 얘 기인데, 잘 알려져 있다시피 조선·자동차·반도체 등 한국의 기존 주력 산업은 1970~80년대에 시작된 것들이다. 그 후 1990년대에 휴 대폰이 새로 나왔고 최근 배터리가 부상[4]했으나, 새로운 기술의 도 입을 통한 기존 산업의 진화가 빨리 이뤄지거나 이렇다 할 신산업은 별로 나오지 않았다. 지난 20여 년 동안 한국은 '미래 먹거리'를 위 한 산업구조 전환 내지는 산업구조 고도화의 노력을 소홀히 했다고 할 수밖에 없다.

사실 한국 정부는 1990년대 들면서부터 산업정책[5]을 내려놓다시 피 했다. 신산업이나 첨단기술, 소재산업의 경우, 기초과학과 연구 개발R&D 프로젝트 구축이 매우 중요하고, 그렇기 때문에 정부가 장 기 비전을 갖고 투자를 적극 지원하거나 유도하는 등의 노력을 기울 이는 게 특히 요구된다 하지 않을 수 없는데, 한국 정부는 그동안 경

도체 협정의 골자는 일본 내 외국산 반도체 점유 비율을 20%까지 끌어올리고 덤핑 방지라는 명목으로 일본 반도체 제품의 가격 인하를 막는 것이었다). 이 협정으로 일본 업체들은 D램에서 하나 둘씩 손을 뗐고, 그 빈틈, 그 빈자리를 한국의 삼성, 대만의 TSMC 등이 파고들어 갔다. 이후 일본 반도체 산업은 쇠락의 길을 걸었고, 삼성, TSMC가 대표적인 반도체 기업으로 성장했다.

4 배터리도 중국의 거센 추격을 받아 흔들리고 있는데, 전기차 배터리에서는 중국에 이미 추 월을 당했다. 한국 배터리 산업의 경쟁력은 소재·가격에선 중국에 밀리고, 기초·품질에선 일본에 뒤처진다.

5 산업정책이란 "정부가 어떤 경제 활동을 다른 경제 활동보다 촉진하고 우대하기 위해 행하 는 정책적 개입"을 의미하거나 "더 전망 있는 산업부문들을 중심으로 생산구조를 바꾸려 는 정부의 노력"을 포괄하는 것이다. 한국 입장에서 산업정책은 여전히 중요하다고 할 수밖 에 없다. 겉으로 보기엔 정부 개입이 거의 없는 듯한 미국도 국가의 총 연구개발투자 중 정 부 비중이 과거엔 70~50%에 이를 정도였고, 지금도 줄어들긴 했지만 30% 이상이라고 하 지 않는가. 한국도 권위주의 산업화 시대와는 다른 새로운 산업정책이 필요하며, 거기엔 한 국 경제의 대안적 발전 방향과 총체적 비전이 깔려 있어야 한다.

역사의 갈림길에 선 대한민국

기 부양 같은 대증적對症的 · 단기적 정책[6]이나 FTA 확대 같은 무차별적인 대외개방 정책에만 주력했지 장기적 안목에서의 새로운 산업 정책의 수립과 그를 통한 신산업 육성이나 경제 체질 개선에는 큰 힘을 쏟지 않았다. 기존 주축 산업을 대체할 신산업의 육성 등을 통해 산업구조를 고도화하는 것이야말로 중요한 과제가 아닐 수 없었는데도, 한국 정부는 이에 제대로 대처하지 못했다는 것이다. 그러는 사이에 중국이 맹추격해 와 우리를 밀어내고 있고, 인공지능AI · 드론 같은 4차 산업혁명 분야에서도 우리보다 앞서나가기 시작했다. 결국, 그동안 한국 정부는 산업정책을 등한시하면서 중·장기적 관점에서 우리 경제의 구조적 문제와 체질을 어떻게 극복, 강화해 나갈 것인지에 대한 큰 그림을 내놓지 못했으며, 그에 따라 한국의 산업 경쟁력과 우리 경제의 활력이 지속적으로 약화 또는 저하돼 왔다고 해야 할 게다.

이제 이어서 **'경제의 양극화 구조'**에 초점을 맞춰 우리 경제의 구조적 문제를 계속 살펴보기로 하겠다. 외환위기 이후 '경제의 양극화'가 빠르게 심화됐는데, 이는 앞에서 이미 말했듯 소득 양극화, 대-중소기업 양극화, 일자리 양극화 등의 골이 계속해서 깊어져왔다는 걸 의미하는 게 아닐 수 없다. 이 같은 '경제 양극화 구조'의 문제를 여기서는 '대-중소기업 간 생산체제 양극화' 내지는 '소수 대기업에 편향된 경제 구조'를 중심으로 하여 한번 들여다보도록 하겠다.

---

6 최근의 이른바 '소득주도성장'도 대증요법이다.

근래 국내 10대 재벌기업(상호출자제한 기업집단 중 자산상위 10대 기업 집단-공기업 제외)의 자산 총액과 매출 총액의 증가 추이를 보면 가히 놀랄 정도다. 2003년 약 371조2900억원이었던 자산총액이 2012년 약 1070조50억원으로, 2003년 약 388조6200억원이던 매출총액이 2012년 약 1070조9300억원으로 급증했다. 그야말로 폭발적인 증가세다. 소수 재벌 대기업으로의 '경제 쏠림' 현상이 얼마나 심해졌는지가 여기서 여실히 드러난다고 할 수밖에 없다.

소수 재벌 대기업으로의 경제력 집중은 이처럼 심화됐지만 이들 재벌 대기업의 고용자 수는 오히려 크게 줄었다. 1995년부터 2010년 사이 중소기업의 고용자수는 400만 명 정도 늘어났는데 반해, 10대 재벌에 속한 대기업의 고용자수는 되레 96만 명이 감소했다고 한다.

위에서 우리가 어렵잖게 알 수 있는 것은 성장의 과실이 대기업 집단의 이해관계자 또는 특정 부문에만 집중되고 이와 관계없는 대다수 국민에겐 돌아가지 않는다는 것이다. 대기업 집단이 외환위기 이후 세계 시장에서의 "눈부신" 성과와 국내에서의 독·과점적 지배력을 바탕으로 하여 우리 경제·사회의 거의 모든 영역을 장악해 나갔음은 새삼 말할 필요도 없다.

성장에 따른 과실이 이처럼 대다수 국민에게 돌아가지 못하고 재벌 대기업 중심의 이해관계자 또는 특정 부문에만 집중된다는 것은, 다시 말해 양극화와 불평등이 깊어진다는 것은 분배 측면에서의 중대 하자를 의미하는 것일 뿐만 아니라 내수의 약화로 이어지는 것인바, 이 내수 부진은 결국 수출과 내수의 불균형을 심화시키거나 성장의 대외의존도를 높임으로써 한국 경제의 구조적 취약성을 더욱 증대시키는 것으로 연결된다고 할 수 있다.

물론 과거 개발 독재 시기에도 재벌 대기업이 성장을 주도했다. 하지만 그래도 그때는 중소기업의 발전이 어느 정도 동반됐다. 그런데 외환위기를 거치면서 이런 양상이 깨졌는데, 이는 정부가 수출 대기업 위주의 경제운용에 더욱 몰입한데 더해 앞에서 이미 말했듯 '글로벌화'와 '신자유주의적 경제개혁' 등으로 인해 국내 산업의 연관 구조가 약화됐기 때문이다. 게다가 신자유주의적 경쟁 환경 속에서 대기업들은 자신들의 비용을 중소 하청업체에 떠넘기거나 더 많은 이윤 창출을 위해 하도급 업체를 더욱 쥐어짰던 바, 이로 말미암아 중소기업의 어려움은 가중됐다 하지 않을 수 없다. 대기업이 아무리 수출을 많이 하고 아무리 많은 이익을 낸다 해도 그것이 고용 증대로 연결되지 않는 상황에서 전체 기업고용의 90% 가까이를 떠맡는 동시에 영세사업장 노동자 등 광범한 주변적 노동자 집단이 몰려있는 중소기업 부문의 이 같은 붕괴는 자영업의 황폐화와 더불어 수많은 사회경제적 약자들의 '바닥으로의 질주'를 가속화하는 요인이 됐다.

중소기업이 이처럼 약화하고 있는 가운데 한국 경제의 뚜렷한 약점인 소재·부품 산업(소재·부품은 대체로 중소기업이 담당한다)의 취약과 이로 인한 과다한 수입 의존 문제 또한 지속되고 있다. 그동안 대기업들의 주요 수출제품의 핵심 부품은 대부분 수입에 의존했는데, 특히 대일對日의존이 심각했다. 근래 200억 달러 이상을 기록하고 있는 한국의 대일對日 무역적자(2018년엔 241억 달러 기록)도 사실 그 대부분이 부품·소재의 수입 때문이었다(부품·소재의 대일 무역적자는

2010년 242억 달러를 기록, 역대 최고치를 경신했으나 이후 적자 폭이 그나마 줄어들고 있는 상황임). 한국 주력 수출상품의 핵심 부품·소재 상당수가 이처럼 일본으로부터 수입되고 있기 때문에 완제품 수출이 늘어나면 늘어날수록 오히려 대일 무역적자가 확대되는 악순환이 그동안 계속돼 왔다. 이런 상황은 부품·소재 산업의 발전 없이는 만성적인 대일對日 무역적자를 개선하는 것도, 나아가 한국 경제를 한 단계 끌어올리는 것도 어렵다는 걸 의미한다고 할 수 있다. 일본·중국(근래 부상한 한국 배터리 산업의 경우, 소재의 60% 가량을 중국에서 수입하고 있는 실정이다) 등 특정국에 집중된 '부품·소재의 과다한 수입 의존'을 다각화하거나 그 공급망을 넓히는 한편, 해외 기술 종속을 탈피할 핵심 소재 기술을 개발, 국내 생산 기반을 확보하는 게 우리에겐 실로 중요한 과제라고 할 수밖에 없다. 더욱이 이른바 4차 산업혁명(이 용어의 적절성 여부를 떠나 편의상 이를 그대로 쓰기로 하겠다) 시대엔 고부가가치 부품 수요가 더욱 늘어날 것으로 전망되고 있는 데다 인공지능, 바이오 등 이질적 기술과 지식이 결합돼 새로운 차세대 산업군이 만들어질 것으로 예상되고 있는 바, 우리가 이런 흐름에 제대로 대응해 나가기 위해서라도 핵심 기술과 지식이 결합 또는 융합되는 소재·부품의 경쟁력을 키우는 게 절실하다. 부품·소재의 육성을 위해서는 단기적 성과에 급급해선 안 되며 정부가 장기 정책을 마련해 연구개발R&D, 판로 확보 등을 입체적으로 지원해야 하며, 또 기초·원천 연구와 상용화가 따로 놀지 않고 이어질 수 있게 대학·정부출연연구원·중소기업·대기업이 유기적으로 연결돼 돌아가는 생태계를 조성하는 것도 반드시 필요하다.

중소기업 위주의 기계부품산업이 강한 일본이나 탄탄한 중소기업들을 많이 갖고 있는 이탈리아도 처음부터 중소기업이 그렇게 잘 나갔던 건 아니라고 한다. 일본도 초기엔 "대기업들이 한국의 재벌들처럼 중소기업을 쥐어짰는데 정부가 이를 막는 법을 만들고 대기업들도 결의를 해 중소기업에 기술전수도 하고 투자도 함"으로써 지금과 같이 됐으며, 대기업 하청 중소기업보다 독자 중소기업이 많은 이탈리아의 경우엔 대부분의 중소기업이 지방 정부의 적극적인 지원을 통해 성장했다고 하지 않는가.

그동안 우리 내부에서도 중소기업을 살리고 키워야 한다는 소리는 참으로 무성했다. 하지만 그것은 주로 입으로만 외치는 것이었거나, 아니면 새로운 정권이 들어설 때마다 처음부터 다시 시작하는 식의 것이었다. 더욱이 역대 정부는 중소기업 지원 정책을 하나같이 강조했지만 실은 **임기 내 경제성과에 집착함으로써 예외 없이 대기업 의존 경제정책을 구사**했다. 이렇게 해서야 어떻게 중소기업이 키워질 수 있겠는가? 정부가 장기적인 전망을 갖고서 중소기업 기반이 강화될 수 있도록 과감히 지원하는 등 강력한 중소기업 육성정책을 펼쳐야 한다. 고용에 있어 중심적 역할을 할 뿐만 아니라―중소기업 활성화는 청년 일자리 문제, 양극화 완화, 중산층 재강화 등과도 밀접히 연관돼 있다― 부품과 소재의 생산기반이 되며 많은 중요한 기술혁신이 나오는 중소기업을 살리고 키우는데 진정으로 큰 힘을 쏟아야 한다. 젊은이들이 중소기업에 취업하기를 꺼려하고 중소기업에 다니면 뭔가 '모양'이 한참 빠진다고 생각하는 현실을 바꿔야 한다. 인재와 자금이 중소기업에 원활히 흘러들어갈 수 있게 할 제도 마련과 생태계 조성이 시급하다. 또한 스타트업—창업 초기 기업—
이나 벤처기업의 기술이 제대로 평가 받는 환경과 구조를 만드는 것
도 서둘러야 한다. 지금 국내에서 지식재산권 등이 제값을 받지 못하
자 중국 기업에 기술을 팔아넘기겠다는 스타트업이 나오고 있는 판
이라 하지 않는가. 잠재력 높은 스타트업이 성장 궤도에 오를 수 있고
기술생태계가 구축될 수 있도록 정책적 뒷받침을 강력히 해야 한다.
혁신기술을 가진 스타트업·벤처기업의 존재는 기존 산업과의 융합
이나 협업[7], 또는 그동안 한국 경제를 이끌어 온 주력 산업의 패러다
임 재편과 관련해서도 중요하다고 할 수밖에 없다. 중소기업과 대기
업이 상보·상생하며 스타트업·벤처기업·중소기업과 대기업이 함께
연결돼 돌아가는 기업생태계를 구축하는 게 긴요하다.

그간 한국 경제를 이끌어 온 대기업집단 위주의 경제시스템은 이
제 수명을 거의 다했다. 중소기업이 활력을 갖지 못하는 한 우리 경
제의 재활성화나 한국 경제의 건전한 미래는 없다고 해도 과언이 아
니다. 한국 경제가 한 단계 업그레이드되고 건실하게 발전해 나가기
위해서는 중소기업의 강화가 반드시 필요하다.

외환위기 이후 내수 기반이 지속적으로 약화되고 소수 재벌 대기
업으로의 '경제 쏠림'이 깊어지는 가운데 경제의 대외의존도가 심화
됨으로써 한국 경제의 구조적 취약성이 더욱 증대됐다 하지 않을 수
없는데, 이제 앞에서 얘기했던 대로 이 **대외의존도 문제**를 한번 살펴

---

[7] 이른바 4차 산업혁명 시대엔 융·복합 네트워킹이나 대·중소기업의 협업이 중요하다.

보도록 하겠다.

한국 경제의 대외의존도[8]는 외환위기 이전엔 50%대 안팎에 머물렀는데, 근래에 이르러선 100%를 돌파하기도 했다. 2008년 글로벌 금융위기를 전후로 대외의존도가 100%를 상회하기 시작했고, 2011년엔 110.30%를 기록했다. 일본(31.35%)과 미국(31.55%)의 3배 이상이고 중국(50.10%)의 2배를 넘는 수준이다. 한국의 대외의존도는 2009년 95.76%를 기록, 주요 20개국(G20) 중 사우디아라비아(96.66%)에 이어 2위를 차지했으나 2010년 101.98%를 찍으며 1위로 올라선 뒤 2011년에도 G20 가운데 최고치를 기록했다[9]. 이처럼 대외의존도가 과도하게 높은 탓에 한국 경제는 세계 경제의 변동이나 외부 충격에 그만큼 더 크게 영향을 받을 수밖에 없다. 2008년 세계 금융위기가 발생했을 당시 다른 나라들에 비해 한국 금융시장이 유독 더 불안해지는 등 우리 경제가 크게 휘청댔던 것도 높은 자본시장개방도와 지나친 대외의존형 경제체질 때문이었다. 외환거래 규모에 비해 자본시장이 과다하게 개방돼 있는 데다 다른 나라들에 비해 수출입 비중이 너무 높은 경제구조 탓에 세계 경제의 요동에 그만큼 더 민감하게 반응할 수밖에 없었던 것이다. 최근 들어 대외의존도가 하락세를 이어가고 있다지만 이는 국제유가 하락이 큰 영향─한국은 원유

---

8 한 나라의 경제가 해외 부문에 얼마나 의존하고 있는가를 나타내는 지표로 보통 무역액(수출액과 수입액의 합계)이 국내총생산(GDP)에서 차지하는 비율을 말한다.

9 한국과 경제 규모가 비슷한 나라들의 대외의존도를 살펴보면[2012년 기준 한국의 국내총생산 규모는 세계 14위를 차지했고 그 해 대외의존도(GDP기준)는 109.9%였음], 국내총생산 규모 세계 11위인 캐나다는 62.8%, 12위 호주는 40.8%, 13위 스페인은 64.6%, 15위 멕시코는 67.7%를 기록했다.

를 대량 수입해 석유화학 제품을 만들어 대규모로 수출하기 때문에 국제유가가 떨어지면 수출입 금액이 줄어든다─을 미친데다 '중국의 성장세 둔화 등에 따른 국제교역 위축'이 변수로 작용한 까닭이라 할 수 있다.

근래 한국의 무역 규모가 1조 달러를 돌파했는데, 물론 이를 두고 "한국경제가 새로운 금자탑을 쌓았다"고 상찬할 수 있다. 하지만 이를 뒤집어 보면 한국 경제가 대외환경 변화에 그만큼 더 취약해졌다는 것일 수도 있다. 한국이 이른바 '세계 10위권의 경제대국'이 되었다지만 내수가 이토록 지속적으로 부진─한국의 GDP 대비 내수 비중은 OECD 최저 수준임─하고 이 정도로 대외의존도가 높은 경제 구조를 갖고 있다면 이는 심각한 문제이지 않겠는가.

부존자원과 인구 규모의 문제 등을 들어 "우리는 무역을 통해 먹고 살 수밖에 없다"면서 통상국가와 자유무역 논리─한미 FTA 등─를 부르짖으며 수출에만 매달리는 것은 위험하며, 우리 경제의 기초체력이나 기반을 튼튼히 다져나가는 게 중요하다는 것을 직시해야 한다.

이제, 앞서 살펴본 대외의존도 문제의 연장선상에서 **식량자급률 문제**를 짚어보고자 한다. 이 식량자급률 문제는 사실 '국기國基'와 관련된 사안임에도 불구하고 우리 내부에선 그리 중요하게 여겨지지 않기에 여기서 좀 자세히 살펴볼까 한다.

현재 우리의 곡물자급률(사료용 포함)은 20% 정도다. 1970년 80.5%였던 곡물자급률이 1990년 43.1%, 2000년 29.7%로 추락한 뒤 2020년엔

20.2%까지 떨어졌다.

쉽게 짐작할 수 있듯 산업화가 진행되면서 우리의 곡물자급률이 급속히 떨어졌는데, 그것은 밀·옥수수·콩 등의 자급률이 곤두박질쳤기 때문이다. 현재 밀·옥수수는 거의 전량을, 콩은 대부분 수입에 의존하고 있는 상황이다.

말할 것도 없이 한국의 곡물자급률은 OECD 국가 중 최하위 수준이다. OECD 회원국의 평균 곡물자급률이 90% 안팎을 보이고 있는 것과 비교하면 그 차이가 심해도 너무 심한 것이 아닐 수 없다. 한국의 곡물자급률이 20% 수준이라는 것은 1년 중 2개월 반 정도 만에 국내 생산량 전부가 소비되고 나머지 기간 동안은 해외 수입에 의존해 생존해 가는 셈이란 얘기다. 하나의 국가 공동체로서 곡물자급률이 과연 이 지경에 처해도 되는 것일까?

식량 문제와 관련하여 영국과 독일의 경우는 우리로 하여금 많은 것을 생각하게 한다. 1970년대까지만 해도 이 두 나라의 곡물자급률은 우리보다 낮았다고 한다. 그랬던 이들 나라가 곡물자급률 제고에 심혈을 기울인 결과, 이제 100% 정도의 자급률을 기록하게 됐기 때문이다. 영국과 독일의 경우가 잘 보여주고 있는 것은 이들 나라가 공업화를 이룬 선진국이면서도 농업을 결코 버리지 않았다는 것이다. 영국, 독일을 비롯한 유럽의 많은 국가들이 한국보다 공업화가 앞선 나라들임에도 불구하고 왜 그들이 농업을 끝까지 보호하고 지키려 하는지를 우리는 깊게 생각해 봐야 한다. 과연 그들이 우리보다 안목이 부족하고 전략적 마인드가 모자라서 그런 것일까? 그것은 한 국가공동체의 생존에 있어 식량 문제는 참으로 중요한 본질적 사안이라는 것, 그리고 공업화가 진전되면 될수록 농업과 농촌의 중요성이 더 커진다는 것을 그들이 잘 알고 있기 때문이라 할 수 있다.

선진국치고 식량자급을 도외시한 나라는 없다. 미국, 프랑스, 스웨덴, 캐나다, 덴마크 등의 곡물자급률은 100%를 훌쩍 뛰어넘고 영국, 독일은 앞에서 얘기한 것처럼 100% 정도를 기록하고 있다. 이들 나라보다 거의 유일하게 곡물자급률이 크게 떨어지는 일본은 이를 심각하게 받아들여 세계 각지에 자국 경지 면적의 3배에 달하는 1200만 헥타르의 해외 식량기지를 확보했다(일본의 경우, 곡물자급률은 이처럼 낮지만 필수 식량은 대부분 자급할 수 있는 것으로 알려지고 있다). 이러한 사실들은 결국 이들 나라가 식량자급이라는 반석 위에서 선진국으로 올라섰거나, 아니면 적어도 식량 문제를 해결하기 위해 엄청난 노력을 기울였다는 걸 보여주는 것이라고 할 수밖에 없다. 농업·농촌의 균형적인 발전 없이는 선진국이 되기 어렵다는 게 여기서 그대로 드러난다고 할 수 있다.

농업은 단순히 1차 산업으로 치부하고 넘어갈 수 있는 부문이 결코 아니다. 왜냐하면 그것은 인간과 자연이 가장 밀착돼 이뤄지는 생산 활동 영역인 동시에 그 사회 구성원의 먹거리와 건강에 직결되는, 인간 공동체의 지속에 있어 가장 근본적인 토대에 해당하는 영역이라 할 수 있기 때문이다. 그렇기에 농업은 경쟁력이 없으니까 어쩔 수 없다는 식의 인식이나 접근 자세는 잘못된 게 아닐 수 없다. 농업 문제는 경제적 관점으로만 접근해선 안 된다는 것이다.

쌀을 제외한 주요 곡물을 모두 해외시장에 의존하고 있는 한국 입장에선 국제 곡물가격의 급등은 심각한 타격이 될 수밖에 없다. 세계적인 흉작에 의한 국제식량위기나 투기자본에 의한 국제곡물파동이 발생할 경우, 나라가 뿌리부터 흔들릴 수도 있다는 것이다. 대규모의 국제곡물파동이 아니더라도 국제곡물가격이 상승할 경우, 국내 식품물가는 크게 위협 받게 된다. 쌀 다음으로 우리가 많이 먹는 밀만 하더라도 거의 전량을 수입에 의존하고 있기 때문에 국제 밀값이 급등하게 되면 국내 밀가루값이 뛰게 되고, 그렇게 되면 빵, 라면, 국수, 과자 등의 가격이 줄줄이 올라가게 된다.

경제에 대해 많이 안다고 하는 이들 중 다수는 우리나라는 자동차나 전자제품 같은 공산품을 많이 팔아 돈을 벌고, 식량은 그냥 수입하면 된다는 식으로 말한다. 하지만 이는 위험한 생각이라 여겨진다. 근래 식량문제가 세계적인 이슈로 떠오른 가운데 식량위기가 전 지구를 엄습할 수 있다는 우울한 전망이 잇따르자 많은 식량수출국들이 수출 통제나 고율의 수출세 부과 등의 조치를 취하지 않았는가. 2007년 기상 이변으로 밀과 보리 등의 곡물 수확량이 감소하자 주요 곡물생산국들은 수출량을 제한하거나 수출 금지를 선언했고, 이로 인해 세계 곡물 가격이 2~3배나 급등하기도 했다. 국제식량파동이나 국제식량위기가 발생할 경우, 이들 국가는 즉시 식량수출 창구를 폐쇄해 버릴 것이다. 그렇게 되면 돈이 아무리 많이 있어도 식량을 못 사오게 되는 사태가 벌어질 수 있다.

많은 미래학자들은 조만간 세계적 식량 대란이 일어날 것으로 예측하고 있고, 식량 대란이 닥치면 가장 큰 곤란을 겪을 나라로 한국을 꼽는다. 식량 문제가 우리에게 점점 더 심각한 문제로 다가오고 있다고 할 수밖에 없는데, 그럼에도 정부 차원에서 식량 문제에 대해 근본적인 대책을 고민하는 흐름은 어디에서도 보이지 않는다. 앞서 언급한 영국과 독일의 경우처럼 국가 생존의 최소한의 안전장치 내지는 버팀목을 마련하고자 하는 노력이 없는 것 같다는 얘기다.

농업은 실업 문제/일자리 문제와 관련해서도 중요한 의미를 지닐 수 있다고 본다. 오늘날 산업화의 진전으로 생산·제조 과정 등이 자동화됨으로써 실업이 점점 더 해결 불가능한 문제로 되어 가고 있다 하지 않을 수 없는데, 농업은 고용흡수력이 커 실업 문제/일자리 문제를 풀어갈 하나의 실마리가 될 수도 있기 때문이다. 게다가 농업은 인간답게 산다는 것, 더불어 산다는 것—다른 사람과 더불어, 자연과 더불어—의 의미를 성찰케 할 뿐만 아니라 생명과 삶의 본질을 일깨워 준다는 점에서도 소중한 가치를 지니고 있다고 할 수 있다.

그간 한국의 농업은 급속한 경제성장과 반비례적으로 퇴락해 왔다. 정부는 경제성장률을 끌어올리기 위해 공업화에만 진력했고, 그에 따라 농업은 철저히 방기됐다. 압축적 근대화, 성장지상주의가 농업몰락 현상을 불렀다고 해야 할 게다.

농업이 이토록 붕괴의 상황에 처한 사회가 과연 제대로 된 사회일 수 있을까? 이 같은 농업의 몰락과 농촌의 황폐화 위에서 설령 더 큰 경제성장을 이룬다 한들 그것이 진정 우리의 삶과 우리 사회를 더 좋은 상태로 이끌 수 있을까?

농업 문제와 관련하여 지금 무엇보다 시급한 것은 정부의 발본적인 인식 전환이 아닐 수 없다. 그동안 역대 정부는 한국 농업의 미래에 대한 근본적인 고민은 하지 않은 채 그냥 수입을 늘려 국내 가격을 안정시키는 손쉽고도 천편일률적인 정책만 추구해 왔다. 그러면서 막연히 농업을 살려야 한다거나 농업도 경쟁력을 키우면 된다는 식의 무책임한 말을 되풀이해 왔다. 이명박 대통령만 하더라도 그는 한미FTA 비준안이 국회에서 날치기 처리된 직후 열린 관계장관회의에서 "농업이라고 세계 최고가 되지 말란 법이 없다. 농민들도 소극적 자세에서 벗어나 농업을 수출산업으로 키울 수 있다는 적극적 자세를 갖는다면 세계적인 경쟁력을 가질 수 있다"고 했다. 아니, 농업이 이렇게 된 게 농민들의 소극적 자세 때문이란 말인가? 농민들이 적극적 자세만 가지면 된다면, 다시 말해 정부의 정책 같은 건 별 필요 없고 각 부문의 종사자들이 적극적 노력만 하면 된다면 대통령이란 자리는 왜 있어야 하고 정부와 관료는 왜 존재해야 한단 말인가?

농업 문제에 대한 정치인·관료들의 생각과 태도가 근본적으로 달라져야 한다고 본다. 농업 문제는 우리 공동체 구성원의 안정적 생존을 위한 필수불가결한 중대 과제라는 것을 깊이 인식하고 그동안의 시각과 자세를 확 바꿔야 한다는 것이다. 무엇보다 식량 문제는 '식량 안보' 개념—단순히 먹거리의 확보가 주된 관심사임—의 차원이 아닌, '식량 주권'—먹거리가 어디서 생산 되는지 등이 중요하게 고려됨—의 차원에서 접근되어야 한다는 것을 유념할 필요가 있다. 그리고 농민의 목소리와 요구가 제대로 투입될 수 있는 정치적 통로 또한 반드시 열려야 한다. 농업정책의 결정과정에 이해당사자 집단들이 참여할 수 있게 돼야 한다는 것이다.

지금까지 한국 경제의 구조적 문제를 짚어봤는데, 우리 경제의 근본적 전환과 대안적 발전 방향이 요구되고 있다고 할 수밖에 없다.

먼저 큰 틀에서 산업정책[10], 성장정책, 분배정책[11], 복지정책이 상보적으로 결합되고, 그 틀 위에서 연구·개발R&D 및 기술발전을 촉진하고 구조개혁과 산업재편을 이뤄내는 게 중요하다고 본다. 인재와 자금이 벤처·스타트업·중소기업에 원활히 흘러들어갈 수 있게 하는 한편, 이들 기업과 대기업이 상생하는 산업 생태계를 조성하는 게 시급하다. 그리고 새로운 기술의 도입을 통한 기존 주력 산업의 진화나 기존 주축산업을 대체할 신산업의 육성(기존 주력산업과 신산업 간의 융합·협업도 필요함) 등을 통해 지금의 산업구조를 고도화해야 한다. 아울러 고용 창출의 가장 중요한 분야라 할 수 있는 서비스 산업도 제조업과의 융복합화를 통해 고부가가치화를 이뤄나가야 하며, 저출산·고령화 현상에 대한 실효성 있는 중·장기 대책도 반드시 마련돼야 한다. 또한 지금 우리는 '4차 산업혁명' 등이 촉발하는 새로운 차원의 세계 경제의 체제적 변화와 국제경쟁 패러다임의 전환 속에 있다 하지 않을 수 없는데[한국은 현재 인공지능(AI), 사물인터넷(IoT) 등이 불러올 세계 경제의 패러다임 변화에 제대로 대처하지 못하고 있다], 우리가 이런 흐름에 제대로 대응해 나가기 위해서라도 기업이나 개인이

---

10 산업정책에서 특히 강조돼야 할 부분은 과학기술 및 연구개발, 차세대 신산업, 소재·부품 산업이다.

11 경제활동에서 생겨난 잉여 내지는 조세를 거두어 다시 나누는 2차 분배(재분배)도 문제지만 시장에서의 1차 분배의 불평등도 문제라 하지 않을 수 없다. 차별적인 이중 노동시장구조 —고용이 상대적으로 안정돼 있으면서 적정한 임금 및 사회보험 혜택을 받는 상층부, 즉 1차 노동시장과, 실업상태는 아니지만 저임금과 고용불안에 시달리는 하층부, 즉 2차 노동시장으로 분할되어 있는 구조— 등에 의해 빚어지고 있는 '시장에서의 1차 분배의 황폐화' 문제를 해결해 나가는 것도 중요하다는 것이다.

'위험을 감수하는 도전'에 적극 나설 수 있도록 그 환경이나 복지제도 등을 잘 갖춰나가는 게 필수적이다. 한국이 지난 수십 년 동안 잘해 왔던 '선진국 모방·추격 전략'이 더 이상 유효하지 않다는 것을 직시해야 한다. 우리는 이제 선진국을 따라가는 방식에서 탈피하여 선진국도 안 해 본 것들을 시도하고 해낼 수 있어야 한다. 다른 한편, 경제 발전의 과실이 우리 사회 구성원들에게 골고루 돌아가게 하는 것도 꼭 필요하다 하지 않을 수 없다. 경제를 발전시키려는 궁극적인 이유가 무엇인가? 그것은 바로 그 사회구성원 모두가 다 같이 인간적인 삶을 꾸려갈 수 있게 하기 위해서가 아닌가 말이다. 이제 성장의 질이 중요하며, 성장을 얼마나 공평하게 나누느냐가 중요하다는 것이다.

2

한미FTA는 신기루였나?

　근래 한국 정부는 시장 개방 내지는 대외적 자유화를 급속히 확대하는 방향으로 질주해 왔다 하지 않을 수 없는데, 이제 이 문제를 한미FTA를 중심으로 하여 한번 살펴보도록 하겠다.

　한미FTA를 밀어붙인 노무현 정부는 한국의 경쟁력이 비록 미국에 뒤진다 하더라도 전면적인 개방을 통해 경쟁을 자극하고 심화시킴으로써 우리의 경쟁력을 끌어올릴 수 있다는 발상하에 이를 추진했다고 할 수 있다. 제조업의 경우, 중국이 맹추격해 오고 있다는 것을 크게 의식했고, 그리하여 노무현 정부는 성장의 새로운 출로를 서비스업에서 찾고자 했으며, 그런 방향으로 가는 좋은 방법이 한미FTA라고 봤던 게다.

　　　　　　　　　역사의 갈림길에 선 대한민국

당시 한미FTA 추진세력의 기본 인식은 "수출로 먹고사는 통상국가인 한국으로선 상호 개방에 기초한 특혜 관세를 통해 우리 상품의 수출경쟁력을 높일 수 있고, 이는 FTA를 통해 효과적으로 성취될 수 있다는 것"이었으나, 노무현 정부의 목표는 이를 훨씬 뛰어넘는 것이었다. 왜냐하면 한미FTA를 추진한 노무현 정부의 목표는 "낡은 일본식 법과 제도를 버리고 **미국식 시스템**을 도입하는 것"(김현종 당시 통상교섭본부장)이었기 때문이다. 이는 한미FTA라는 게 단순히 관세를 철폐하는 정도의 무역협정이 아니라 한국의 법과 제도, 사회경제시스템을 미국식으로 바꾸려 한 것이었음을 뜻한다고 해야 할 게다.

당시 한미FTA 추진세력은 미국식 시스템에 대한 장밋빛 환상에 젖어 있었다. 그들은 '미국화는 곧 선진화'라는 인식에 사로잡혀 있었고, 그랬기 때문에 그들이 볼 땐 미국식 시스템을 도입하는 것이야말로 한국이 더 큰 경제발전과 더 빠른 선진화를 이룩하는 방법이 아닐 수 없었던 것이다.

하지만 그들이 그렇게도 선진적인 것이라 믿었던 미국시스템의 실체가 적나라하게 드러나는 데는 그리 많은 시간이 걸리지 않았다. 한미FTA가 체결된 지 불과 1년여 만인 2008년 미국발 세계금융위기가 터졌기 때문이다. 이 미국발 세계금융위기로 미국식 모델이 선진경제라는 신화는 무너져 내렸고, 그렇게도 선진적인 것이라 여겨지던 미국 월가의 금융시스템이란 것도 '이성적 판단이 마비된 탐욕과 약탈의 시스템'인 것으로 드러났다.

그러면 여기서 노무현 정부가 도입하려 했던 미국식 시스템이란 게 과연 어떤 것인지, 그 실체를 잠깐 살펴보고 넘어갈까 한다.

잘 알려져 있다시피 미국의 의료시스템은 그동안 거의 최악이었다. 의료보험 혜택을 받지 못하고 의료 사각지대에서 살아가는 사람이 거의 5000만 명에 이를 정도였다고 하지 않는가(미국엔 세계적인 제약회사들이 있지만 약값은 세계에서 가장 비싼 편이다). 뒤늦게 이를 시정하겠다고 오바마 대통령이 '전 국민 의료보험 가입'을 의무화하는 건강보험개혁법을 밀어붙여 이른바 '오바마 케어' 미국 내 저소득층 무보험자들을 건강보험에 가입시켜 의료비 부담을 낮추려는 취지의 것이었음―를 시행하게 됐으나, 건강보험 미가입자 비율은 기존의 14%에서 11%로 줄어드는데 그쳤고(보조금을 늘리고 보험 미가입자에게 벌금을 부과하는 강제조항까지 마련했지만), 후임 트럼프 대통령은 오바마 케어의 핵심이었던 저소득층에 대한 의료보험 보조금 지급을 중단하고 의무가입조항도 삭제했다.

위에서 살펴본 의료시스템에서 잘 드러나듯 미국의 복지는 OECD 국가 중 최하위 수준이다. 미국의 국민소득 대비 복지 지출은 스웨덴, 핀란드 등 북유럽 국가들에 비하면 절반 정도밖에 안 된다. 이렇다보니 지금의 미국 사회는 계층 상승 기회가 거의 막혀버린 사회가되었다. 덴마크, 스웨덴, 핀란드 같은 나라는 부모-자식 간의 계층 상관관계(부모와 자식의 계층이 다르면 낮고 같으면 높다)가 0.2밖에 안 되는데, 미국의 경우 0.7~0.8에 이른다고 하지 않는가. 이는 결국 복지체계 미비로 말미암아 미국의 저소득층 자녀들이 위로 올라갈 수 있는 발판, 특히 계층이동 기회로서의 교육 사다리를 갖지 못한 탓이크다고 할 수밖에 없다.

미국은 선진국 중 **소득 불평등, 부의 편중이 가장 심각한 나라**이기도 하다. 앞에서 이미 말했듯 상위 소득자 1%가 전체 소득에서 차지하는 몫이 무려 22.9%나 된다. 상위 1%의 소득이 하위 1억2000만 명의 소득을 합친 것보다 더 많으며, 미국의 상위 10% 소득은 하위 10%의 14배나 된다. 일본, 핀란드, 노르웨이는 상위 20%가 하위 20%보다 4배에 못 미치는 부를 갖고 있는 반면, 미국은 9배를 갖고 있는 것으로 조사되고 있다.

또한 미국은 세계은행이 발표한 잘 사는 나라 50여 국 중 정신질환자, 기대수명, '신생아 1000명당 사망 유아 수' 등에서 최악의 수치를 보이고 있다. 뿐만 아니라, 미국은 살인율도 선진국 중 가장 높은 수준이고, 인구비례 교도소 수감자 수도 세계 최고이다. 사회통계학적으로 볼 때 범죄율과 깊은 관련이 있는 것이 바로 경제적 불평등과 복지투자 비율이라고 하는데, 미국 내부의 극단적 소득 불평등, 격심한 빈부격차가 사회 저변의 갈등을 심화시켜 이 같은 살인율 등으로 나타나고 있다고 봐야 할 게다. 1인당 국민소득이 4~5만 달러가 넘으면서도 이런 어두운 모습들을 보이고 있다는 것은 미국 사회의 실체를 그대로 드러내는 것이라고 할 수밖에 없다.

정치시스템 역시 큰 문제를 노정하고 있다. 미국 정치는 사실상 상위 1%가 점령했다고 해도 과언이 아닐 정도다. 공화·민주 양당의 대통령 선거 운동에 투입된 20억 달러가 넘는 돈(2조원 이상)의 대부분이 상위 1%가 기부한 것이라고 하지 않는가. 미국 선거는 '1달러 1표'의 금권선거로 전락했다는 얘기까지 나오고 있다. 이들 상위 1%는 '정치 불신과 정치 혐오를 부추기면서 하위 계층의 정치적 무관심과 정치 외면을 조장하고, 그리하여 결국 그들이 투표장에 가는 것을 꺼리게 만들어 왔다'고 할 수 있다. 그러는 동안에 지속적인 감세 정책이 추진되었고, 그 결과 이제 부자들보다 가진 게 별로 없는 사람들의 세율이 더 높아졌다고 하지 않는가 말이다(2007년 상위 400위 고소득 가구들의 평균 담세율이 16.6%였던 데 비해 일반 납세자들의 담세율은 20.4%였다고 함).

과연 이런 미국식 시스템, 이런 미국식 모델이 징말 좋은 것일까? 물론 돈 많고 배운 것 많은 사람들에겐 아주 좋은 것일 테다. 하지만 우리 사회의 압도적 다수를 차지하는 사회경제적 약자나 보통사람들의 입장에서도 과연 그런 것일까?

다시 **한미FTA 문제**로 돌아오면 노무현 정부는 앞서 이미 말했듯 한국의 경쟁력이 미국에 비해 비록 떨어진다 해도 전면적인 개방을 통해 경쟁을 촉진, 심화시킴으로써 우리의 경쟁력을 끌어올릴 수 있다는 발상하에 이를 추진했다고 할 수 있는데, 그렇다면 한국 경제를 무조건 미국과의 경쟁에 노출시키면 정말로 우리의 경쟁력이 높아질 수 있는 것일까?

노무현 정부가 한미FTA를 추진하면서 특히 중요하게 여겼던 서비스업의 경우, 미국이 세계에서 가장 강한 분야다. 2008년 기준 미국은 "금융과 의료, 교육, 회계, 법무, 배송 서비스 부문 세계 1위 수출국"이다. 이런 상황에서 전면적인 개방을 통해 무조건 경쟁을 자극한다고 하여 과연 한국의 서비스업종이 생산성과 경쟁력을 높일 수 있을까? 노무현 정부의 초대 청와대 정책실장을 지낸 이정우 교수는 뒤에 이렇게 회고했다. "당시에는 금융, 컨설팅, 보험, 회계 등에서 일자리 창출의 희망을 찾았는데 지나고 보니 신기루였던 것 같다"고.

물론 한미FTA를 통해 한국에서도 이익을 얻는 쪽이 있을 것이다. 이익을 얻는 쪽은 당연히 이미 경쟁력을 갖춘 업종이거나 재벌, 대기업들일 테다[공교롭게도(?) 한미FTA 협상에서 핵심적 역할을 했던 통상관료들이 후에 줄줄이 재벌 대기업인 삼성으로 자리를 옮겼다. 김현종 통상교섭본부장은 삼성전자 해외법무사장으로 갔고(첫 사장단 회의석상에서 "기업 이익을 지키는 게 나라의 이익을 지키는 일이라고 생각한다"고 했던 그는 2009년 3월부터 2011년 12월까지 3년도 채 안 되는 34개월을 근무하고선 86억원의 보수를 챙긴 것으로 알려졌음), 한미FTA 협상 당시 기획단 총괄팀장이었고 2009년부터는 주미 한국대사관에서 통상현안을 담당했던 김 모 전 경제참사관 역시 삼성전자로 이직했음]. 그런데 이들 경쟁력을 갖춘 업종이나 재벌, 대기업들이 한미FTA를 통해 이익을 얻는다고 해도 지금과 같은 한국의 분배구조 내지는 사회경제시스템에서는 그 이익이 아래로 내려가지 않고 그들 경제적 강자의 주변에 쟁여지고 말 가능성이 크다. 결국, 한미FTA의 과실은 경제적 강자들이 다 가져가고 사회경제적 약자나 보통사람들은 개방으로 인한 피해만 떠안거나 그 과실에서 배제될 공산이 크다는 얘기다.

그러면 여기서 잠깐 눈을 돌려 미국과 FTA를 맺은 다른 나라들의 상황은 어떤지를 참고삼아 간단히 살펴보고 넘어갈까 한다.

먼저, 미국·캐나다와의 북미자유협정NAFTA 체결을 통해 혜택을 입었다는 멕시코를 한번 보자. 멕시코는 1992년에 NAFTA를 맺었는데 그 후 15년 만에 "인구의 80%가 빈곤상태에 빠졌고, 비교적 자족적이었던 농업은 몰락의 상황에 처했으며, 상위 0.3%의 사람들이 전체 부의 50%를 지배하게 됐다"고 한다. 경제성장률도 "1992~2002년 연평균 성장률이 3%대에 머물러 1960~1980년의 평균 성장률 6.5%의 절반 수준으로 하락"했고, 실질 임금 역시 되레 떨어졌다고 한다. 노동소득분배율(국민소득 중에서 자본소득 대비 노동소득이 차지하는 몫의 비율) 또한 NAFTA 발효 첫 해인 1994년엔 50%였는데 2007년엔 40%로 하락한 것으로 알려지고 있다.

멕시코뿐만이 아니라 2000년대에 미국과 활발하게 FTA를 맺은 많은 다른 중남미 국가들의 경우에도 미국과의 FTA가 그들 나라의 경제를 성장시키는데 거의 도움이 되지 않은 것으로 분석되고 있다. 다른 곳도 아닌 미국서 나온 연구 논문에 따르면 "미국과의 FTA로 인해 이들 국가는 일시적으로 미국 시장에 더 쉽게 들어갈 수 있는 특혜를 얻었으나 그 이후 미 경제권에 예속됐"으며 "초기 미국에 의존해 일시적으로 수출이 늘기는 했으나 결국 경제성장에 있어 별 이득이 없었을 뿐만 아니라 금융규제를 완화해 투기자본만 고수익을 누리게 됐고 국민의 복리후생은 줄어들게 됐다"는 것이다. 이 논문은 FTA 체결 당시 중남미 대부분의 국가는 우파가 정권을 장악하고 있었고, 신자유주의 정신이 당시 정책 결정을 하던 중남미 우익 엘리트 관료에게 만연해 있었다고 하고 있다. 이들 엘리트 관료들은 "FTA가 미국과 자국에 서로 도움이 되는 윈-윈 전략이라고 자신"했으며(한미FTA를 체결하고 최종 인준한 노무현·이명박 정부 역시 이들과 똑같이

134

역사의 갈림길에 선 대한민국

한미FTA는 한국과 미국의 윈-윈 전략이라고 역설했음), 그리하여 이들 중남미 국가들은 서로 먼저 미국 시장에 진입하는 혜택을 누리겠다고 경쟁하듯 미국과 FTA를 체결했다는 것이다(한국의 한미FTA 추진세력 역시 이들과 마찬가지로 미국 시장에 대한 선점 효과를 강조했음). 그러나 미국과의 FTA 체결이 이들 나라를 더 잘 살게 하진 못했다는 얘기다.

다시 한미FTA 얘기로 돌아오면 2012년 발효 이후 한국의 대미 무역수지 흑자는 늘어났다. 2011년 116억 달러였던 흑자가 2015년엔 258억 달러로 증가했다. 이로 인해 미국 일각에선 한미FTA에 대한 불만이 제기됐었는데, 특히 대통령에 당선됐던 트럼프는 대선 기간 내내 한미FTA 탓에 미국의 대(對)한국 무역적자가 크게 늘고 일자리까지 줄었다며 한미FTA를 강하게 비판했다. 하지만 한미FTA가 미국에 불리한 것이라는 트럼프의 주장은 잘못된 게 아닐 수 없다. 왜 그런지를 지금부터 좀 자세히 살펴보도록 하겠다.

첫 번째로 지적하지 않을 수 없는 것은 한국의 대미 무역흑자 증가가 주로 한미FTA의 혜택과는 무관한 품목의 수출이 늘어난데 따른 결과라는 것이다. 대미 흑자 증가 대부분이 승용차와 휴대폰, 반도체 등의 수출이 확대된 데 힘입은 것인데, 한국산 승용차에 대한 미국의 관세는 2015년까지 한미FTA 발효 이전과 같은 2.5%였고[관세가 완전히 철폐된 2016년 한국의 자동차 대미 수출은 오히려 줄었고, 2017년 미국이 한미FTA 개정을 압박하자 한국 정부는 한미FTA 발효 이후 미국 자동차의 한국 수입 증가율(37.1%)이 한국 자동차의 미국 수출 증가율(12.4%)보다 3배 가까이 높다는 점을 내세우기도 했다], 반도체, 휴대폰의 경우엔 한미

FTA 발효 이전부터 무관세였다. 대미 수출이 급증세를 보인 2014년 (13.3%)의 경우만 하더라도 한미FTA 혜택 품목 수출은 전년에 비해 4.3% 늘어난 데 그쳤지만 비혜택 품목은 19.0%나 급증했다. 사실 한미FTA의 관세 감축으로 수출 증대 혜택을 더 크게 본 쪽은 미국이라 할 수 있다. 왜냐하면 한국의 대미 수출이 증가한 자동차, 반도체, 휴대폰, 철강 등은 FTA 협정상의 미국 쪽 관세 감축이 거의 없었던 품목들이었던 반면, 미국의 대對한국 수출 증대 품목들인 자동차, 쇠고기, 의약품 등은 한국 쪽의 대폭적인 관세 인하가 있었던 품목들이기 때문이다(2012년 한미FTA가 발효되면서 미국산 자동차의 한국 수입 관세는 8%에서 4%로 절반 낮춰졌다). 미국 트럼프 행정부가 한미FTA 개정을 요구했을 때 미국의 축산·육류가공·육류수출 등의 단체들은 "한미FTA는 미국 쇠고기 산업이 한국에서 번창하기 위한 이상적인 환경을 만들어줬다"면서 "한미FTA의 근간을 흔들지 말 것"을 강력히 촉구하는 서한을 미 정부에 보내기도 했다[이 서한은 "한미FTA 이후 미국 쇠고기 산업의 대(對)한국 판매액은 2012년 5억8200만 달러(약 6500억원)에서 2016년 10억6000만 달러(약 1조1840억원)로 82% 증가했고, 한국은 세계에서 두 번째로 큰 미국 쇠고기 수출시장(17%)이 됐다"는 점을 강조했다-반면 한국은 농축산 분야에서 막대한 적자를 기록하고 있는 가운데 5대 관세 철폐 품목의 2011년 대비 2017년 미국산 농축산물 수입 증가율을 보면 소고기 124.3%, 돼지고기 42.7%, 체리 226.3%, 포도 115.6%, 오렌지 63.9%이며, 그 외 품목을 봐도 한미FTA 발효 이후 미국 블루베리의 대(對)한국 수출은 600%나 늘었다].

위에서 잘 드러나는 것은 한미FTA 발효 이후 한국의 대미 무역수지 흑자가 증가했다고 하여 그게 한미FTA 효과 덕분이라고 단정 지을 순 없다는 것이다. 다시 말해, 미국의 대(對)한국 무역수지 적자 원인을 FTA에서만 찾는 건 별 설득력이 없는 주장이란 얘기다(미국 내에서도 한미FTA와 무역수지가 상관관계가 없다는 주장이 제기됐음은 물론이다). 한국에 대한 미국의 무역수지 적자 증가가 한미FTA 때문이라면 미국이 FTA를 체결하지 않은 일본, 독일과의 무역에서 각각 600억 달러 이상의 적자를 기록한 것은 뭣 때문이란 말인가? 미국 국제무역위원회(ITC)가 발표한 보고서에 따르면 한미FTA가 체결되지 않았다면 미국의 무역 적자가 훨씬 더 늘어났을 것이라고 한다. ITC는 미국이 2015년 한국과의 상품 교역에서 283억 달러 적자를 냈는데, 한미FTA가 없었다면 적자 규모가 실제보다 55% 더 늘어난 440억 달러에 달했을 것이라고 분석했다. 한미FTA가 미국의 상품 수지 적자를 157억 달러 줄이는데 기여했다는 것인데, 이를 뒤집어 보면 한미FTA가 없었다면 한국의 무역수지 흑자가 훨씬 더 컸을 수도 있다는 것이다. 미국 트럼프 행정부는 한미FTA로 인해 자국 산업, 특히 철강과 자동차가 큰 피해를 입었다고 주장했지만, 사실 무역역조의 원인은 FTA가 아니라 미국의 경쟁력을 비롯한 자국의 문제라고 할 수 있다. 그리고 지난 몇 년 간 미국 경제는 회복세를 보이며 수입 수요가 늘어났던 반면, 한국 경제는 2% 대의 낮은 성장을 하며 수입 수요가 위축됐던 바, 이 같은 양국의 서로 다른 경제 상황으로 인해 한국의 대미 무역 수지 흑자가 커진 면도 있다고 할 수 있다. 여기서 하나 덧붙여 언급하고 넘어가고 싶은 것은 무역수지에서 한미 간 무기 거래는 제외돼 있다는 사실이다(통상 안보상 이유로 무기 거래는 무역 통계에 잡히지 않는다). 다시 말해, 미국의 한국에 대한 막대한 규모의 무기 판매가 빠져 있다는 것이다. 2014년 기준 미국의 대對한국 무기 판매는 무려 78억 달러 규모다. 당해 기준으로 따지면 한국의 미국산 무기 도입 규모는 한국의 대미 TV수출의 36배가 넘는다.

두 번째로 언급할 수 있는 것은 한미FTA는 상품과 관련된 내용만 담고 있는 협정이 아니란 것이다. 상품 이외에도 서비스, 지식 재산권, 투자 등 포괄적인 내용을 담고 있는데, 미국은 잘 알려져 있다시피 서비스 산업이 국내 총생산GDP의 약 80%를 차지하는 서비스 강국이다. 서비스수지 부문에선 한국이 당연히 적자다. 한미FTA 체결 이후 미국의 대對한국 서비스수지 흑자 규모는 140억 달러(2015년) 정도로까지 확대됐다. 경상수지에서 가장 부가가치가 높은 서비스수지 항목에서 미국이 이렇게 큰 폭의 흑자를 기록하고 있기 때문에 사실 실속은 미국이 더 챙겼다고도 할 수 있다. 특허료 등 지재권 분야(서비스수지 중에서도 지재권 사용료 수지가 '알짜'임)에서 한국의 적자가 특히 크다. 한국 기업이 제품을 만들어 팔았다 해도 그 과정에서 미국 기업이 갖고 있는 원천 기술을 활용하고 로열티를 지급했다면 미국이 큰 실익을 가져간다고 할 수 있다. 한국 기업들이 미국 업체인 퀄컴에 지급하는 연간 로열티만 해도 1조5000억 원 정도가 된다고 하지 않는가.

세 번째로 얘기할 수 있는 것은 한미FTA 체결 이후 한국 기업들의 미국 투자액이 미국 기업의 한국 투자액의 두 배라는 것이다. 한미FTA 발효 이후 5년간 한국의 대미 직접투자는 511억8000만 달러 규모인데 비해 미국의 대對한국 직접투자는 201억6000만 달러에 그쳤다. 미국 현지 한국 기업의 고용도 2011년 3만5000명에서 2015년

4만5000명으로 늘었다고 한다. 따라서 한미FTA 때문에 미국 내 일자리를 뺏겼다는 주장 역시 일방적인 것이라고 할 수밖에 없다.

마지막으로 거론할 수 있는 것은 미국이 한미FTA가 제대로 이행되지 않고 있다면서 '2018년 개정' 이전에도 한국 정부를 계속해서 강하게 압박했다는 사실이다. 즉, 한미FTA가 "완전하고 충실하게 이행되지 않고 있다"는 것이었는데, 미국은 특히 약가 산정, 법률 시장개방 등의 분야에서 FTA 이행이 부진하다면서 한국에 큰 불만을 드러냈었다. 그렇다면 이런 분야의 개방 확대를 포함, 미국이 주장한 '한미FTA의 완전한 이행'이 이뤄졌다면 '2018년 개정'이 없었더라도 미국의 이익이 증가할 가능성이 컸다고 할 수 있다.

지금까지 살펴본 것에서 잘 드러나듯 한미FTA 발효 이후 한국의 대미 무역수지 흑자가 늘어났다고 하여 그걸 가지고 한미FTA를 전체적으로 평가하는 것은 문제가 있다고 할 수밖에 없다. 다시 말해, 한국의 대미 무역 흑자 증가를 두고 한미FTA가 미국에 불리한 것이라고 주장하거나, 아니면 한국 입장에서 한미FTA 체결은 성공적인 것이라고 단정짓는 건 맞지 않거나 섣부른 것이란 얘기다. 그렇잖아도 한국의 대미 무역수지 흑자는 2015년에 258억 달러로 정점을 찍은 뒤 2016년 233억 달러, 2017년 179억 달러, 2018년 138억 달러, 2019년 114억 달러로 4년 연속 감소세를 보였다가 2020년엔 166억 달러를 기록했다.

이제 이쯤에서 참고삼아 '한·EU FTA 체결 이후 상황'을 잠깐 살펴보고 넘어갈까 한다. 한·EU FTA 발효(2011년 7월1일) 이후 1년 동안 한국의 대EU 수출은 FTA가 발효되기 전년도 같은 기간보다 70억 달러나 줄었고(물론 당시의 유럽재정 위기 여파 등을 고려해야겠지만), 무역수지 흑자폭도 전년 동기의 145억 달러에서 19억 달러로(7분의1) 급감했다. 뿐만 아니라, 한·EU FTA 발효 5주년을 맞아 산업통상자원부에서 발주한 연구 용역으로 국책연구기관인 대외경제정책연구원과 농촌경제연구원이 수행한 '한·EU FTA 이행 상황 평가보고서'를 보면 한국의 대EU 수출은 협정 이전인 2010년 537억 달러에서 2015년 481억 달러로 줄었다. 연평균 3.9% 씩 감소했는데, 이는 같은 기간 한국의 총수출 감소율 1.1%의 4배에 가까운 수치다. 이에 반해 한국의 대EU 수입은 급증했는데, 2010년 388억 달러였던 대EU 수입은 2015년 572억 달러로 늘어나 연평균 증가율이 4.8%에 달했다. 같은 기간 한국의 총수입이 4.8% 줄어든 것과는 크게 대비되는 게 아닐 수 없다. 당연히 대EU 무역수지 적자폭은 크게 확대됐다. 한국의 대EU 무역수지는 2007년 무역상대 국가·지역 중 최대 규모인 194억1000만 달러의 흑자를 기록했었지만, 한·EU FTA 발효 이듬해인 2012년엔 적자로 돌아섰고 2014년엔 적자규모가 100억8000만 달러로 늘어났다. 한·EU FTA 발효 당시 대외경제정책연구원 등 10개 국책연구기관은 한국의 대EU 연평균 수출이 25억3000만 달러, 수입이 21억7000만 달러 늘어 평균 3억 6000만 달러의 무역수지 흑자를 예상했었는데, 그 예측과는 많이 다른 결과라 하지 않을 수 없다. 이들 국책연구기관은 특히 자동차의 수출이 증가할 것이라고 전망했었지만 현재 도리어 자동차 분야에서 적자폭이 가장 큰 것으로 드러나고 있다(자동차 부문은 2006년

78억 달러 흑자였는데 2015년 26억6000만 달러 적자로 전환됐음). 또한 체결 당시 단기적(0~5년)으로 3만개, 장기적(10~15년)으로 25만개의 일자리 창출 효과가 있을 것이라고 예상됐었지만, 이번 '한·EU FTA 평가보고서'에 따르면 고용 창출이 1만 명도 안 되는 것으로 나타났다.

비록 단기간의 '한·EU FTA'에 대한 평가이긴 하지만, 이 같은 상황은 노무현·이명박 정부가 내놨던 '장밋빛 FTA 전망'과는 사뭇 다른 양상이다.

다시 한미FTA 문제로 돌아오면 앞에서 한미FTA란 단순히 관세나 수출 등 경제 문제와 관련된 통상 협정, 무역 협정이 아니라고 했지만, 이는 한미FTA 협정문 가운데 많은 부분이 이른바 '비관세 장벽'을 다루고 있다는 것에서 잘 드러난다. 여기엔 **한 나라의 공공정책을 무역장벽으로 여기고 이를 허물고자 하는 뜻이 담겨 있다**고 할 수 있다. 예컨대, 한국의 의료보험과 같은 공공보험으로서의 '전 국민 의료보험제도'가 없는 미국은 "한국의 약가 정책을 비관세 장벽의 하나로 보고 이를 무력화할 수 있는 내용을 요구한다"는 것이다. 물론 이를 협정문에 명시적으로 반영하면 정책주권 침해라는 비판을 받을 수 있기에 그러한 요구는 협정문에 직접적 표현으로 담기진 않고 '약가 제도의 투명성 제고'니 '특허 의약품의 가치 인성'이니 하는 따위와 같은 아주 그럴 듯한 내용으로 분칠된 채 반영되어 있다. 우리가 여기서 쉽게 알 수 있는 것은 한미FTA가 경제의 영역을 뛰어넘어 우리의 공공정책이나 정책결정 자율성 등과 포괄적으로 연결돼 있는 협정이란 것이다.

이와 관련해 한미FTA에서 특히 논란이 됐던 게 이른바 '투자자-국가 소송ISD'[12]이었다. 이 ISDS가 우리의 정책결정 자율성이나 사법·입법 주권 등을 제약 또는 침해할 수 있다는 점에서 대표적인 독소 조항으로 꼽혔기 때문이다. 이 조항으로 인해 한국 정부 마음대로 행정행위를 하거나 공공정책을 추진했다간 언제 우리 영토 밖 외부행위자들(해외투기자본 등)에 의해 '분쟁 중재 판정'으로 끌려들어갈지 모르게 된 것이다. 이는 곧 한국 정부의 행정행위나 공공정책이 이 ISDS의 무차별적인 공격 표적이 될 수 있다는 얘기다. 실제 '분쟁 중재 판정'으로 끌려들어가는 것도 큰 문제지만 그게 아니더라도 정부의 공공정책이 ISDS의 표적이 될 수 있다는 이유만으로 한국 정부가 '필요한 정책'들을 미리 포기할 수도 있는데, 이 같은 '위축 효과'만 해도 상당히 우려스러운 것이라 할 수 있다. 우리 내부의 요구와 필요에 의해 국내법을 제정하고 우리 스스로가 자율적이고 독자적으로 공공정책을 추진해 나가야 함에도 불구하고 이러한 것들이 ISDS 조항에 의해 제약되거나 위축 혹은 무력화될 수 있다면 그것은 심각한 문제가 아니겠는가 말이다. 호주는 미국과 FTA를 할 때 한국과 달리 ISDS 조항을 뺐다.

이 ISDS가 얼마나 큰 위험성을 내포하고 있는 것인지는 이미 아주

---

12 ISD를 '투자자-국가 소송'이라고 하는 것은 "엉터리 번역"이며, ISD라는 표기를 쓰는 것 자체도 한국이 세계에서 거의 유일하다고 한다. 이의 정식 명칭은 ISDS, 즉 투자자 국가 분쟁 해결(Investor State Dispute Settlement)이다. 이를 '투자자-국가 소송'(ISD)이라고 하는 것은 "ISDS의 본질을 놓치는 오류이거나 의도적인 감추기"라고 할 수 있다. 왜냐하면 ISDS에 따른 투자자와 국가 간의 분쟁은 소송 절차가 아닌 중재 절차, 즉 민간 중재인(3명 중 2명은 분쟁 당사자가 각각 정하고, 나머지 1명은 당사자가 합의로 정하거나 중재기관에서 선정함)을 통한 사적 분쟁 해결 방식으로 접근되기 때문이다.

생생히 드러났다. 애초 은행 대주주 자격이 없었음에도 불구하고 외환은행을 헐값에 인수, 그것을 되파는 과정을 통해 4조6600억원이라는 엄청난 이득을 챙겨 한국을 떠난 미국계 사모펀드 론스타가 외환은행 매각 승인이 지연[13]되고 국세청의 자의적 과세처분[14]으로 심각한 손해가 발생했다며 2012년 말 한국 정부를 상대로 43억 달러[4조6000억원인데, 환율 변동 등을 이유로 증액 조정을 신청해 분쟁가액이 46억 7900만 달러(5조1300억원-한국 국민 1인당 10만원씩에 해당하는 분쟁가액임)로 늘어났다]를 배상하라며 ISDS를 제기했기 때문이다(론스타는 2008년 7월부터 이미 세 차례나 ISDS 제기 의사를 밝혔는데도 한국 정부는 이를 감췄다고 한다).

외환은행 매각과정 자체가 엄청난 문제가 있었던 데다 론스타의 ISDS 제기는 해외투기자본이 이 ISDS 조항을 무기로 하여 우리 정부를 얼마나 제멋대로 공격할 수 있는지를 너무나 잘 보여주는 것이 아닐 수 없기에 지금부터 '외환은행 불법 매각 의혹 및 론스타 게이트'를 좀 자세히 살펴보도록 하겠다.

사모펀드에 은행을 넘기지 않는다는 것이 국제적인 관례라는 걸굳이 언급할 것도 없이―미국은 2003년 론스타가 외환은행을 인

---

13 론스타가 외환은행을 2006년 국민은행에, 그리고 2007년부터는 영국계 은행인 HSBC에 매각하려 했는데, 한국 정부가 고의로 매각을 지연시켜 제 때 팔지 못해 손해를 봤다는 것이다. 그런데 론스타는 2006년부터 2008년까지 '외환은행 헐값 인수'와 '외환카드 주가 조작' 혐의로 검찰 수사와 재판을 받고 있었다.

14 론스타는 이중과세방지협정을 체결한 벨기에의 한 회사를 통해 외환은행을 인수해 "한국 정부에 세금을 낼 필요가 없다"고 주장했다. 한국 국세청은 벨기에의 회사가 '페이퍼 컴퍼니'라며 과세했었다.

수하자 "론스타의 은행 인수자격을 문제 삼아 외환은행의 미국 내 현지 법인과 지점의 은행업을 취소"했음— 당시 우리나라 은행법 상 비금융회사 자본이 총자본의 25% 이상이거나 비금융회사의 자산 총액이 2조원 이상이면 산업자본에 해당되며, 이 같은 산업자본은 은행지분을 10%(의결권은 4%) 이상 보유할 수 없게 돼 있었다. 그런데 외환은행을 인수할 당시 론스타는 골프 사업체 PGM 홀딩스와 극동건설, 스타타워 빌딩, 그리고 미국의 식당 체인 등을 가지고 있었고, 이들 자산을 합하면 비금융회사 자산 총액이 2조원을 간단히 넘었다. 따라서 우리나라 은행법상 론스타는 산업자본에 해당됐고, 그랬기 때문에 애초에 외환은행을 인수할 자격이 없었다는 것이다.

외환은행을 론스타에 매각하는 큰 시나리오는 2003년 7월에 열린 이른바 '10인 비밀 대책회의'에서 마련됐다(서울 시내의 한 호텔에서 진행됐음). 이 회의는 '론스타가 외환은행을 인수하는 것이 불가능하다'는 것에 대한 대책회의, 즉 법적으로 론스타가 외환은행을 인수할 자격이 없는 상황에서 론스타의 자격 문제를 어떻게 해결할 것인지를 논의하는 자리였다고 할 수 있다. 바로 이 '비밀 대책회의'를 통해 '외환은행이 부실 금융기관이 될 가능성이 높다'는 시나리오— 즉, 외환은행을 잠재적 부실은행으로 몰아가 매각하는 방안—를 내놓음으로써 론스타가 외환은행을 인수하는 길을 열어줬다. 외환은행이 부실해질 가능성이 크다고 몰아붙여 은행 인수 자격이 없는 론스타에 매각을 하려 했던 게다. 당시 이 '비밀 대책회의'에는 변양호 재경부 금융정책국장, 추경호 재경부 은행제도과장, 김석동 금감위 감독정책1국장, 주형환 청와대 행정관 등이 참석했는데, 여기서 특히 눈길을 끄는 것은 주 청와대 행정관의 참석이라 할 수 있다. 청와대 인사가 왜 이 '비밀 대책회의'에 참석했던 것일까? 많은 궁금증을 불러일으킨다고 할 수밖에 없다. 2006년 10월 국회 법사위의 대검찰청 국정감사에서 외환은행 불법 매각 의혹 및 론스타 게이트가 집중 거론됐는데, 당시 노회찬 의원은 론스타의 외환은행 매입과 관련, "(노무현 대통령 당선인)인수위 시절인 지난 2003년 1월 7일 재정경제부가 당시 전윤철 부총리 겸 재경부 장관에게 보고할 땐 '외환은행의 경우 자산 클린화, 증자 등 가치 제고 노력 본격화, 적절한 전략적 투자자가 나타날 때 조기 매각 추진'이라 했는데, 다음 달 후임 김진표 부총리 겸 재경부 장관에겐 '외환은행 자본 확충의 시급성을 감안, 법률상 제약 요인 등 해소를 전제로 론스타의 자본 참여를 긍정적으로 검토 필요'라고 보고한 것으로 돼 있다"고 밝혔다. 노 의원은 "따라서 최소한 정책적 측면에서는 집권 초기에 노무현 대통령과 재경부 장관이 외환은행의 론스타로의 매각 방침을 정한 것이라고 볼 수밖에 없다"고 하면서 "2003년 7월 비밀 대책회의에 인수위 시절 '국책 은행 기능 개편'을 담당했던 청와대 주형환 행정관이 참석한 것도 그런 이유"라고 했다. 이른바 '10인 비밀 대책회의'가 열렸던 것은 재경부 보고에서 언급된 '법률상 제약 요인 등 해소'와 강한 연관성이 있는 것이라고 할 수밖에 없지 않나 싶다. 그 '비밀 대책회의'가 있고 바로 며칠 뒤인 2003년 7월 22일 김진표 부총리 겸 재정경제부 장관은 블룸버그 통신과의 인터뷰에서 미국 론스타 펀드에 외환은행을 매각하는 것을 고려하고 있다고 했다. 그리고 그 3일 후인 7월 25일 금융당국은 외환은행으로부터 팩스로 받았다는 '의문의 문서 5장'—매각 관련 핵심 실무자 2명이 나중에 젊은 나이에 잇달아 사망하는 일까지 벌어졌음—을 근거로 외환은행의 자기자본비율이 6.2%까지 하락할 수 있다며(그 이전엔 8~9%로 보고됐음) 외환은행을 잠재적 부실은행으로 사실상 결정했다. 그 한 달쯤 뒤인 8월 27일 외환은행을 론스타에 매각하는 최종계약이 체결됐고, 그 다음 달 26일 금융감독위원회는 '부실 금융기관의 정리 등의 예외적 사유'를 들어 론스타의 외환은행 주식 초과 보유를 승인했다. 그야말로 일사천리로 진행됐다고 할 수밖에 없다. 금융 당국은 '부실금융기관 정리 등인 경우에는 예외 적용이 가능하다'는 것을 들어 예외 승인을 했다지만 금융 당국의 내부 보고 문건엔 '설사 예외승인이어도 산업자본에는 안 된다'는 취지의 내용이 들어있었다고 한다. 아니, 애초에 외환은행의 론스타 매각이 문제가 없는 것이었다면 왜 재경부는 '법률상 제약 요인 등 해소'를 그렇게 중요하게 언급했으며, 왜 핵심 금융당국자들과 청와대 인사 등이 호텔에 모여 비밀 대책회의까지 열었을까? 론스타 문제를 자세히 들여다본 누군가는 외환은행 매각-인수 과정에서의 한국 금융당국과 론스타의 위법은 실수도 무지도 아닌 주도면밀하게 계획된 것이었다고 했다.

인수승인처분 이후에도 도무지 이해할 수 없는 일이 벌어진다. 2007년 국내 시민단체들이 론스타가 은행 대주주 자격이 없는 산업자본일 가능성이 많다고 의혹을 제기하자 한국 금융당국은 론스타에 자료 제출을 요구, 그로부터 1년 반 정도가 지난 2008년 후반기에야 겨우 자료를 건네받게 되는데, 그 자료에는 론스타가 2006년 현재 일본에 호텔과 골프장 등을 보유하고 있다는 내용이 들어 있었으며, 거기에 나와 있는 자산을 합치면 2조원이 넘었다고 한다. 그런데도 금융 감독 당국은 그 후 2년 동안이나 아무런 조치도 취하지 않고 그냥 뭉개고만 있었다는 것이다. 그러다가 김석동(비밀 대책회의에 참석했던 바로 그 인물임)이 금융위원장으로 취임한 이후인 2011년 3월 금융 당국은 론스타는 산업자본이 아니라고 발표했다[론스타가 산업자본이 아니라는 금융위 발표 직후 '론스타의 일본 골프장 소유' 사실이 드러나자 론스타는 2011년 12월 해당 골프장을 전격 매각했는데, 그 1개월 뒤 우리 금융 당국은 "골프장을 팔았으니 산업자본이 아니다"라고 했다-하지만 론스타는 일본 골프장을 매각한 이후에도 계속 비금융주력자(산업자본)로 남아있었던 것으로 알려지고 있다].

한편, 애초 론스타는 외환은행 인수 승인을 위해 23개 관계회사만 한국 금융당국에 신고했었는데(론스타가 외환은행을 인수한 시점인 2003년 9월 기준으로 자회사는 49개였다고 함), 그것도 회사 자본금 내역 등이 표시된 대차대조표가 기재된 회사는 "달랑 3곳뿐"이었고, 이조차 모두 "엉터리였다"고 한다. "2곳은 심사 당시 기준 연도에 맞지 않는 대차대조표였고, 나머지 1곳은 가짜였다"는 것이다. 뿐만 아니라, 론스타는 '투자자 바꿔치기'까지 했다고 한다. 외환은행 인수대금 납입일(2003년 10월 30일) 하루 전인 10월 29일 일부 투자자(펀드 참가자)를 바꿔치기 하는 내용의 투자자 내역 변경신고를 금융감독원에 했다는 것이다. 바뀐 내용에 대한 승인권을 가진 금융감독위원회에 이 건이 보고된 것은 "모든 거래가 종결되고도 약 3주가 지난 11월 21일 개최된 금감위·증선위 합동회의 때"였다고 한다. 바뀐 내용의 투자자 내역 변경신고는 "금감위의 승인 없이 종결되어버린 것"이다. 그렇다면 론스타의 외환은행 인수 승인 처분은 바뀐 투자자에 대한 승인 처분이 없는 것이었기에 그 자체가 무효였다고 해야 하지 않겠는가.

이렇게 위법적으로 외환은행 안방을 차지한 론스타는 주주들에게 고배당을 실시하고, 외환은행 직원을 대상으로 가혹한 구조조정을 벌이고, 점포수를 축소하는 등 오로지 수익 극대화와 비용 최소화만을 추구했다. 그 후 론스타는 고배당 등으로 충분한 수익을 올렸다고 판단하고선 이제 한국을 떠날 채비를 한다. 2006년 외환은행을 시장에 내놓게 되는데, 처음에는 KB가 우선협상자로 선정됐으나 계약이 파기됐고, 그 후 2007년 HSBC은행이 외환은행 지분 51%를 매입하는 계약을 체결했으나 2008년 글로벌 금융위기가 발생하자 HSBC 측에서 계약을 철회, 이 역시 불발로 끝났다. 그 뒤 결국 하나은행이 외환은행 인수를 추진하게 됐던 것이다.

그런데 바로 이즈음 대법원에 의해 론스타의 외환카드 주가조작 사건이 유죄 판결을 받게 된다. 불법행위를 저지른 것이 밝혀지면서 론스타가 외환은행 대주주 자격을 잃게 된 것이다. 금융위는 론스타에 외환은행 지분을 10%만 남기고 나머지(41.02%)를 매각하라는 명령을 내리게 되는데, 여기서 또 한 번 납득하기 어려운 일이 벌어진다. 론스타가 주가 조작으로 유죄를 선고 받아 소유권을 상실하게 됐는데도 '징벌적 처분명령'을 내리지 않고 '조건 없는 처분명령'을 내렸던 것이다. 론스타가 범죄행위를 저질러 소유권을 박탈당했는데도 '단순매각명령'을 내림으로써 고배당 등을 챙겨 나갈 수 있게 해준 셈이다. 결국, 이렇게 되어 론스타는 하나은행에 외환은행을 팔아 고액 배당금에 매각 차익(론스타는 1조3800억원을 들여 외환은행 지분 51%를 매입했었는데, 이를 하나은행에 3조9157억원에 팔았음)까지 합쳐 무려 4조6600억원이라는 어마어마한 이득을 챙기고 한국을 떠나게 됐던 것이다.

한데 론스타가 이처럼 한국을 떠났다고 해서 문제가 끝났는가 하면 그게 전혀 아니었다는 얘기다. 앞서 이미 언급했듯 론스타가 한국 정부를 상대로 5조원대의 ISDS를 제기했기 때문이다(그런데 여기서 또 하나 참으로 놀라지 않을 수 없는 일은 론스타가 ISDS를 제기하자 한국 정부의 '대응팀'을 이끌게 됐던 이들이 바로 '론스타의 외환은행 인수 길'을 열어줬던 그 장본인들─이른바 '10인 비밀 대책회의'에 참석했던 추경호 등─이었다는 점이다). 허위 서류를 금융 당국에 제출하고, 주식 대금 납입 하루 전날 투자자를 바꿔치기 하고, 주가를 조작하고, 자신들의 치부를 가리기 위해 시민단체(투기자본감시센터) 대표를 돈으로 매수하는 등 온갖 비위와 불법을 저지른 해외투기자본이 4조6600억원이라는 엄청난 부당 이득을 챙겨간 것도 모자라 자신이 한국 정부 때문에 막대한 손실을 입었다며 5조원을 더 내놓으라는 것이다. 이 기막히고 이 어처구니없는 풍경에서 ISDS의 문제성과 위험성이 너무도 적나라하게 드러나고 있다고 할 수밖에 없다.

한미FTA 협상 당시 수석대표였던 김종훈은 이 ISDS에 대해 "정부가 시장에 개입을 해서 어떤 규제 조치를 발동할 때 그 규제가 정당하고 비차별적이라면 그렇게 우려할 이유가 없다"고 했다. 한국 정부를 상대로 한 론스타의 ISDS 제기에 대해서도 그는 "냉정하게 대응을 해서 패소시켜버리면 된다"고 했다. 말은 참 쉽게 하고 있지만

'정부의 규제나 행정행위가 정당하고 비차별적인 것인지 아닌지'를 도대체 누가 판단하는 것인가? 그리고 냉정하게 대응하기만 하면 정말로 말처럼 그렇게 쉽게 상대를 패배시켜버릴 수 있는 것인가?

ISDS에 따른 '투자자-국가 분쟁'은 앞에서 이미 말했듯 소송절차가 아닌 중재절차로 해결된다. 즉, 민간인 중재인 3명으로 구성된 판정부가 '정부의 규제조치나 행정행위가 정당하고 비차별적인 것인지 아닌지'에 대한 결론을 내린다는 것이다. 이는 어디까지나 사적 분쟁 해결 방식이다. 게다가, ISDS는 태생적으로 투자자 보호를 목적으로 하는 제도가 아닌가 말이다. "냉정하게 대응"을 한다고 해서 말처럼 그렇게 쉽게 상대를 패배시켜버릴 수 있는 건 아니란 것이다. 판정 결과가 어떻게 나올진 알 수 없으나 승패와 무관하게 한국 정부가 론스타의 ISDS 제기에 대응하는 데만 400~500억원 정도의 세금이 들어간다고 하지 않는가.

론스타는 한·벨기에 투자보장협정을 근거로 하여 ISDS를 제기했지만(한미 FTA 체결 이전에 거래가 이뤄졌음), 미국계 헤지펀드 엘리엇은 2018년 5월 한미FTA를 근거로 하여 "3년 전 삼성물산과 제일모직 합병 당시 한국 정부의 부당 개입으로 7000억원대 손실을 입었다"며 ISDS 절차를 밟기 시작했다. 그 해 7월 공식 중재통보 절차를 마친 엘리엇이 한국 정부에 요구한 손해배상액은 7억7000만 달러(약 8700억원)였다. 뒤이어 9월엔 같은 미국계 사모펀드인 메이슨도 한미 FTA 조항을 근거로 하여 "삼성 합병과정에서 한국 정부의 부당한 조치로 인해 최소 2억 달러(약 2250억원) 손해가 발생했다"며 한국 정부에 '중재신청통지'를 제출하며 국제 중재 절차를 공식화했다. 이들 미국계 펀드 두 곳이 한국 정부에 요구한 손해배상 청구액만 1조 원을 훌쩍 뛰어 넘는다(2018년 한미FTA가 개정됐지만 ISDS 개정 사항이 엘리엇과 메이슨의 ISDS 제기에 소급 적용되진 않는다). 한미FTA에 담긴 ISDS 조항이 "그렇게 우려할 이유가 없는" 조항이 결코 아니란 것이다.

지금 한미FTA 문제를 살펴보고 있지만 사실 애초에 한미FTA가 정말 제대로 된 협상을 통해 체결된 것이었는지도 좀 의문스럽다. 왜냐하면 '위키리스크'가 폭로한 주한 미 대사관 외교전문에 따르면 한미FTA 추진을 총괄 지휘한 김현종 통상교섭본부장이 협상의 중요 현안과 관련해 자신이 미국의 입장을 위해 "죽도록 싸웠다"고 했기 때문이다. "김현종 본부장은 (2006년) 7월 24일 오후 알렉산더 버시바우 주한 미 대사에게 전화를 걸어 한국 정부의 약제비 적정화 방안 발표에 대해선, 미국 정부에 미리 알리고 공식적으로 발표하기 전에 미국이 의미 있는 코멘트를 할 시간을 주며 FTA 의약품 작업반에서 협상할 수 있도록 한다는 등의 내용이 관철되도록 죽도록 싸웠다(fighting like hell)고 말했다"고 그 문건에는 적혀 있다.

당시 한국 정부는 약제비 적정화 방안을 통해 건강보험 약제비를 5년간 5조7000억원가량 줄이겠다고 했는데, 이로 인해 "한미FTA 협상이 두 번이나 중단될 정도로 약제비 적정화 방안은 미국 제약회사의 이해관계가 크게 걸려 있는" 사안이었다. 예산 낭비를 없애기 위해 한국 정부가 추진한 이 약제비 적정화 방안은 '주권국가의 권리에 해당하는 사항, 즉 우리 정부의 정책결정권에 속하는 것'이라 할 수 있는데도 미국 측은 한국 정부의 이러한 정책 시행을 저지하려 했고, 그리하여 이것이 한미FTA 협상 과정에서 핵심 쟁점으로 떠올랐던 것이다. 그런데 한미FTA 협상을 총괄 지휘한 한국의 최고위 통상정책 담당자가 이 약제비 적정화 방안에 관해 우리 정부가 발표하기도 전에 미국 정부에 미리 알려주고 한국 정부의 주권적 결정사항이라 할 이 정책 방안을 FTA협상 틀 내로 끌고 들어가기 위해 "죽도록 싸웠다"면 이는 큰 문제가 있는 게 아닌가 말이다.

앞에서 필자는 한미FTA라는 게 단순히 관세철폐 등에 초점이 맞춰진 무역 협정, 통상 협정이 아니라는 걸 강조했지만, 우리가 한미FTA를 깊숙이 들여다보기 위해서는 미국은 과연 이를 어떻게 바라보고 접근했는지를 파악하는 것도 중요하다고 본다. 미국이 한미FTA를 어떻게 바라봤는지는 주한 미 대사가 본국에 보낸 비밀 전문이나 미 국무장관의 발언 등을 살펴보면 잘 드러난다.

'위키리스크'가 폭로한 주한 미 대사관 외교전문에 따르면 2009년 당시 주한 미 대사였던 캐슬린 스티븐스는 9월 24일 본국에 보낸 문서에서 "한미FTA는 한국에서 중국의 영향력이 커지는 시기에 한국을 미국에 묶어두는 역할을 할 것"이라고 했다. 이는 미국이 자국의 경제적 이익 확보를 위해 한미FTA를 체결하려 했을 뿐만 아니라 '한국을 자국의 영향권 하에 계속해서 단단히 붙들어 매어두기 위한 도구'로 한미FTA를 바라봤다는 걸 의미한다고 할 수 있다. 미국 입장에서 한국과의 FTA는 자국의 경제적 이익 확보를 위한 것이었음은 말할 것도 없고 정치적·전략적 효과를 겨냥한 정책이었다는 것

역사의 갈림길에 선 대한민국

이다.

힐러리 클린턴 미 국무장관이 자신의 퇴임 연설서 밝힌 발언 내용 또한 미국이 한미FTA를 어떻게 바라봤는지를 잘 보여준다고 할 수 있다. 2013년 1월 31일 행한 퇴임 고별사에서 클린턴 장관은 "아시아·태평양 지역에서의 동맹 및 경제·안보 협력을 강화하는 것이 중요하다"고 강조하면서 "한미FTA는 미국의 아시아 재균형 전략의 일환"이라고 했기 때문이다. 미국의 '아시아 재균형 전략'이란 잘 알려져 있다시피 중동에 쏠렸던 미국의 외교·안보 정책의 중심을 아시아로 회귀시키는 것으로 그 핵심은 중국 견제다. 미국은 바로 이러한 틀로 한국과의 FTA를 바라봤다는 것이다.

결국, 미국 입장에서 한국과의 FTA는 자국의 경제적 이익 확보 차원을 넘어 정치적·전략적 의도가 깊숙이 내장된 정책이었다. 미국의 국제관계·외교 전문가인 조지프 나이는 이미 2006년에 미국의 대對 아시아 전략으로 군사동맹과 함께 FTA를 들었다고 하지 않는가. 한국 정부는 FTA를 전적으로 '시장의 확장'이나 '수출 확대'라는 측면에서 바라보지만 미국 같은 강대국에 있어 FTA란 경제의 영역을 뛰어넘어 국제정치의 영역이라고도 할 수 있다.

주지하다시피 한미FTA는 미국 트럼프 행정부의 압력으로 2018년 개정됐다. 미국 재무장관을 지낸 래리 서머스 하버드 교수는 "한미 FTA와 나프타(NAFTA·북미자유무역협정)에서 알아야 할 점은 (그것들이) 미국에 원래 유리하다는 것"이라고 얘기한 적이 있는데, 사실 한미FTA가 이처럼 "미국에 원래 유리한 것"이라고 할 수 있는데다가 한국은 2010년 재협상으로 추가적인 양보를 해야 했고, 2018년 개정으로 더욱더 불리해졌다고 할 수 있다.

2018년 개정 협상에서 가장 핵심적인 사안은 자동차 분야였다. 이 분야의 개정 내용을 보면 한국의 안전·환경 기준엔 미달하더라도 미국의 기준을 충족한 경우, 한국에 수출할 수 있는 미국산 자동차가 업체당 연 2만5000대에서 5만대로 확대됐다. 또 당초 미국은 화물자동차(픽업트럭)에 대한 관세 철폐를 2021년 하기로 돼 있었으나 이를 20년 유예시켜 2041년 철폐하기로 했다(한국산 픽업트럭의 미국 시장 진출이 20년간 막히게 된 것임). 아울러 미국 기준에 따라 수입되는 차량에 장착되는 수리용 부품에 대해 미국 기준을 인정하기로 했다.

미국이 이처럼 자동차 쿼터 확대를 강하게 밀어붙여 관철시켰는데, 여기엔 겉으로 잘 드러나지 않는 미국의 노림수가 들어 있었다. 2017년 기준, 포드와 GM 등 미국 자동차 회사의 업체 별 대한국 수출 물량은 1만대도 안 된다. 그런데 왜 미국은 이 사안을 그렇게 강하게 밀어붙였던 것일까? 그것은 미국이 향후 자동차 시장의 패러다임 변화와 자국 자동차 산업의 미래를 염두에 뒀기 때문이라 할 수 있다. 미국 업계는 지금 전기차에 엄청난 투자를 하고 있고, 수출 쿼터에는 당연히 전기차도 포함된다[2021년 새로 출범한 바이든 행정부는 소비자 인센티브를 포함해 1740억 달러(약 195조7000억원) 규모의 전기차산업 투자 계획을 발표하는 등 대규모 재정 지출을 통한 전기차 지원책을 잇달아 내놨다]. 앞으로 자동차 시장의 패러다임이 바뀌고 미국산 전기차가 한국에서 잘 팔리게 되면 미 업체 당 수출 쿼터 5만대도 모자랄지 모른다.

한미FTA 개정 협상 타결 직후 김현종 통상교섭본부장(문재인 정부에서 다시 통상교섭본부장에 임명됨)은 자동차 부문의 피해가 미미하다고 했고, 협상 결과를 국무회의에 보고하면서는 "미국에 '빛 좋은 개살구'만 주고 왔다"고 했다. 과연 정말로 그런 것인가? 미국이 바보가 아닐진대 '빛 좋은 개살구'만 얻겠다고 한미FTA 개정을 그렇게도 강하게 압박했던 것일까? 줄 것 다 주고 와선 이런 식으로 사실을 호도해선 안 된다고 본다. 자동차 분야는 말할 것도 없고 건강보험심사평가원에서 개정 중이던 '글로벌혁신신약 약가우대제도[15]'를 한미FTA에 합치하는 방향으로 개정안을 마련하기로 합의하는 등 미국의 요구가 이번 개정안에 대부분 반영됐다. 게다가 이처럼 미국의 요구가 대부분 반영된 개정안조차도 미 무역확장법 232조(특정 수입 제품이 미국의 안보에 위협이 된다고 판단되면 고율의 관세를 부과하거나 수입을 제한하도록 하는 등의 초강력 무역제제 조치를 규정한 조항임–예컨대, 자동차 수입도 '안보 위협 요소'로 적시될 수 있으며, 한국산 자동차에 이 조항이 적용되면 최대 25%의 관세 폭탄이 떨어질 수 있음)에 의해 언제든 무력화될 우려가 있다.

한미FTA 개정 협상 결과와 관련해 문재인 정부와 국내 대부분의 언론은 한국 쪽 성과로 ISDS의 손질을 꼽았었다(앞에서 이미 얘기했듯이 ISDS는 그간 대표적인 독소조항으로 지적돼 왔다). 하지만 이는 그 배경을 좀 깊이 들여다보면 그렇게 내세우거나 평가할 만한 게 못 된다.

---

15 이는 국내에서의 임상시험 수행 등을 통해 국내 보건 의료 향상에 기여도가 큰 신약의 값을 높게 책정해 주는 제도인데, 미국은 이것이 한미FTA 원칙에 어긋나는 차별적 조치라며 문제를 제기했다. 국내 제약회사의 신약 개발을 지원하기 위한 제도를 미국이 자국에 불리한 제도라며 개정을 요구한 게 아닐 수 없다.

왜냐하면 청구 남발 방지 등의 내용이 이번 개정안에 들어가게 된 것은 미국 트럼프 행정부가 NAFTA(북미자유무역협정) 재협상에서 '사실상의 ISDS 폐기'를 추진한 것과 연관이 있는 것이기 때문이다. 트럼프 행정부는 미국 기업이나 자본의 해외 투자를 억제, 외국 대신 자국에 투자토록 해 자국의 일자리를 늘리려 하는데 정책의 초점을 맞춤에 따라 오히려 해외 투자자의 권리를 보호하기 위한 각종 통상 규범을 손보려 하거나 ISDS 조항 제한을 요구했다. 다시 말해, 기존 미국 정부의 입장과는 정반대라는 얘기가 아닐 수 없다. 사정이 이러한데도 ISDS 조항 손질을 한미FTA 개정의 한국 쪽 성과로 내세우거나 평가하는 것은 이상한 게 아닌가 말이다.

세계적인 경제학자인 조지프 스티글리츠 교수는 한미 FTA 개정 협상 타결 직후 국내 한 신문과 가진 인터뷰에서 한미 FTA 개정 협상에 대해 이렇게 평가했다. "한국이 미국의 개정 요구를 받아준 것은 큰 실수라고 생각한다. 한국 정부는 비판받아도 할 말이 없게 됐다. 어떤 나라도 일방적으로 다른 나라에 규제 완화나 규제 철폐를 요구할 수는 없다. 한국은 미국의 요구에 따라 자동차에 관한 안전·환경 규제를 완화했다[16]. 내가 한국 사람이라면 분노했을 것이다"라고.

노무현·이명박 정부를 거치며 동시다발적 전방위 FTA 정책이 마치 한국의 국가 전략이라도 되는 듯 강력히 밀어붙여졌는데, 사실 이 같은 정책을 두고 무슨 전략이라고 할 수 있는지부터가 좀 의문

---

[16] 한국의 안전·환경 기준엔 미달하더라도 미국의 기준을 충족한 경우, 업체당 5만대까지 수입을 허용했다는 걸 두고 하는 얘기다.

스럽다. 왜냐하면 산업정책이라고 할 만한 것도 없이 무조건 개방 일변도로 나가는 게 어떻게 전략이 될 수 있는지를 잘 모르겠기 때문이다. 물론 경제발전 수준이 비슷한 나라 사이에선 대부분의 경우 자유무역이 서로에게 좋은 것일 수 있다. 하지만 발전 단계나 수준이 다른 나라 사이에 FTA를 할 경우 선진국이 이익을 누릴 가능성이 크다. 공산물 관세만 하더라도 선진국들이 더 낮기 때문에 FTA를 하게 되면 선진국에 더 유리한 셈이고, 또 FTA를 맺게 될 경우 후발국 입장에서는 새로운 산업을 육성하거나 개발하는 것도 어렵게 된다. 노무현 정부 당시 한미FTA가 한창 논란이 됐을 때 한미FTA를 찬성하는 쪽에서는 "그럼 쇄국을 할 것이냐"고 했는데, 이는 억지에 가까운 것이었다. 왜냐하면 "한국은 한미 FTA, 한EU FTA 체결 이전에도 이미 충분히 개방된 나라"였기 때문이다.

노무현 대통령은 말할 것도 없고 이명박 대통령 역시 FTA를 참으로 강하게 역설했었다. "한미FTA가 비준되면 (한국은) 미국보다 넓은 경제 영토를 가지게 된다"느니 "한미FTA가 발효되면 국토는 비록 작지만 경제 영토는 세계에서 가장 넓은 나라가 될 것"이라느니 하면서 FTA 체결이 한국의 경제 영토를 넓히는 것임을 강조하고 또 강조했다. 하지만 이는 한국과 FTA를 맺는 나라의 시장은 모두 한국의 경제 영토가 된다는 식의 얘기로 한마디로 황당한 주장이라 할 수 있다. 왜냐하면 FTA란 특정 국가끼리 무역장벽을 낮추거나 없애는 것 등을 통해 자유무역을 하자는 것이지 경쟁을 하지 말자는 것이 전혀 아니기 때문이다. 우리가 상대국 시장에 쉽게 진출할 수 있는 만큼 우리의 시장 또한 열어줘야 하고, 또 상대국이 우리하고만

FTA를 하는 것도 결코 아니다. 우리의 경쟁력이 상대국보다 떨어질 경우 경제 영토를 넓히기는커녕 도리어 빼앗길 수밖에 없다. 그런데도 한국과 FTA를 맺는 나라의 시장은 모두 한국의 경제 영토가 된다는 식으로 얘기하고 있으니, 이는 상황을 오도하거나 국민을 기망하는 것이라고 해야 하지 않겠는가.

한국과 같은 중소 규모의 나라가 전 세계를 대상으로 동시다발적 전방위 대외자유화정책을 편 사례는 세계경제사적으로도 드물지 않을까 한다. 이런 식의 동시다발적이고 무차별적인 FTA 확대 정책을 계속 밀고 나가면 한국은 대외경제정책을 구사할 수 있는 전략 공간이 줄어들거나 대외경제정책의 운신 폭이 좁아질 수 있다. 게다가 이런 무차별적인 FTA확대 정책은 한국 경제의 근본 문제인 '과도한 대외의존형 경제구조'를 더욱 심화시킬 수도 있다. 한국 경제의 구조적 문제와 체질을 중·장기적 관점에서 체계적으로 개선·강화해 나가려는 노력은 제대로 하지 않고 이처럼 'FTA 확대'에만 힘을 쏟다시피 하는 것은 올바른 정책 방향이라고 하기가 어렵다.

3

'공정시장질서' '보편복지'
경제민주화 논쟁의 허실

근래 한국 경제의 화두처럼 떠올랐던 것은 '경제민주화' 문제였다. 정치권에서도 정파를 막론하고 이 '경제민주화'를 참으로 열심히 입에 올렸다고 하지 않을 수 없는데, 사실 그것들은 알맹이가 별로 없는 것이었기에(그렇다고 그게 의미가 없었다는 것은 아니다) 그에 대한 언급은 생략하기로 하고, 이른바 "개혁·진보 성향"으로 분류되는 일단의 경제학자와 논객들이 이 '경제민주화'를 놓고 격렬한 논쟁을 벌였던 바, 그 논쟁을 짚어보는 것을 통해 이 경제민주화 문제를 한번 살펴보도록 하겠다.

그 논쟁의 한 쪽에선 반칙과 특권 세력인 재벌에 대한 개혁 등을 통해 공정한 시장질서를 확립하는 것이 경제민주화의 핵심이라고 강조한다. 이들의 경제민주화론은 1원1표주의에 기초한 주주자본주의 원리를 받아들이거나 '시장 경쟁의 강화' 또는 '경쟁적 시장질서'를 중시한다. 이에 비해 다른 한 쪽에서는 상대방의 '재벌 해체 또는 약화' 주장이나 '완전한 경쟁적 시장 구축' 강조를 비판하면서 재벌과의 타협 및 보편적 복지국가를 역설한다(보편적 복지가 경제민주화의 핵심이라는 것임). 이 그룹은 주적主敵을 주주자본주의 등을 확산시키는 국제금융자본으로 보며, 재벌을 해체 또는 약화시키기보다는(재벌이 해체돼 쪼개지면 국제금융자본에 넘어갈 위험성이 있다고 봄) 재벌을 활용해 복지국가를 건설하자고 한다.

그러면 경제민주화의 핵심이 **재벌 개혁 등을 통해 공정한 시장 경쟁 환경을 조성하고 경제력 집중을 완화·축소하는 데 있다**고 보는 쪽부터 먼저 들여다보기로 하겠다.

잘 알려져 있다시피 지난 민주정부 시절 재벌개혁의 방법으로 크게 떠올랐던 게 소액주주운동이었다. 그런데 당시 소액주주운동을 벌였던 재벌개혁론자들의 주장처럼 소액주주들, 즉 수많은 투자펀드와 주식투자자들이 기업의 주인 내지 주권자 노릇을 철저히 하면 그게 정말 제대로 된 재벌개혁의 방법이 될 수 있고, 또 그것을 진정한 경제민주주의라 할 수 있을까? 소액주주들은 사실 언제 주식을 처분하고 떠날지 모르는 사람들이다. 그런데도 이들은 주주라는 단하나의 이유만으로 기업의 주인이다. 많은 주주들은 자신들의 이익 극대화를 위해 기업의 직원들을 단지 비용 요소로 바라보며, 대규모 인원 감축 등의 조치를 바람직한 것으로 평가한다. 주주지배 원리

역사의 갈림길에 선 대한민국

내지 주주자본주의가 강화되던 시기에 기업들이 이윤 확대나 정리해고 등을 더욱 맹렬하게 추구했던 것은 결코 우연이 아니었다.

그렇다면 소액주주운동을 전개하는 것—즉, 1원1표주의/1주1표주의에 기초한 주주지배 원리를 불러들이는 것—을 통해 소액주주들이 기업의 주인 내지 주권자 노릇을 철저히 하도록 하는 것은 제대로 된 재벌개혁의 방법도 아니며, 진정한 경제민주주의도 아닐 것이다. "소액주주운동이 활성화되면 될수록 주주 혹은 주식투자자들만이 기업의 주인이라는 인식이 강화될 것"이며, 이 같은 주주 중심주의, 주주자본주의를 심화시키는 방식의 재벌개혁 방법은 되레 재벌과 금융자본(해외 투자펀드 등)이 공생하는 과두지배체제를 강화하고 양극화와 불평등을 더욱 깊게 할 가능성이 크다.

이들 재벌개혁론자를 비롯해 공정 시장질서 구축을 강조하는 기존의 경제민주화론자들은 '재벌개혁 등을 통해 공정한 시장질서가 수립되면 공정한 가격 메커니즘(임금 및 하청단가 포함)이 작동, 공정한 시장분배가 이뤄짐으로써 소득 양극화가 크게 개선될 것'이라고 한다. 하지만 과연 이들이 말하는 것처럼 공정한 시장경쟁질서가 구축되면 정말로 적절한 소득 분배 등이 이뤄져 형평과 정의의 가치가 좀 더 많이 실현될 수 있고, 그리하여 우리 사회가 좀 더 공정·공평한 세상이 될 수 있을까?

그러면 공정한 시장질서란 게 과연 뭘 의미하는 것인지를 살펴보지 않을 수 없다. 공정한 시장질서란 단지 "시장경쟁 절차의 공정성"을 의미할 뿐이다. 누구나 다 경쟁적 시장에 참여할 기회를 가질 수 있고 공정하게 경쟁하면 그것으로 끝이다(공정한 시장질서 그 자체는 '분배의 형평성'과 별 상관이 없다). 그런데 시장에서 아무리 공정한 경쟁이 이뤄진다 하더라도 시장은 '1원1표'의 원리를 기초로 하여 움직이지 않는가. **시장이 가장 공정하게, 가장 완벽하게 작동할 때조차도 불평등은 심화된다.**

요컨대, 재벌개혁 등을 통해 공정한 시장경쟁질서가 수립된다고 하여 분배의 형평성이나 정의의 가치가 더 많이 실현되는 게 아니린 것이다(물론 재벌개혁은 필요하다). 다시 말해, 이른바 '공정 경제'가 확립된다고 하여 적절한 소득분배 등이 이뤄져 공정·공평한 사회가 이룩되는 게 아니란 얘기다.

중소기업에 대한 재벌·대기업의 쥐어짜기 관행이나 갑질 행위 등은 마땅히 개혁되고 시정되어야 한다. 하지만 경제민주화의 핵심이 재벌개혁으로 협소화되거나 '공정 시장질서 확립'이라는 자유주의적 관점으로 좁혀져선 안 된다고 본다. 그런 식의 경제민주화는 앞에서 살펴본 바와 같이 많은 한계를 갖는 것이 될 수밖에 없기 때문이다. 아무리 공정한 시장질서가 수립된다 해도 그것은 불평등의 심화를 막을 수도 없고, 노동권의 개선을 이뤄낼 수도 없다. 경제민주화는 재벌을 개혁하거나 불공정한 시장질서를 바로잡는 차원을 뛰어넘어 자본주의 시장경제체제 그 자체에 내재된 문제들, 즉 불평등 문제나 노勞-자資 갈등 문제, 노동권 문제 등을 그 중심적 내용으로 해야 한다는 것이다.

그러면 이제 '재벌 개혁-공정 시장질서 확립'을 강조하는 기존 경제민주화론자들을 비판하면서 **'재벌과의 타협-보편적 복지국가'**를 강조

162

하는 그룹을 살펴보기로 하겠다.

이들 논자는 잘 알려져 있듯이 주주자본주의나 신자유주의를 강력히 비판하는데, 이들의 주요 논점의 하나가 바로 주주자본주의 등을 확산시키는 국제금융자본과 한국의 재벌을 이분법적으로 바라본다는 것이다. 그런데 과연 한국재벌과 국제금융자본의 관계를 이렇게 보는 게 현실을 제대로 반영한 것이라 할 수 있을까? '재벌 개혁-공정 시장질서 확립'을 강조하는 기존 경제민주화론자들이 이들 논자를 비판하는 핵심 지점 역시 바로 이 대목이다. 즉, 이들이 재벌을 한국의 신자유주의 지배세력에서 떼어 내 버리거나 이들 논자의 관점에선 재벌이 '국제금융자본의 공격을 받는 대상' 혹은 '국제금융자본으로부터 보호돼야 할 존재'로 설정된다는 것이다.

외환위기 이후 국제금융자본이라는 강력한 세력의 유입은 잠시 동안 한국재벌과 국제금융자본 사이에 긴장을 불러일으켰다. 왜냐하면 국제금융자본이 재벌기업의 경영권 등에 관심을 가질 수도 있었기 때문이다. 하지만 이들 양자 관계는 곧바로 공생 관계로 전환된다. 국제금융자본 입장에서는 재벌기업이 경영권 교체 등으로 인해 그 안정성이 흔들릴 경우 자신들의 수익 구조에 부정적인 영향이 초래될 수 있었던 데다 무엇보다 '신자유주의 세계화'로 말미암아 외국자본과 국내자본이 융합하게 되는 상황이 벌어졌기 때문이다. "1997년 이후 구조조정의 핵심은 국내 재벌과 외국 자본이 소유권을 융합해 초국적인 지배력을 형성함으로써 한국 사회에 대한 자본의 권력을 강화하고 축적을 확대한 것"이라는 지적은 당시의 상황을 압축적으로 잘 드러낸 게 아닐까 한다. 외환위기 이후 주요 재벌 대기업의 주식 지분 구성에서 외국인 투자자들의 비중이 크게 늘어났음에도 불구하고 재벌 대기업들은 이른바 '주주가치 경영'을 활용함으로써 자본소유자로서 막대한 자본축적을 했다. '주주가치 경영' 혹은 '주주자본주의의 강화'로 해외자본만 이익을 얻은 게 아니라 한국재벌 역시 그 수혜자였다는 것이다.

'재벌과의 타협-보편적 복지국가'를 역설하는 논자들은 '재벌경영권'과 '복지국가'의 빅딜을 강조하지만, 과연 이들이 말하는 바의 '재벌의 양보와 타협을 통한 복지국가 건설'이 가능할까? 누군가는 이런 식의 복지국가 건설 주장이 "주주자본주의의 문제성이나 폐해를 모른 채 소액주주운동을 전개하거나 이를 지지한 재벌개혁론자들과 일부 경제민주화론자들의 생각만큼이나 순진한 것"이라고 했는데, 작금의 한국 현실에서 '재벌의 양보와 타협을 통한 복지국가 건설'은 아무래도 쉽지 않은 것이라고 해야 하지 않을까 한다.

지금까지 이른바 "개혁·진보 성향"으로 분류되는 일단의 경제학자와 논객들이 경제민주화를 놓고 벌인 논쟁을 짚어보는 것을 통해 경제민주화 문제를 살펴봤는데, 필자가 보기엔 경제민주화는 '1원1표'로 움직이는 시장 원리 내지는 시장의 힘을 사회 전체의 운영 원리인 민주주의로 제어하는 것을 바탕으로 하여 교섭 주체로서의 노동자의 권리를 보장하는 것을 그 중심 요소로 포함하는 것이 돼야 한다고 여겨진다.

제4장

세력전환기의
생존전략 문제

1

미중 패권 경쟁과
동북아 지각판의 요동

대외적 차원에서도 한국은 실로 엄청난 도전에 직면해 있다. 중국의 급부상으로 인해 한반도를 둘러싼 동아시아의 지정학적 역학관계에 구조적 변화가 일어나고 있음은 말할 것도 없고 **세계질서의 판이 통째로 흔들리는 대격변의 시기**를 맞고 있기 때문이다.

사실 한국은 1980년대 말의 냉전 해체로 이미 그 이전과는 상당히 다른 국제정치적 상황에 처하게 됐다. 과거 냉전시기의 국제질서는 미국과 소련을 중심으로 하는 단순한 양극 체제였기 때문에 그 체제적 제약성이 너무나 컸고, 그러했기에 우리 자신의 전략을 추구할 수 있는 공간이 별로 없었던 반면, 우리의 생존을 위한 고도의 방책과 능란한 외교력도 크게 요구되지 않았다. 그런데 냉전 해체 이후

역사의 갈림길에 선 대한민국

상황이 달라졌다는 얘기다. 즉, 우리는 냉전시기에 비해 상대적으로 자율적인 전략 공간을 어느 정도 갖게 된 반면, 미·중·일·러 등 4대 열강을 동시에 상대해야 하는 '탈냉전의 바다'를 헤쳐 나가야 하게 됐던 것이다.

게다가, 이제 한국이 처한 대외적 여건과 환경은 더욱 험난해졌다 하지 않을 수 없다. 미중 간 전략경쟁/패권경쟁이 격화하고 있기 때문이다.

복수의 강대 세력에 동시에 대처해야 하는 이와 같은 상황은 우리에겐 익숙지 않은 것이라 할 수 있다. 왜냐하면 우리의 생존은 중국과의 오랜 종주국 관계(이런 관계를 매우 오랫동안 이어오다 100여 년 전 한반도는 열강에 노출됐고, 곧바로 일본의 식민지로 전락했음), 일본에 의한 식민 지배, 미국과의 후견적 종속관계 혹은 압도적 비대칭 관계 등을 통해 유지 또는 굴절돼 왔기 때문이다. 이는 곧 우리가 복수의 강대 세력을 동시에 상대한 역사적 경험이 그만큼 적었다는 것, 강대 세력들을 동시에 상대하는 방법이나 전략을 익힐 기회가 그만큼 적었다는 것을 뜻할 테다.

그러면 지금부터 작금의 이 거대한 세력전환기를 한반도 주변 4대 열강인 미·중·일·러의 움직임을 중심으로 하여 좀 자세히 살펴 보도록 하겠다.

먼저 **중국**부터 한번 보자. 중국은 이제 경제력은 물론이요, 막강한 군사·외교력까지 갖춤으로써 명실상부한 '세계 양강'의 위치로 올라섰다. 중국식 세계화 전략인 일대일로一帶一路 정책과 이를 위한 아시아인프라투자은행AIIB 설립 등을 통해 중국은 미국 중심 세계질서에 균열을 내면서 '새판 짜기'를 시도하고 있다. 새로운 '중화 제국'을 향한 대국 행보를 가속화하고 있다고 할 수밖에 없다.

중국의 핵심 전략이자 중국 '천하주의'의 표현인 일대일로는 잘 알려져 있다시피 육·해상 신 실크로드를 동시에 구축하겠다는 거대 구상이다. '일대一帶'는 중국, 중앙아시아, 유럽을 연결하는 육상 실크로드를, '일로一路'는 동남아, 서남아, 아프리카, 중동, 유럽으로 이어지는 해상 실크로드를 지칭한다. 이는 동아시아에서 유럽에 이르는 지역에 도로·철도·항만·파이프라인·통신을 포함한 각종 인프라시설의 건설 등을 통해 공동의 경제발전과 협력을 꾀하는 구상이라 제시되고 있지만, 그 밑바닥엔 시진핑 주석의 '중국몽中國夢' 실현을 위한 엄청난 전략적 고려가 깔려있다. 육·해상 신 실크로드 구축 과정에서 실행되는 인프라 투자와 무역 전략은 중국의 영향력 확대 의도와 지정학적 야심을 깊숙이 내장하고 있다. 자국의 과잉 생산 해소, 금융 전쟁, 에너지 확보, 새로운 국제 기술표준을 둘러싼 경쟁 등과도 관련된 이 일대일로는 '미국 중심의 기존 지정학에 대한 도전이자 미국의 의지가 크게 반영된 현 지구촌 공간에 대한 재편 시도'라고 할 수 있다. 중국은 바로 이 일대일로를 지렛대로 하여 신국제질서를 만들려 하고 있는 것이다.

이 일대일로에서 특히 주목할 것은 해상실크로드이다. 중국은 지금 남중국해[1]에 인공섬을 건설[2], 그곳에 군사 기지와 활주로를 세우

---

1 이 해역은 한국과 일본 원유 수입량의 90%, 중국 원유 수입량의 80%가 통과하는 등 세계

역사의 갈림길에 선 대한민국

는 등 이 해역을 '중국의 앞바다'로 만들고 있다. 이에 대해 기존 해양 패권을 쥐고 있는 미국은 매립한 인공섬을 기준으로 설정한 영해는 인정할 수 없다며 강력 반발, '항행의 자유' 작전을 실시하고 있다. 2018년 4월 미국과 중국의 항모전단이 남중국해에 동시 진입하는 일이 있었는데, 이는 미중 패권 경쟁을 상징하는 장면이었다. 같은 해 9월엔 미국에 의한 '항행의 자유' 작전 수행 중 미 해군 구축함과 중국 함정이 41m까지 접근, 일촉즉발의 사태까지 벌어지기도 했다. 현재 진행되고 있는 미중 패권 경쟁의 최전선에 이 남중국해와 대만이 자리 잡고 있다고 할 수 있다.

중국은 2025년까지 일본 오키나와-대만-필리핀-남중국해-말레이시아 쪽으로 이어지는 이른바 제1도련선島鏈線(섬을 사슬처럼 이은 가상의 선으로 중국 해군의 작전 반경을 뜻함) 내로 미국의 군사력이 들어오지 못하게 하면서 그 안쪽 해상을 자국이 완벽하게 통제하겠다는 계획을 세워놓고 있다(한국의 수출입 물동량은 바로 이 제1도련선 안쪽 바다를 통과하기 때문에 이게 현실화되면 중국이 한국의 목줄을 쥐는 형국이 된다). 중국은 종국적으로 일본 동쪽 해상에서 사이판-괌-인도네시아로 이어지는 이른바 제2도련선 밖으로 미국을 밀어내려 한다.

중국이 그리는 해상실크로드는 이에 그치지 않는다. 그것은 파키스탄, 중동, 지중해로 이어진다. 중국은 해상실크로드의 건설을 위해 캄보디아(코콩), 말레이시아(믈라카 게이트웨이), 인도네시아(탄중프리오

해상 수송로의 전략적 요충지다.

2 중국은 암초와 산호초에 인공섬을 조성하고, 이 인공섬을 기준으로 12해리(약 22km) 영해권을 주장한다.

크), 미얀마(차우퓨), 방글라데시(치타공), 스리랑카(함반토타), 파키스탄(과다르), 오만(두큼), 지부티(도랄레) 등의 항구에 엄청난 전략적 투자를 하고 있으며, 곳곳의 항구를 연결, 해군기지 네트워크까지 구축하고 있다(이 같은 중국의 강력한 해상 장악 전략에 맞서는 것이 바로 미국의 인도·태평양 전략임). 2014년 중국 해군연구소는 파키스탄의 과다르, 스리랑카의 함반토타, 아프리카 동북부 홍해 입구에 있는 지부티 등을 자국의 이익을 지키기 위한 핵심 지역이라 밝히기도 했다.

중국은 현재 중동, 아프리카에서 각종 에너지를 자국으로 수송하려면 말레이시아, 인도네시아, 싱가포르 사이에 있는 믈라카 해협을 통과해야 하는데[3], 이 '믈라카 딜레마'의 해결 또한 일대일로의 핵심 겨냥점이 아닐 수 없다. 중국은 파키스탄, 미얀마, 말레이시아의 인도양에 면한 항만들을 대규모로 개발, 이들 항만에서 중국 서부지역으로 이어지는 도로, 철도, 송유관을 건설하려 한다. 이게 실현되면 믈라카 해협을 경유하지 않고도 에너지 수송의 길이 열리는 것이다. 즉, 믈라카 해협이 봉쇄된다 해도 자국의 생명선을 확보할 수 있다는 얘기다. 사실 중국의 일대일로 구상은 육·해상 신 실크로드 구축을 통해 그동안 해양세력에 의해 분절됐던 유라시아 대륙 내부와 해안의 유기성을 살리고자 하는 전략이라고도 할 수 있는데, 여기서 그 의미가 어느 정도 드러난다.

일대일로 추진이 본격화하면서 중국의 아프리카 진출 확대도 가

---

3 중국 에너지 수입의 80% 이상이 이 해협을 통해 이뤄지는데도 중국은 이 해협에 대한 영향력이 거의 없어 미국이 믈라카 해협을 틀어막으면 중국의 최단거리 에너지 운송로는 차단된다.

역사의 갈림길에 선 대한민국

속화하고 있다. 최근 아프리카에 건설된 철도와 도로·공항시설은 거의 전부가 중국의 자금·기술로 추진된 것이라고 보면 될 정도라고 한다. 그동안 아프리카에 투자됐던 중국 자금이 1000억 달러(약 112조원)를 넘었는데, 2018년 9월 베이징서 열린 중국·아프리카 협력포럼FOCAC 정상회의에서 시진핑 주석은 600억 달러(약 68조원) 추가 지원을 약속했다[4]. 이 FOCAC 정상회의에는 아프리카 54개국 중 단 한 나라—아프리카 유일의 대만 수교국인 에스와티니(옛 스와질랜드)—만 빠진 53개국이 참석했으며, 참가국 대표 중 대통령만 41명이었다. 아프리카에 대한 중국의 영향력이 얼마나 압도적인지가 여기서 그대로 드러난다. 당시 '신新 조공외교'라는 말이 등장했을 정도였다. 중국은 홍해 입구 요충지인 지부티에 첫 해외 군사기지까지 건설했다.

중국은 국방 예산도 대대적으로 늘리고 있다. 2018년 국방 예산은 전년—2017년 국방 예산은 1조443억 위안으로 최초로 1조 위안을 넘어섰음—비 8.1% 늘어난 1조1100억 위안(약 190조원) 규모였다. 한국(43조원), 일본(52조5000억원), 인도(67조원)의 국방 예산을 합친 것보다 훨씬 큰 규모다. 게다가 중국 국방 예산의 경우, 다른 나라에선 국방 예산으로 잡히는 항목들이 많이 누락된다고 하는데, 이런 '숨은 예산'까지 포함하면 중국의 실제 국방비는 발표되는 액수보다 55% 정도 더 많은 300조원(국방·안보 연구기관인 스톡홀름국제평화연구소 추산)

---

4 이 FOCAC 정상회의가 베이징에서 열리기 며칠 전 일본 아베 총리는 도쿄에서 아프리카 전직 국가 지도자들이 참석하는 '아프리카 현인(賢人) 회의'를 출범시켰는데, 이는 아프리카에 대한 중국의 세력 확장을 견제하려는 것이었다.

에 이를 수 있다고 한다. 그리고 외교 예산도 대폭 증액하고 있는데, 2018년 외교 예산은 전년 비 15.6%나 증가한 600억 위안(약 10조원)이었다. 미국과의 패권 경쟁에서 공세적인 외교 정책을 취해 나가겠다는 뜻으로 읽힌다고 할 수 있다.

중국은 그동안 미국에 대해 자국의 핵심 이익을 존중해 달라는 수세적 차원에서의 '평등한 양자관계'를 강조한 '신형대국관계'[5]를 주장해 왔으나, 이제 여기서 더 나아가 미국과의 경쟁을 본격화하면서 새로운 국제질서의 판을 만들고 세계 규칙의 제정자가 되겠다는 의미가 담긴 '신형국제관계'를 내놓고 있다. 덩샤오핑鄧小平 이후의 도광양회韜光養晦(조용히 실력을 키우며 때를 기다린다)에서 벗어나 분발유위奮發有爲(떨쳐 일어나 할 일은 하겠다)로 대외 기조가 바뀐 것이다. 이런 가운데 중국은 주변국들에 대해 비대칭적 '신新 조공관계'를 추구하는 듯한 모습도 보이고 있다. 중국 외교관의 입에선 "소국은 대국을 따라야 한다"는 말이 스스럼없이 튀어나오고 있는가 하면 중국 선전 기관들은 주변국들이 조공을 바치러 온다는 걸 의미하는 '만방내조萬邦來朝'라는 말을 사용하고 있기도 하다. 한국과 관련해서도 중국은 과거 중화질서하에서 가졌던 한반도에 대한 인식과 태도를 그대로 갖고 있는 듯한 모습을 보이고 있다. 2017년 4월 미국 플로리다에서 열린 미·중 정상회담에서 시진핑 주석은 "한반도는 사실 중국의 일부였다"고 말한 것으로 전해졌다. 뿐만 아니라, 중국을 방문한

---

5 이는 상호 갈등과 대립을 지양하고 서로의 핵심 이익을 존중하는 관계로 나아가자는 것이었지만, 다른 한편으론 역내에서의 중국의 패권을 인정하라는 의미를 담고 있는 것이었다고 할 수 있다.

한국 대통령 특사(2017년 5월 이해찬, 2018년 3월 정의용)를 시진핑 주석이 만났을 때, 중국 정부는 한국 특사를 두 번이나 하석에 앉히는—이는 홍콩 행정장관이나 중국 지방관이 시진핑 주석에게 보고할 때 하는 방식의 자리 배치다—일까지 벌어졌다(주권국가 간의 의전에서 상대국 정상을 대리한 외교 특사는 동급의 대우를 적용해 대등하게 마주보고 앉는 게 국제적 관례다). 심지어 중국의 군사안보 분야에서 상당한 위치에 있는 한 인사는 북핵 문제와 관련, '진실을 말하자면 한반도 문제의 유일한 원인은 미국이며, 미국이 없으면 문제도 없다'고 하면서 '미국이 없다면 한국은 통일된 상태이고 중국의 속국일 것이며, 중국은 속국인 통일 한국에 핵무기를 허용하지 않을 것'이라고 말하기도 했던 것으로 알려지고 있다.

중국 정부는 2049년까지 경제·군사력 모두에서 미국을 따라잡겠다는 목표를 세워놓고 있다. 최근 중국과 미국이 서로 상대국 제품에 고율의 관세를 부과하는 등 '무역 전쟁'에 돌입했는데, 이 역시 겉은 '무역 전쟁'이지만 본질은 '신기술·신산업 패권 다툼'을 포함한 세계 패권 경쟁이다. 그동안 중국 정부는 사물인터넷·인공지능[6]·빅데이터·로봇·우주 장비 등의 첨단산업을 집중 육성코자—이는 경제 분야 경쟁력뿐만이 아니라 군사 분야 경쟁력과도 직결되는 것

---

6 2018년 11월 31일 중국 공산당 중앙정치국이 정치국원 25명 전원을 소집, AI를 주제로 집체 학습을 가졌는데, 이 자리에서 시진핑 주석은 "AI는 신(新)과학기술 혁명과 산업 변혁을 이끄는 전략 기술이자 전 분야를 끌어올리는 선도·분수 효과가 강력한 기술"로 "중국이 세계 기술 경쟁의 주도권을 쥐도록 하는 핵심 수단이자 과학기술, 산업구조, 생산력을 비약시킬 전략 자원"이 아닐 수 없기에 "AI 기초 연구를 강화해 원천·핵심 기술을 중국의 손 안에 넣고 AI 분야에서 앞서 가야 한다"고 역설했다. AI 분야에서 중국은 이미 논문 수·기업 수·특허 수에서 세계 1위인 것으로 알려지고 있다.

임―노력해 왔는데('중국 제조 2025'), 바로 이 같은 첨단산업의 대대적인 발전 도모를 통해 경제력과 군사력, 나아가 총체적인 국력을 끌어올림으로써 미국의 위상을 넘보려 하고 있는 것이다[7]. 시진핑 1인 권력 독점 체제가 장기화할 경우 그 부작용으로 인해 내부적으로 정치적 소용돌이가 발생할 수도 있겠으나, 어쨌든 중국은 미국과의 패권경쟁에서 다양한 전술을 구사하며 지구전을 벌여나가는 방향으로 자신의 대전략을 지속적으로 펼쳐나갈 공산이 크다.

미국은 중국의 이 같은 굴기崛起(우뚝 일어섬)를 그동안 '아시아 재균형 정책' 등을 통해 견제, 저지코자 해 왔다. '아시아로의 회귀'로도 불린 이 '아시아 재균형 정책'은 중동에 쏠렸던 미국의 외교·안보 정책의 중심을 아시아로 회귀시키는 것[8]으로 본질적 차원에서 대對중 압박전략이다. 2017년 집권한 트럼프 대통령은 오바마 행정부의 이 '아시아 재균형 정책'을 수정, 확대하여 인도·태평양 전략을 내놨다. 기존의 안보 파트너인 일본과 호주에, 인도[9]까지 끌어들여 중국의 일대일로 전략에 대응하면서 중국을 더 강하게 압박하겠다는 것이다.

---

7 과학기술 분야의 논문 생산에서 중국은 이미 미국을 앞질렀고, 질적인 면에서도 2016년 사이언스·네이처(세계 과학계의 양대 저널임)에 실린 논문의 20%가 중국인 과학자가 쓴 것으로 나타나는 등 미국을 맹추격 중인데, 네이처는 "현 추세로 볼 때 중국은 2025년 쯤 논문의 질 면에서도 미국을 제칠 것"이라고 전망하고 있다.

8 이의 근본적 배경엔 미국의 '셰일 혁명'이 자리하고 있는데, 미국은 셰일가스 개발로 중동에 대한 에너지 의존도가 급격히 낮아짐은 물론 세계 최대 산유국이 될 수 있어 그 집중적인 관심이 중국 등 아시아로 돌려졌다.

9 인도는 상하이협력기구(SCO·서방 주도의 경제·안보 질서에 대항해 2001년 출범한 기구로 중국과 러시아를 비롯한 과거 공산국가들이 주축임)에도 합류함으로써 미국의 인도·태평양 전략에 일방적으로 따라가기보다는 사안 별로 미·중 사이를 오가며 자국의 국익을 취할 가능성이 크다.

미국은 '자유롭고 열린 인도·태평양'을 강조하면서 앞서 언급했듯 '항행의 자유' 작전을 수행하는 한편, 71년 만에 세계 최강 함대인 태평양사령부의 이름을 인도·태평양사령부로 바꾸기까지 했다. 이 같은 개명은 남중국해를 중심으로 심화하고 있는 중국의 해양 패권 추구를 더 강하게 저지하겠다는 의도가 담겨 있는 것이라고 할 수 있다. 미국은 인도양이 중국의 남진정책과 아프리카 해상 진출을 견제할 수 있는 해역이란 점에 주목하고 있다.

트럼프 대통령은 2017년 11월 열린 한·미 정상회담에서 "한·미 동맹은 인도·태평양 지역의 안보, 안정과 번영을 위한 핵심축"임을 강조했다. 이는 미국이 한국을 인도·태평양 전략에 끌어들이기 위한 압박의 일환이었다고 할 수 있다. 또 인도·태평양 전략을 구체화하여 트럼프 행정부가 같은 해 12월 18일(현지 시간) 발표한 새 국가안보전략NSS 보고서엔 중국을 '인도·태평양 지역에서 미국의 지위를 대체하고 자기 이익에 맞게 지역질서를 재편하려는 국가'로 평가하는 내용이 들어 있었을 뿐만 아니라, "지역 방어 능력 향상을 위해 한국·일본과 미사일방어MD에 대해 협력할 것"이라는 내용도 포함돼 있었다. 이 'MD 협력' 부분은 사드의 한국 배치와 관련해 '10·31 한·중 합의' 과정에서 나왔던 문재인 정부의 이른바 '3불不 입장'— 사드 추가 배치 불가, 미국 미사일방어 체계 불참, 한·미·일 3국 군사동맹 불추진—과는 결이 많이 다른 것이라 하지 않을 수 없다(여기서 우리는 한반도 위로 미중 세력 경쟁이라는 거대한 대결 구도가 펼쳐지고 있음을 다시 한 번 확인할 수 있는데, 사실 지금 한국은 '해양세력과 대륙세력의 21세기 판 대격돌의 충돌점'에 끼여 있으며, 해양국가냐 대륙국가냐의 양자택일을 강요받고 있는 상황이다).

　최근 새로 들어선 바이든 행정부는 영국·호주와 함께 새로운 안보협력체 '오커스AUKUS'를 출범시키며 대중 포위망을 한층 더 강화하고 있다. 오커스의 첫 협력 사업으로 미국이 핵 잠수함 기술을 호주에 이전하기로 했는데, 이는 1958년 '영국으로의 핵잠기술 이전' 이후 63년 만의 일이다(소련이 1957년 세계 최초 인공위성인 스푸트니크 1호를 발사, 지구 궤도에 진입시키는 데 성공하자 과학 기술 분야에서 소련을 압도하고 있다고 생각했던 미국은 큰 충격을 받았고, 위기감이 커지자 소련에 맞서기 위해 영국에 핵 잠수함 기술을 제공했다). 미국은 새로운 경쟁자인 중국을 견제하기 위해 다시 한 번 다른 나라에 핵 잠수함 기술을 넘기기로 한 것이다. 이 '오커스'의 창설을 통해 미국은 인도·태평양 지역에서의 중국의 영향력 확대를 더욱 강력하게 저지, 봉쇄하겠다는 뜻을 드러낸 게 아닐 수 없다. 미국은 호주의 대중 견제 의지와 역량을 높게 평가하고 있기도 하지만 무엇보다 호주가 지정학적으로 남중국해와 서태평양 지역에서 중국의 영향력 확장을 막을 수 있는 전략적 요충지라는 점을 중시하고 있다. 미국 입장에선 호주가 인도·태평양 지역에서 추진되는 반중 포위 전략의 전진기지가 될 수 있는 것이다. 미국은 영국·호주와 사이버 공격 대응, 군사 분야 인공지능AI 등 다양한 방면의 첨단 국방기술 협력을 추진하고, 관련 정보도 공유키로 했다.

　한편, 미국은 중국이 첨단 산업을 집중 육성해 경제·군사적 차원에서 자국을 넘어서려 하고 있다고 보기 때문에 중국의 '기술 굴기'를 강력히 차단, 저지하려 하고 있다. 바이든 행정부 출범 이후 미국은 쿼드(미국·일본·호주·인도 4자 협의체)에서 첨단 기술 협력을 강화하기로 한 데 이어 유럽연합EU과도 무역기술위원회TTC를 설치, 핵심 글로벌 기술 및 무역 이슈에 대한 협력을 두텁게 해 나가기로 했다. 중국의 기술 굴기 견제를 위한 '공조'를 유럽으로까지 확대하고 있는 양상이다.

미국은 국방 예산 압박이란 문제를 안고 있지만 이처럼 동맹국과 파트너 국가들을 묶어 대중對中 견제망 내지 포위망을 촘촘히 구축하고 있다. 파이브 아이즈(미국·캐나다·영국·뉴질랜드·호주로 구성된 영어권 5개국 정보 동맹)·쿼드·오커스·'미-EU 간 TTC' 등 다양한 조합의 중층적 연대로 중국을 전방위적으로 압박하고 있는 것이다 .

그리고 미국은 그동안 '북핵' 문제를 중국을 견제하고 일본을 재무장시키는 데 활용해 왔다고도 할 수 있는데(미국은 정보 공유와 군사 기술 이전 등을 통해 일본을 강화시키려 하고 있다), 사드의 한반도 배치만 하더라도 그것은 '북핵 대응' 측면보다는 미국의 '대중對中 견제 틀'이라는 차원에서 진행된 측면이 짙다.

미중 패권 경쟁이 이처럼 격화하고 있는 가운데 **일본** 또한 전후체제에서 벗어나려 발 빠르게 움직이고 있다. 교전권과 군대를 갖지 않는 평화헌법체제에서 탈피하여 군사력으로 재무장하는 '보통 국가'를 향해 발걸음을 재촉하고 있는 것이다. 일본은 미국이 요구하는 '대중對中 견제 역할 분담'의 수용을 통해 '집단적 자위권'[10]에 대

---

10 일본이 직접 공격을 받지 않더라도 밀접한 관계에 있는 다른 나라가 공격을 받아 일본의

한 미국의 지지를 끌어내는 등 자신의 전략적 이익을 극대화하고 있다. 기존의 미·일 동맹 틀 내에선 일본의 독자적인 군사행동이 미국에 의해 억제돼 왔는데, 이제 그런 '제약'이 풀리고 있다고 할 수 있다. 중국의 급부상이란 사태 앞에서 일본의 군사대국화가 중국을 견제하려는 미국의 전략적 이해와 맞아떨어짐으로써 힘을 받고 있는 것이다. 앞서 살펴본 미국의 인도·태평양 전략도 사실은 일본의 아베 총리가 그 아이디어를 제공한 것이라 할 수 있다. 원래 인도 학자가 고안한 개념을 아베 총리가 2007년 언급하면서 '인도·태평양 라인'이 널리 알려지게 됐는데, 이를 미국 트럼프 대통령이 채택한 것이라 할 수 있기 때문이다. 일본 입장에서 이 '인도·태평양 라인'은 남·동중국해 등의 해역에서 해양 영향권을 확대하고 있는 중국을 견제하기 위한 것이 아닐 수 없다. 일본은 중국에 맞서는 '인도·태평양 라인'의 주축을 맡아 동북아 내 군사적 존재감을 키우며 군사대국화를 향해 나아가고 있다. 최근 일본은 5개로 나뉘어 있던 육상자위대 부대를 하나로 묶어 지휘하는 통합사령부 '육상총대陸上總隊'를 창설하고 우리의 해병대 격인 '수륙기동단'도 만들기로 했다. 1954년 자위대 창설 이후 최초의 '대개혁'이라 할 수 있다. 아베 일본 총리는 이 같은 움직임과 관련해 "종래의 연장선상에서 벗어나 진정으로 필요한 방위력을 만들어 나가겠다"고 했다. 이런 흐름 속에서 일본의 국방 예산은 해마다 기록적으로 증액돼 왔는데, 2021 회계 연도

안전이 위협 받을 경우 세계 어디서든 교전을 할 수 있다는 것으로 이는 결국 일본의 '무력 행사 가능 범위'를 넓히는 것이라 할 수 있다.

역사의 갈림길에 선 대한민국

(2021년 4월~2022년 3월) 국방 예산 편성 규모는 전년 비 약 8% 늘어난 60조8000억원인 것으로 알려졌다. 이 같은 국방 예산 증액은 일본이 오랫동안 내세워왔던 전수방위 원칙—방어를 위해서만 무력을 쓴다는 것—에서 벗어나 '공격적 능력'을 증대시키려는 의도가 담겨 있는 것이라고 할 수 있다. '북핵' 문제 또한 자국의 군비 증강과 보통 국가화의 기회로 활용해 왔음은 말할 것도 없다.

이제 **러시아**를 한번 보기로 하겠다. '무한한 잠재력의 대국' 러시아는 공산체제 붕괴로 인한 충격에서 벗어나 대외적 영향력을 급속도로 재구축하고 있다. 1인 장기 집권 체제를 갖춘 푸틴 대통령은 '위대한 강대국 러시아의 부활'을 외치며 강경한 대외 정책을 구사하고 있다. 러시아는 옛 소련 국가들을 유라시아권이라는 정체성으로 아우르려 하고 있음은 물론 북대서양조약기구NATO의 동진東進에 강력히 맞서고 있다. 친서방 성향 우크라이나에서 대표적인 친러 지역이었던 크림반도—흑해의 전략적 요충지임—를 푸틴이 2014년 병합했는데, 이는 흑해함대 사령부가 있는 세바스토폴항—러시아는 2010년 우크라이나 정부와 협정을 맺어 세바스토폴항을 2042년까지 임대하기로 했지만, 훈련과 병력이동 등에서 제한이 있었음—을 나토의 동진을 막는 교두보로 삼는 효과를 겨냥한 측면이 컸다. 미국 미사일방어MD 체계의 동유럽 배치 추진에 자극 받았던 푸틴은 우크라이나에 친서방 정부가 들어서자 나토가 더욱 동진하여 러시아를 압박할 가능성을 우려했고, 그에 따라 공세적 방어 전략에 기초하여 크림반도를 합병했다고 할 수 있다. 이 우크라이나 사태를 계기로 미국과 유럽 서방국들의 강력한 대對러 경제제재가 이뤄졌음은 주지의 사실이다. 이후 푸틴 대통령은 '신동방 정책'을 강화하게 된다. 서방의 대對러 경제제재로 '서쪽 채널'이 막히게 되자 동쪽으로의 발걸음을 더욱 빨리하게 된 것이다. 푸틴의 이 '신동방 정책'은 원유·천연가스 등 에너지 자원이 풍부한 동시베리아와 극동지역을 개발해 자국의 경제발전을 도모하고, 나아가 동아시아 지역에서의 자국의 주요 행위자로서의 위치를 끌어올리는 동시에 아시아·태평양 진출을 위한 발판도 확보하고자 하는 등의 다층적인 목표를 지닌 것이라 할 수 있다. 러시아는 이 신동방 정책을 적극적으로 추진해 나가기 위한 수단의 일환으로 극동 지역에서의 군사력 증강에도 박차를 가하고 있는데, 특히 태평양 함대에 대한 투자를 지속하는 등 해군력 강화에 상당한 재원을 투입하고 있는 것으로 알려지고 있다. 이런 움직임 속에 근래 러시아는 '보스토크(동방)-2018' 군사훈련[11]을 엄청난 규모로 실시했다(2018년 9월). 우랄 산맥에서 태평양 해안에 이르는 광범한 지역에서 실시된 이 군사훈련은 냉전이 한창이던 때의 '자파트(서방)-81' 이후 37년 만의 최대 규모였다. 이 훈련에 동원된 러시아 군 병력과 군사 장비·함대는 병력 30만명에 전투기 1000여대, 탱크·장갑차 3만6000대, 북해함대 및 태평양함대 등이었다. 이 같은 흐름에 비춰보면 향후 러시아의 '동방 행보'는 가속화할 가능성이 크다고 봐야 할 게다.

---

11 러시아는 이 훈련을 통해 우크라이나 사태 이후 자국에 제재조치를 가한 서방에 위력을 과시하고, 신동방 정책의 추진을 강력한 군사력으로 뒷받침하며, 동북아와 동아시아, 태평양 지역에서의 자국의 영향력을 제고하려는 것으로 보인다.

지금까지 한반도 주변 4대 열강인 미·중·일·러를 중심으로 하여 현재 펼쳐지고 있는 거대한 세력 경쟁의 양상을 살펴봤는데, 결국 세계적 차원에서는 미중 패권 경쟁이 격화하고 있고, 동아시아 지역 차원에서는 '미중 대립·경쟁 구도'에 '중일 지역패권 경쟁 구도'가 더해지고 있는 가운데 러시아도 '동방 행보'를 서두르고 있는 형세이다. 우리는 이 엄청난 세력 경쟁의 소용돌이를 어떻게 헤쳐 나갈 것인가? 이 지정학적 격랑을 어떻게 뚫고 나갈 것인가 말이다.

역사를 돌이켜보면 주변 강대 세력/국가들 간에 세력재편의 큰 바람이 불 때마다 한반도는 전란에 휩싸이거나 식민지로 전락하는 등 심각한 위기를 맞았다. 조선이 병자호란으로 전쟁의 참화를 겪어야 했던 17세기 초는 명-청의 세력교체기였고, 한반도가 식민지로 전락해 간 19세기 말 20세기 초는 청의 급속한 쇠락 속에 일본이 메이지 유신을 통해 새롭게 지역강국으로 떠올랐던 또 다른 세력교체기였다. 우리는 17세기 초의 명-청 세력교체기에 제대로 대응하지 못함으로써 역사적 비극을 맞아야 했고, 19세기 말~20세기 초의 또 다른 세력교체기에 제대로 대응하지 못함으로써 망국의 길을 걸어야 했다.

지금 **안보는 미국, 경제는 중국에 의존하고 있는 상황에서 미중 패권 경쟁이 격화함으로써 우리는 참으로 어려운 처지에 놓이게 됐다.** 사실 진작부터 중국의 부상이 미중 대립을 초래할 것이란 점이 충분히 예상됐었음에도 불구하고 그동안 한국 정부는 전략적 좌표 설정에 대한 고민을 미룬 채 손을 놓고 있었다. 그러면서 전략도 원칙도 없이 미국, 중국과의 마찰을 피하기 위해 이쪽저쪽, 이리저리 눈치를 살피며 회피적·편의적 대응의 모습을 보여 왔다. 이렇게 해서는 강대국들에 무시당하고 그들의 선택을 강요받게 된다. 강대국들이 우리를 어떻게 보느냐는 우리가 어떻게 하느냐에 달려 있다. 장기 전략을 갖고 일관된 원칙에 따라 우리의 목소리를 확실히 내면서 강대국들에 결기 있게 대응해 나가야 한다. 원칙에 따라 당당히 맞서는 결기를 보여주지 못할 때 '함부로 건드려도 되는 약소국' 신세를 면치 못한다. 분명한 원칙을 설정하고 큰 틀의 장기 전략을 수립하는 게 무엇보다 중요하다는 것을 거듭 강조하지 않을 수 없다. '미중 갈등' 속에서 그들과의 마찰을 최소화하고 그들 양 강대국에 휘둘리지 않으려면 한국이 추구하는 가치와 원칙을 확고히 한 다음 그에 입각해 대응해 나가야 하며, 또 작금의 이 거대한 세력전환기를 제대로 헤쳐 나가고 열강의 틈바구니에서 우리의 자주적 생존 활로를 열어가기 위해서는 생존 대전략이라는 전략적 침로가 반드시 있어야 하기 때문이다.

역사의 갈림길에 선 대한민국

2

한반도의 지정학적 조건

우리 공동체의 생존 대전략을 수립하는 데 있어 우리가 먼저 직시해야 할 것은 **한반도의 지정학적 조건**이라고 생각한다. 한반도는 강대국들에 둘러싸여 있는 동시에 대륙세력과 해양세력의 '힘의 충돌지점'에 위치하고 있는 바, 이 같은 지정학적 성격이 그동안 한반도 국가의 운명에 크나큰 영향을 미쳐왔기 때문이다.

역사적으로 한반도는 강대국들의 이해관계에 따라 전쟁의 진앙지가 되기도 했고, 수차례 그 분할이 기도되기도 했다. 이러한 점에 초점을 맞춰 지금부터 한반도의 지정학적 성격을 살펴보기로 하겠다.

먼저 임진왜란 때로 한번 거슬러 올라가 보자. 토요토미 히데요시가 조선 침략의 명분으로 내세웠던 것은 두루 알다시피 정명가도征明

假道였다. 즉, 명나라를 정벌하는데 길을 내놓으라는 것이었다. 1592년 4월 조선을 침략한 일본군은 부산진성과 동래성을 순식간에 무너뜨리고 파죽지세로 북진을 거듭한다. 5월 초 서울 입성에 이어 6월 중순엔 평양까지 점령한다. 명나라 입장에서는 완충지대로서의 조선이 무너지면 자신이 위험해질 수 있었다. 평양까지 밀고 올라간 일본은 '대동강변 분할선'을 명나라에 제안한다. 왜군에 의해 평양이 함락돼 요동이 위험했던 명나라 입장에서는 이 대동강변 분할선이 일종의 완충지대 설정이란 의미를 지닐 수 있었다. 그런데 전쟁의 흐름이 바뀌게 되자 일본은 '경기·충청·전라·경상 등 남부 4도 할양'을 내용으로 하는 조선분할안을 명에 제안한다. 한반도 분할선을 수정, 제의한 게 아닐 수 없다. 하지만 이 분할안은 '대對조선 종주권'을 갖고 있다 여긴 명나라와 조선 조정의 반대로 결국 무산된다. 이처럼 당시의 '조선 할지안割地案'이 현실화하진 않았지만, 어쨌든 그때의 '분할 논의'는 강대국 간에 한반도 분할이 흥정, 기도된 최초의 사례라 할 수 있다.

그 이후 제국주의가 휘몰아친 19세기말 20세기 초 '한반도 분할론'이 다시 부상한다. 1894년 영국 외무장관(존 킴벌리)은 당시 한반도를 두고 첨예하게 맞서던 청나라와 일본에 조선을 분할 점령하면 어떻겠느냐고 제안했다. 당시 쇠락하던 청의 실권자 리훙장은 이 안에 대해 환영의 뜻을 영국에 전했으나, 한반도에 대한 독점적 지배를 겨냥하던 일본은 이를 거부했다. 결국 그해 발발한 청일전쟁에서 일본이 승리함으로써 한반도에 대한 청의 영향력은 소멸한다. 이처럼 청일전쟁에서 청나라가 패해 한반도에서 물러나게 되자 이제 러시아가 등장한다. 러시아는 청일전쟁 뒤 일본이 차지하기로 했던 랴오둥 반도를 다시 내놓게 하는 '삼국간섭'의 주도를 통해 그 존재감을 드러낸다. 이에 눌린 일본은 1896년 한반도 분할안을 러시아에 제안한다. 처음엔 대동강 근처(39도선)를 경계로 하는 분할안을 제안했다가 러시아가 이에 부정적인 반응을 보이자 다시 경성 근처(38도선)를 경계로 하는 분할안을 내놓는다. 하지만 러시아는 이에 동의하지 않았다. 러시아 입장에서는 한반도 남부가 요충지로 인식됐던데다 당시 자국이 조선에서 유리한 상황인데 굳이 그런 거래를 할 필요가 없다고 여겼을 것이고, 또 아직 만주를 장악하지도 못했는데 한반도 북부에까지 발을 뻗쳤다가 영국 등의 견제를 받으면 좋을 게 없다고 판단했을 수도 있다(당시 러시아의 일차적 관심 대상 지역은 만주였음). 이렇게 되어 일단 물러가게 된 러-일 간의 한반도 분할론은 1903년 다시 떠오른다. 1900년에 터진 '의화단의 난'을 계기로 러시아가 만주를 점령하게 되는데, 이는 영국 등을 긴장케 했다. 그리하여 1902년 1차 영일동맹이 체결된다. 이제 오히려 러시아가 수세에 몰리게 된 것이다. 이에 러시아는 1903년 9월 "7년 전 귀국이 제의했던 대로 한반도를 둘로 나눠 갖자"고 일본에 제의한다. 공식 문서엔 "39도 이북의 한반도를 중립지대로 하며, 대한제국의 독립은 러·일 양국이 보장한다"고 돼 있었으나, 실제론 39도선을 분할선으로 하여 양국이 한반도를 나눠 갖는 것이었다. 이 분할안이 무산되면 전쟁으로 갈 상황이었기 때문에 양측은 이를 신중히 검토한다. 일본은 원칙적 찬성 속에 역제안을 한다. 즉, "중립지대의 범위를 만주 남부까지 확대하자"고 한 것이다. 러시아 입장에선 이를 수용하기가 어려웠다. 일본은 마침내 "만주는 러시아에 내준다. 그러나 한반도는 일본이 전체를 지배해야 한다. 이를 받아들일 수 없다면 전쟁뿐이다"라는 입장을 정하고 이를 러시아에 통고한다. 양국 내에선 전쟁으로 맞붙는 것에 대해 신중론도 있었지만 결국 양측 모두 강경파 의견이 득세하게 됨으로써 한반도 분할론은 무산되고 러일전쟁의 포성이 울리게 됐던 것이다. 주지하다시피 일본이 이 전쟁에서 승리했고, 이로써 한반도에 대한 일본의 독점적 지배는 굳혀졌다. 19세기말 20세기 초의 이 같은 상황은 한반도의 근본적인 지정학적 성격을 잘 보여주는 게 아닐 수 없다. 물론 그때가 제국주의 시대였긴 하지만, 그런 시대였기 때문에 한반도의 지정학적 성격이 더욱 선명히 드러났다고 할 수 있다. 아무튼 이 시기는 우리의 생존 문제를 한반도의 지정학적 조건과 국제관계 역학이라는 거시적인 틀 속에서 냉철히 조망해 볼 수 있는 계기를 제공한다고 해야 하지 않을까 한다.

이후 2차 세계대전에서 일본이 패망하게 되자 한반도는 또다시 해양세력과 대륙세력의 힘의 충돌지점이 된다. 2차 세계대전 직후, 그러니까 우리가 일제의 식민 지배에서 해방되었다는 감격과 환희가 채 가시기도 전인 1947년 무렵, 미국 국무성은 소련의 팽창을 저지하기 위해선 한반도 전체를 일본의 재지배에 맡기는 게 좋다는 내용을 담은 '정책 설계도'[12]를 내놓는다[13]. 우리 입장에선 실로 상상조차 할 수 없는 일이 아닐 수 없다. 당시 미국은 소련의 팽창주의를

---

12 이른바 '케넌 설계도'. 대(對)소련 봉쇄정책의 틀을 짜 '냉전의 설계자'로 불리는 조지 케넌이 작성했다.

13 정경모 저 『시대의 불침번』 참고.

역사의 갈림길에 선 대한민국

크게 우려하고 있었다. 그에 따라 그 '정책 설계도'는 "한반도와 만주 지역에 있어 일본의 영향력 및 활동의 재진입을 현실주의적 입장에서 반대하지 않아야 하는 날이 우리가 생각하는 것보다 더 빨리 올 수 있다. 그 지역에서의 소련의 영향력에 맞서고 그것을 약화시키기 위해서는 사실 이것이 유일한 현실적 방안이다"라고 하면서 "현재의 국제정세에 비추어 보면 그와 같은 정책의 타당성을 인정하는 것이 빠르면 빠를수록 좋다"고 하고 있다. 극동지역에서 소련의 남하를 저지하고 힘의 균형을 구축하기 위해서는 한반도와 만주를 포함한 일본의 구 식민지를 다시 일본의 지배에 맡기는 게 가장 현실적인 방법이며, 이것이야말로 미국의 국익에 부합하는 것이란 얘기다. 우리가 일제의 식민지배에서 벗어났다는 그 기쁨과 환호가 채 가라앉기도 전에 한반도를 일본의 재지배에 맡기는 게 좋다는 내용을 담은 '정책 설계도'가 미국에서 만들어졌다고 하니 우리 입장에선 정말 까무러칠 일이 아닌가 말이다. 당시 한반도와 관련한 미국의 관심은 오로지 한반도가 지정학적으로 소련 남하의 길목이라는 데에 있었다. 한반도를 타고 내려오는 소련을 어떻게 저지·봉쇄할 것인가, 그것만이 미국의 관심사였다는 것이다. 국제정치의 냉혹함이 어떤 것인지를 절감하지 않을 수가 없다. 이 '정책 설계도'는 미국이 한반도 문제에 어떻게 접근하려 했으며, 또 대륙세력과 해양세력의 힘의 충돌지점에 위치하고 있는 한반도의 운명이 얼마나 쉽게 강대국들에 의해 무참히 재단될 수 있는지를 잘 보여주는 것이라고 할 수밖에 없다.

두루 알다시피 한국전쟁 당시 맥아더는 만주를 폭격하겠다고 밝혔는데, 여기서 이 '정책 설계도'의 의미가 드러났다고도 할 수 있다. 왜냐하면 군사작전의 범위를 한반도 내로 국한하지 않고 만주까지 포함시켜 광역화한 것은 유사시 극동지역에서 소련의 남하를 저지하고 힘의 균형을 구축한다는, 다시 말해 한반도에서 만주에 이르는 지역을 우선 미군의 군사력으로 점령한 뒤 그 지배권을 일본에 넘겨준다는 바로 그 '정책 설계도'의 내용과 맞닿아 있기 때문이다. 맥아더의 만주 폭격 방침은 제3차 세계대전의 위험성을 우려한 미국 내 비둘기파의 제동으로 실행되진 못했지만(맥아더는 트루먼 대통령에 의해 1951년 4월 11일 파면됨), 그 자체가 전후 미국의 극동정책이 이 '정책 설계도'의 관점에서 추진되었거나, 아니면 적어도 이 '정책 설계도'의 영향을 받았음을 보여주는 것이라고 할 수 있다.

강대국에 의해 한반도가 재단되는 시나리오는 지금도 재현되고 있다. 최근 북핵 문제가 국제적 이슈로 떠오르면서 주변 강대국에서 '한반도 분할'안이 검토되고 있는 것으로 알려지고 있기 때문이다. 미국의 한 싱크탱크는 중국 인민해방군이 실제 검토하고 있는 시나리오를 근거로 하여 '북한 급변사태 시 중국군 개입에 따른 한반도 분할안 4가지'를 상정하고 있다고 한다. 중국은 미군과 국경선에서 직접 맞닥뜨리는 것을 피하려 하기 때문에 해양세력에 맞서는 완충지대로서의 북한이 중요하며, 그렇기 때문에 북한의 현상유지가 최상이라 할 수 있지만, 북한이 핵 도발 등을 계속하여 '급변 사태'가 발생할 경우 그 때에도 중국 입장에선 완충지대를 확보해야 하는 바, 그를 대비하여 한반도 분할 시나리오가 중국 인민해방군에서 검토되고 있다는 것이다. 4가지 분할안 중 그 첫 번째가 중국군이 북·중 국

경선을 넘어 50km 진격하는 경우이고, 두 번째가 영변 핵 시설을 장악할 수 있는 100km까지 진출하는 경우라고 한다. 그리고 세 번째가 중국이 북핵 시설을 접수하고 한·미와는 최단 200km의 대치선을 형성하는 39.5도선 부근(한반도의 '잘록한 목'선에 해당)을 분할선으로 하는 것이며, 마지막 네 번째가 북핵 시설은 물론 평양까지 확보, 사실상 북한의 거의 전 지역을 접수하는 남포~원산 라인을 분할선으로 하는 것이라고 한다. 주변 강대국의 전략적 이해가 한반도에 얼마나 강하게 투영되고 있는지가 이 분할안에서 다시 한 번 드러난다 하지 않을 수 없다.

지금까지 한반도의 지정학적 성격을 간단히 살펴봤는데, 한국은 지정학적 위험에 매우 크게 노출돼 있다. 폴란드와 함께 한국이 세계에서 지정학적으로 가장 취약한 위치에 있는 나라로 꼽힐 정도다. 그렇다고 필자가 지리결정론이나 반도숙명론을 얘기하려는 것은 결코 아니다. 필자가 말하고자 하는 것은 우리 입장에선 한반도의 지정학적 조건을 냉철히 직시하는 게 반드시 필요하며, 그리고 그 바탕 위에서 지정학적 상상력을 발휘하는 것이야말로 창의적인 생존전략을 만들어 내는 데 있어 핵심적 요소가 아닐 수 없다는 것이다.

3

정신적 문제 : 대미 의존과 중화주의

앞에서 한반도의 지정학적 조건을 냉철히 직시할 필요가 있다는 것을 강조했지만, 우리가 제대로 된 생존전략을 만들어 내기 위해서는 지정학적 조건과 같은 그런 구조적 요소와는 전혀 다른 차원의 어떤 근본적인 문제를 극복해야 한다고 본다. 그것은 특정 강대국과의 일방적인 관계에 안주하려는 우리의 '정신적 상황'의 문제라고 생각한다.

이는 현재적·역사적 차원에서 좀 깊이 다뤄질 필요가 있다고 여겨지는데, 이 문제를 본격적으로 살펴보기 전에 그러한 생존전략이 왜 그렇게 중요한지를 간단히 언급하고 넘어가기로 하겠다.

지금 우리의 국가적 역량은 과거 100여 년 전에 비하면 분명 괄목

역사의 갈림길에 선 대한민국

할 정도로 커졌다. 이른바 '세계 10위권의 경제대국'이 되지 않았는가. 하지만 한국이 세계 10위권의 경제대국으로 성장했다 하여 과연 대외적 차원에서의 우리의 생존 문제가 과거와는 전혀 다른 차원에 놓이게 됐다 할 수 있을까? 결코 그렇다 할 수 없을 것이다. 왜냐하면 주변 강대국들에 비하면 한국은 여전히 상대적 약소국의 위치에 있기 때문이다. 국력이란 어디까지나 상대적인 것이다. 누군가는 "한 나라의 흥망성쇠는 자기가 가진 힘과 부가 아니라 이웃나라가 얼마나 더 가졌는가에 의해 좌우된다"고 하지 않았던가. 강대국들에 둘러싸여 있는 한반도의 지정학적 조건으로 인해 대외적 차원에서의 우리의 생존 문제는 한국이 지금처럼 '세계 10위권의 경제대국'이 되었다 하여, 또는 우리가 앞으로 국민소득 4~5만 불 시대를 연다고 하여 극복되거나 돌파될 수 있는 게 아니란 것이다. 한국이 아무리 큰 경제적 발전을 이룩한다 해도 그것이 우리의 자주적 생존의 보장으로 연결되는 게 아니란 얘기다.

국제정치는 예나 지금이나 늘 냉혹하고 위험하다. 고대 아테네인들이 생각했던 국제정치의 본질, 즉 "국가 간의 정의는 동등한 힘을 필요로 하는 것이다. 동등한 힘이 없는 곳에 국가 간의 정의는 없다. 강대국은 자기가 할 수 있는 것을 하는 것이고, 약소국은 그것을 인정할 수밖에 없다"는 것에서 오늘날의 국제정치가 얼마나 달라졌다고 할 수 있는가? 도덕과 정의의 한계가 가장 적나라하게 드러나는 곳이 국제정치의 공간이며 국제관계야말로 폭력이 정당화되는 유일한 영역이라는 식으로 언표화되는 기존의 국제정치적 언술들이 오늘날 그 유효성을 얼마나 상실했다고 할 수 있는가 말이다.

우리가 아무리 큰 경제적 발전을 이룩한다 해도 강대국들에 둘러싸여 있는 한반도의 지정학적 조건으로 인해 대외적 차원에서의 우리의 생존 문제는 여전히 사활적인 것이 될 수밖에 없다. 당장의 동아시아 상황을 한 번 보라. 힘을 중심으로 하는 '권력 정치' 내지는 '세력 균형'의 요소가 강하게 작동하는 가운데 중국, 일본 등 지역 강국들의 자국이익 중심적인 경향 혹은 지역패권 추구적인 경향은 오히려 강화되고 있지 않은가.

물론, EU의 등장에서 볼 수 있는 바와 같이 오늘날의 국제정치 형태가 힘을 중심으로 하는 '권력 정치'에서 지역공동체나 지역연합 같은 것을 중심으로 하는 '협력 정치'로 나아가는 흐름도 존재한다. EU가 국제정치의 새로운 한 형태를 보여주고 있는 것은 분명하지만 우리가 염두에 둬야 할 것은 EU가 등장했다고 하여 국제정치의 근본 성격이 바뀌었다고 할 순 없으며, 또 가까운 장래에 EU 같은 '지역공동체 정치'가 국제정치의 보편적 현상이 되는 것도 쉽지 않다는 점이다. 게다가 향후 국제정치의 형태가 힘을 중심으로 하는 '권력 정치'에서 지역공동체 등을 중심으로 하는 '협력 정치'로 나아간다 해도 우리 입장에선 생존 전략의 중요성이 덜해질 순 없다고 본다. 왜냐하면 국제정치의 형태가 그러한 '협력 정치'의 방향으로 나아간다 해도 어떤 '지역 틀'을 만들 것인가 하는 문제 자체가 중대한 이슈로 떠오를 수밖에 없고, 그럴 경우 우리는 주변 강대국들에 비해 상대적 약소국의 위치에 있는 입장에서 우리의 생존과 번영이 보장될 수 있는 '틀'을 제시할 수 있어야 하기 때문이다.

역사의 갈림길에 선 대한민국

그러면 이제 앞서 얘기했던 대로 우리의 '정신적 상황'의 문제를 본격적으로 살펴보기로 하겠다.

그동안 우리의 대미對美 관계에 깔려 있던 '대외적 자율성의 제약'이란 문제를 과연 어떻게 봐야 할 것인가? 그것이 반드시 구조적 차원만의 것인가? 아무래도 그건 아니라고 해야 할 게다. 왜냐하면 한국 정부 또는 국정 최고책임자의 의지와 정치적 능력, 정책적 판단에 따라 우리의 대외적 자율성을 더 끌어올릴 수 있음에도 불구하고 우리 정부나 국정 최고책임자가 대외적 자율성의 제약을 자진하여 감수하려 하거나 대외적 자율성의 강화 문제를 스스로 놓아버리는 듯한 태도를 자주 보여 왔기 때문이다.

근래 있었던 전작권(전시작전통제권) 환수 연기 및 재연기 사태는 이러한 점을 여실히 보여줬다 하지 않을 수 없다. 이는 우리의 정신적 상황의 문제와 관련하여 매우 상징적인 사례가 아닐 수 없기에, 지금부터 이 사태를 조금 자세히 들여다보기로 하겠다.

주지하다시피 한국은 지난 70년 동안 유사시 혹은 전시 군대의 작전을 총괄·지휘하는 권한인 전작권을 갖지 못 한 채 지내왔다. 이 전작권은 국가주권의 핵심을 구성하는 군사주권의 중요한 부분을 이루는 것임에도 불구하고 우리는 6·25 이후 이를 보유하지 못한 채 오늘에 이른 것이다. 리처드 스틸웰 주한미군 사령관은 "한-미 지휘 관계는 지구상에서 가장 엄청날 정도로 국가주권을 양보한 경우"라 했고, 노태우 대통령도 "우리가 독자적으로 지휘권을 갖지 못한 것은 주권국가로서 창피한 일"이라 했다.

국내 일각에서 북대서양조약기구NATO 회원국 군대도 미군이 지휘통제를 한다면서 전작권을 다른 곳에 넘긴 사례가 한국만은 아니라고 주장하고 있으나, 이는 사실을 비튼 것이라 할 수 있다. 왜냐하면 '나토에 배속된 회원국전력'에 대한 작전통제권을 미군 사령관이 행사하는 건 맞지만 나토에 배속되는 전력은 회원국 병력의 10% 안팎에 불과한 수준이기 때문이다. 나머지 90% 내외의 병력에 대해선 각 국이 직접 지휘통제를 한다는 것이다. 즉, 각 국이 독자적인 작전권을 행사한다는 얘기다. 전시에 우리처럼 대부분의 병력이 타국 연합사령관의 지휘통제를 받는 게 전혀 아니란 것이다.

현행 한·미 군사체계에서는 4단계로 되어 있는 유사시 전투준비 태세가 3단계, 즉 '데프콘 3'[14] 가 되면 그 즉시 '전작권'은 미군으로 넘어간다. '중대하고 불리한 영향을 초래할 수 있는 긴장 상태가 전개되거나 군사 개입의 가능성이 존재하는 상태'로 전군의 휴가와 외출이 금지되는 '데프콘 3'만 발령돼도 한국군에 대한 작전통제권이 한미연합사령관(미군 4성 장군)에게—즉, 미국에— 넘어가게 되어 있는 것이다[15].

애초 작전지휘권이 넘어간 것은 6·25 발발 직후 국군이 패퇴를 거듭하자 이승만 대통령이 1950년 7월 14일 더글러스 맥아더 유엔사령관에게 서한을 보내 한국군의 작전지휘권을 이양한다고 했기 때문이다. 이승만 대통령은 그 서한에서 "본인은 현 작전상태가 계속

---

14 1976년 8월 미군 장교 2명이 북한군에게 살해된 판문점 미루나무 사건 때와 1983년 10월 아웅산 사태 때 발령되었다.

15 어느 주한미군사령관은 한반도에 전쟁이 일어나면 65만 한국군을 자신이 주요 전선에 배치해야 하는 것이 가장 걱정스럽다고 말한 적이 있다.

역사의 갈림길에 선 대한민국

되는 동안 일체의 지휘권을 이양하게 된 것을 기쁘게 여기는 바이며, 지휘권은 귀하 자신 또는 귀하가 위임한 기타 사령관이 행사해야 할 것"이라고 했다. 당시 작전권 이양과 관련해 국회의 사전 심의·동의가 없었음은 말할 것도 없고, 사후 비준 절차도 없었다.

그 이후 종전, 유엔사의 사실상 해체와 한미연합사 창설 등과 같은 큰 변화 속에서도 작전권 이양은 이뤄지지 않았다. 한미연합사가 창설(1978년)되면서 작전통제권이 유엔사령관에게서 한미연합사령관(미군 4성 장군)으로 넘어갔을 뿐이다.

이렇게 보면 전작권 환수는 우리에겐 참으로 중요한 외교안보적 과제요, 국가적 중대 과제가 아닐 수 없다. 1987년 노태우 당시 민정당 대통령 후보에 의해 작전통제권 환수가 대선 공약으로 내걸려졌었고, 그 후 김영삼 정부 때인 1994년 평시작전통제권이 한국군에 환수됐다[16]. 김영삼 정부 때 이처럼 평시작전통제권이 한국으로 넘어왔다고는 하지만 이는 매우 제한적인 것이었다. 왜냐하면 한국군의 전력 미비 등을 이유로 작전수립계획, 연합정보관리 등 '연합권한위임사항'으로 불리는 6대 권한은 '평시'에도 한미연합사령관(미군 4성 장군)이 행사하도록 돼 있기 때문이다. 결국, '평작권'이 한국에 넘어왔다고는 하나 사실상 평시와 전시를 통틀어 한국군에 대한 작전통세권은 미국이 행사하는 셈이란 얘기다.

---

16 미국이 작전통제권을 평시와 전시로 나눈 것은 '1979년의 12·12 사태와 1980년의 5·18 광주 항쟁 때 한국군이 미군의 통제를 벗어나 국내 정치에 개입한 것에 대한 조처'였다고 한다. '미군의 지휘를 받는 한국군 부대가 그런 움직임을 한 것은 결국 미국이 용인했기 때문이 아니냐는 비난을 얻게 되자 미국이 작전통제권을 억지로 평시작전통제권과 전시작전통제권으로 나누게 됐다'는 것이다.

이런 상황에서 노무현 정부 들어 드디어 전작권의 한국군 이양이 결정됐던 게 아닐 수 없다. 2006년 9월 개최된 한·미 정상회담에서 전작권 전환이 합의됐고[17], 이듬해 2007년 2월 한·미 국방장관이 만나 전환 일자를 2012년 4월 17일로 못박음으로써 '이양 결정'이 마무리 됐던 것이다.

사실 원래 미국은 2006년 10월 개최된 한·미 연례안보협의회에서 한국이 2009년에 전작권을 환수해도 별 문제가 없다고 했다. 그 직전인 2006년 9월 4일 버웰 벨 주한미군 사령관이 도널드 럼스펠드 미 국방장관과 피터 페이스 합참의장에게 서한을 보냈는데, 그 서한에서 벨은 '전쟁 수준 환경에서의 한국군 지휘통제작전 능력'과 관련해 '한국군은 전쟁 수준의 환경에서 높은 수준의 전투 지휘 능력을 행사할 역량을 갖고 있으며, 주어진 위협의 성격과 준비 수준을 감안할 때 지금 당장이라도 독자적으로 그들의 나라를 성공적으로 방어할 수 있다'고 한 것으로 알려지고 있다. 그러면서 그는 "미국은 2009년 이내에 한국이 전시에도 자신의 군대를 독자적으로 통제할 수 있을 것이라는 점을 이해시켜야 한다"면서 "한미동맹에서 미군을 지원자 역할로 바꾸는 것은 자연스럽고도 필요하다"고 했다. 그 서한이 전달되고 며칠 후인 2006년 9월 7일 당시 청와대 안보실장이던 송민순은 워싱턴에서 스티븐 해들리 백악관 국가안보보좌관

---

17 당시 야당이던 한나라당은 한미 간에 전작권 전환 협의가 본격화하자 노무현 정부에서 전작권 전환 문제가 결정되어선 안 된다며 강력하게 반발했다. 그러자 알렉산더 버시바우 당시 주한 미 대사가 한나라당 의원들과의 잇단 면담을 통해 "전작권 전환은 한미동맹의 긍정적이고 자연스러운 발전이자 더 균형적인 파트너십을 구축하는데 기여한다"는 것을 일일이 강조하며 그들을 설득하는 참으로 괴이한 일까지 벌어졌다.

역사의 갈림길에 선 대한민국

과 전작권 전환 문제와 관련하여 장시간 논의했는데, 송 실장이 "전작권 전환을 위해 군의 태세를 정비하려면 2012년은 되어야 전작권을 받을 수 있다"고 했으나 해들리 보좌관은 2009년이면 적절하다는 판단을 제시했다[18]. 해들리는 "이미 30년 동안 (전작권 전환을) 준비했는데 지금(2006년)부터 3년이면 충분히 긴 시간"이라며 "한국이 진정으로 전작권 행사를 원하면 양국 현 정부가 실행 준비를 끝낼 수 있는 2009년을 택하기 바란다"고 했다. 그리고 그는 "만약 6년의 여유기간을 주어 2012년으로 정하면 연기를 주장하는 사람들은 그때 가서 또다시 3년이 더 필요하다고 내세울 것"이라며 "3년이란 시간이 무한한 시간으로 바뀔 수도 있다. 한미동맹의 미래를 위해 하는 말이다"라고 했다(해들리의 이 발언은 전작권 전환 연기와 재연기를 정확히 예견한 것이라 할 수 있다). 하지만 럼스펠드 장관이 이라크 전쟁 실패로 경질되고 한국 측이 국민의 안보불안감과 군의 준비시간 등을 고려해 '2012년 전환'을 제의함으로써 전환 시기가 그렇게 최종 결정됐던 것이다.

이렇게 되어 전작권 전환 문제는 아무튼 해결되는 듯했다. 그런데 그게 전혀 아니었다. 노무현 정부에 뒤이어 들어선 이명박 정부가 '전작권 전환 합의'를 엎어버리고 말았기 때문이다. 새 정부가 출범하자 안보 불안을 내세운 보수세력을 숭심으로 '전작권 전환 연기' 주장이 나오기 시작했고, 북한 핵실험(2009년), 천안함 사건(2010년) 등이 있자 이명박 정부는 이런 분위기를 십분 활용, '전작권 환수 연

---

18 송민순 회고록 『빙하는 움직인다』

기'를 강력히 밀어붙여 관철시켜버리고 말았던 것이다.

이명박 정부가 애초 '전작권 전환 연기' 움직임을 적극적으로 드러냈을 때 미 정부 관계자들은 매우 당혹해 했다고 한다. 미 당국자는 심지어 "한국군 능력이 충분히 강화되어 있다"면서 "천안함 사건이 정책('2012년 전작권 전환' 방침-책쓴이)을 변화시키는 데 잘못 사용되지 않기를 바란다"고까지 했다. 좀 어리둥절해 진다고 하지 않을 수 없다. 한쪽은 어떻게든 자국의 전작권을 돌려받지 않으려 용을 쓰고, 다른 한쪽은 상대의 이런 움직임에 대해 당신네 능력이 충분하니 특정 사건—천안함 사건—을 기존의 '합의'를 뒤집는 데 이용하지 말라고 압박하듯 하고 있으니 말이다.

당시 이명박 정부는 국내외에서 '전작권 전환 연기 가능성'이 제기될 때마다 부인으로 일관했다. 그러다가 2010년 6월 열린 한·미 정상회담에서 전작권 전환을 3년 7개월 연기하기로 미국과 합의했는데, 이를 얻어낸 이명박 대통령은 "미국 대통령이 전작권 이양 연기를 수락해 준 것을 고맙게 생각한다"며 오바마 대통령에게 각별한(?) 감사의 마음을 전했다. 자국의 전작권을 미국에 계속 맡기지 못해 안달하다 미국이 계속 맡아주겠다고 하니 그게 그렇게도 고마웠던 것일까?

그렇다면 미국은 이 전작권 전환 문제를 어떤 관점, 어떤 맥락에서 바라봤는지도 살펴보고 넘어가지 않을 수 없다. 노무현 정부 때 미국이 한국에 전작권을 이양하려고 했던 것은 '주한 미군에 대한 부정적 인식이나 반미 감정을 약화시키고 주한 미군 철수 요구 등을 사전 차단하기 위한 것'이었다는 분석도 있지만, 사실 이 전작권 전환

역사의 갈림길에 선 대한민국

이슈는 미국의 세계전략과 밀접히 연관된 것이었다. 미국은 2000년 대 초반 미군의 전략적 유연성 강화를 강조하면서 미군의 신속기동 군화를 위한 해외주둔군 재배치 계획GPR을 세워 놓고 있었는데(그즈음 미국은 이라크와 전쟁 중이었고, 미국의 주요 관심사는 당연히 중동문제였음), 이 전략적 유연성 강화란 '공간적으로 특정 지역에 묶여 있는 지상 군 개념이 아닌, 언제 어디로든 이동할 수 있는 기동군 중심의 전략' 을 의미하는 게 아닐 수 없었다. 때문에 전작권 전환을 통해 주한 미 군을 한미연합사라는 체제에 묶어놓지 않고 마음대로 활용할 수 있 게 하는 건 자신들의 전략적 유연성 강화, 다시 말해 자국의 세계전 략 운용에 전적으로 부합하는 것이었다. 요컨대, 미국 입장에서 '전 작권 전환' 문제는 자국의 글로벌 군사전략 운용에 있어서의 전략적 효율성 제고와 비용 절감 등의 관점, 맥락에서 접근된 측면이 강했 다는 얘기다.

한·미 간 전작권 전환 연기 합의는 앞에서 살펴본 바와 같이 미국 정부가 이명박 정부의 전환 연기 요청을 수용한 게 아닐 수 없는데, 그렇다면 여기엔 뭔가 커다란 반대급부가 있었다고 볼 수 있다. 즉, 전작권 전환 연기가 불가하다는 태도를 보였던 미국 정부가 한국 정 부의 '전작권 전환 연기 요청'을 받아들였을 때는 주한미군 방위비 분담금 인상이나 미국산 무기 구매, 한미FTA 추가 협상 등의 문제에 서 한국으로부터 상당한 이익이나 양보를 챙겼을 가능성이 있고, 또 '한국의 MD(미사일방어)체제 참여'를 요구했을 수도 있다는 것이다.

이명박 정부가 전작권 환수 연기의 이유로 든 것이 바로 북핵 문제였다. 그런데 이를 전작권 환수 연기의 이유로 내세우는 건 별 설득력이 없는 것이다. 미국과 전작권 전환에 합의했던 노무현 정부에서 청와대 안보실장과 외교통상부 장관을 지낸 송민순은 "이미 북한이 핵실험을 한 이후에 앞으로도 핵개발을 계속할 것이라는 전제를 깔고 이양 일정을 합의한 것"이라고 했다. 애초 한미 양국이 전작권 전환을 합의할 때 한반도의 안보상황에 대한 면밀한 검토가 있었고, 북핵 문제 역시 고려됐다는 것이다. 북핵 문제를 들어 이명박 정부가 전작권 전환을 3년 7개월 연기했는데, 그렇다면 그 기간 내에 북핵 문제가 해결될 수 있거나, 아니면 적어도 해결을 위한 결정적 전기 정도는 마련될 수 있어야 뭔가 얘기가 될 텐데, 그게 과연 얼마나 가능한 일인가? 북핵 문제는 분명 단기간에 해결되기 어려운 이슈다. 전작권 환수가 연기된 그 3년 7개월 내에 북핵 문제가 해결되는 것은 불가능에 가까운 일이란 얘기다. 그렇다고 그 기간 내에 북핵에 대응할 수 있을 정도로 한국군의 독자적인 핵억지력을 끌어올릴 수 있느냐 하면, 그것 역시 난망한 일이다. 그렇다면 북핵 문제를 이유로 전작권 환수를 3년 7개월 연기한 건 납득이 잘 안 되지 않는가 말이다.

아무리 찬란한 명분을 갖다 대고 아무리 기막힌 논리를 들이민다 해도 '전작권 환수 연기'는 당시의 집권세력이 우리의 국가적 중대 과제인 전작권 환수를 스스로 걷어차버린 것이 아닐 수 없다. 당시의 집권세력과 강경 보수세력은 전작권이 한국군에 이양될 경우 한미동맹의 이완이나 '유사시 한반도 파병 미 증원군 축소' 등이 초래될 수 있다고 봤을 게다. 때문에 전작권을 미국에 계속 맡

역사의 갈림길에 선 대한민국

기는 것이 안전하며, 그래야 안심할 수 있다고 생각했으리라. **겉으론 북핵 문제라는 이유를 내걸고 있지만 전작권 환수 연기의 이면엔 결국 뿌리 깊은 대미 의존 심리가 자리하고 있다**는 것이다. 특정 강대국과의 일방적인 관계에 안주하려는 이 같은 정신적 상황, 정신 자세가 뭔가 낯익은 '역사적 풍경'[19]처럼 다가오는 것은 필자만의 느낌일까?

북한보다 그 경제력이 100배나 되고 북한보다 33배(2012년 기준, 스톡홀름 국제평화연구소 군사지출 자료)나 많은 국방예산을 쓰는, 세계 10위권의 경제·군사력[미국의 군사력평가기관인 글로벌파이어파워(GFP)가 발표한 '2020년 세계 군사력 순위'에서 한국은 6위를 차지했음]을 보유한 나라가 다른 나라에 계속해서 전작권을 맡겨야 한다면, 대체 이 나라는 언제 스스로의 두 발로 국가 안보를 책임진단 말인가? 연 50조원에 가까운 국방비를 쓰면서도 나라를 지키는데 주도적인 역할을 떠맡으려 하지 않는다면, 이는 근본적으로 문제가 있는 것이다.

이명박 정부에서 전작권 환수가 한차례 연기됨으로써 이젠 정말로 전작권 환수 문제가 완전히 종결되나 했는데, 아뿔싸 그게 또 그런 게 전혀 아니었다. 이명박 정부에 뒤이어 들어선 박근혜 정부가 한차례 연기된 전작권 환수를 또다시 연기-사실상 무기 연기-시켜버리고 말았기 때문이다. 박근혜 내동령은 대선 과정에선 "전작권 전환을 차질 없이 추진해 한국군 주도의 새로운 한미연합방위체제를 안정적으로 정착시키겠다"고 철석같이 공약했었다. 그런데 박근

---

19 이와 관련해 뒤에서 중화주의 문제를 다룰 것임.

혜 정부는 출범 후 불과 두어 달 만에 미국 측에 전작권 전환 일자를 재연기하자고 제안했고, 끝내 전작권 전환 시기를 또다시 늦춰버리고 말았던 것이다(전임 이명박 대통령이 오바마 미국 대통령과 전작권 전환 시기를 3년 7개월 연기하기로 합의한 직후 당시 김태영 국방 장관은 "2015년까지 전시작전통제권을 한국군이 수행할 수 있는 체제가 되기 때문에 전작권 이양의 재연기는 없을 것"이라고 했었다).

애초 박근혜 정부가 전작권 전환 재연기 의사를 드러냈을 때, 미국 합참은 한국군은 전작권을 행사하기에 충분한 전쟁 억제력을 갖추고 있다는 반응을 내놨었다. 미 합참의장은 "군사적 측면에서 전작권 전환의 시점은 적절하다"고 하면서 "예정대로 전환하는 것을 지지한다"고 했다. 주한미군사령관 지명자 역시 미 상원 군사위원회 인준 청문회에서 "전작권을 오는 2015년 12월에 전환하는 것은 양국 간 합의사항"이라며 "예정대로 전작권을 전환하는 데 초점을 맞추고 있고, 양국이 일정표를 준수하길 바란다"고 했다. 이 청문회에서 민주당 소속 군사위원장은 "나는 전시에 한국을 방어하는 1차적 책임은 한국에 있다고 본다"면서 "주권국가는 전시의 국방을 스스로 책임져야 한다"고까지 했다. 이런 반응들은 한국 정부의 전작권 전환 재연기 움직임에 대한 미 정부·의회의 부정적 기류를 그대로 보여주는 것이라고 할 수밖에 없다.

물론 이 같은 반응들엔 미국의 '군사예산 압박' 문제가 녹아 있으며, 다른 한편으론 한미 양국이 한반도를 둘러싼 안보 상황이나 한국군의 준비 문제 등을 충분히 고려하여 전작권 전환에 합의한 만큼 약속된 전환 절차를 밟아 나가는 게 미국의 입장이라는 걸 확실히 해 놓음으로써 전작권 전환이 다시 연기되면 이는 어디까지나 한국이 원했기 때문이며, 그럴 경우 한국은 미국에 커다란 반대급부를 제공해야 한다는 압력이 깔려있다고도 할 수 있다.

당시 한국 정부(박근혜 정부)가 전작권 전환 재연기를 꾀하는 것에 대해 미국 내 전문가들은 전략적 이유보다는 심리적·국내 정치적 차원에서 그 동기를 찾는다고 알려지기도 했다. 아기가 젖떼기를 두려워하는 것처럼 미국에 계속 기대려는 심리가 크게 작용하고 있는데다 북한의 3차 핵실험·장거리 미사일 발사에 따른 보수세력의 불안감에 편승, 그들을 결집시키려 하는 정치적 목적이 있다는 것이다.

자국의 전작권을 한사코 돌려받지 않겠다고 하는 한국 정부의 태도는 급기야 미국 언론의 조롱거리로까지 등장했다. 미국의 주요 일간지 워싱턴포스트WP가 2013년 9월 30일자(현지 시간)에서 "미국의 일부 당국자와 정치인들이 전작권을 가져가는 시점을 계속 미루는 한국 정부의 태도에 좌절감을 느끼고 있다"고 보도했기 때문이다. 이 신문은 "한국 정부 관리들이 여름부터 전작권 전환 연기를 위한 공론화에 나서고 있으나, 미국 당국자들은 동의하지 않고 있다"면서 "일부 미 당국자들은 한국이 자신의 방위를 책임지지 않으려는 태도에 좌절감을 느낀다고 말했다"고 전했다. 그리고 의원들 또한 전작권 전환 시점을 계속 늦추려는 한국 정부의 태도에 "싫증을 내고 있다"고 보도했다.

박근혜 정부의 전작권 전환 재연기의 주된 이유가 '북한의 핵·미사일 위협'인 것으로 알려졌지만, 이는 이명박 정부의 전작권 전환 연기 이유가 그랬듯 별 설득력이 없는 것이다. 앞에서 이미 말했듯 애초의 전작권 전환 논의가 북한 핵실험을 전제하거나 그것을 상수로 놓고 이뤄진 것인데다 장거리 미사일의 경우 한국이 아니라 미국에 위협이 되는 것이기 때문이다. 그리고 국방부가 2011년 10월 김장수 당시 한나라당 의원(뒤에 박근혜 정부의 첫 국가안보실장 역임)에게 제출한 자료에 따르면 '전작권 전환을 위한 군사력'이 한국 쪽의 '핵심군사능력'과 미국 쪽의 '보완능력', '지속능력' 등 3가지로 분류돼 있는데, 여기서 핵심군사능력이란 "연합방위를 주도하기 위해 확보해야 하는 능력(예컨대 전군지휘체계)"을, 보완능력이란 "한국군이 능력을 갖출 때까지 한시적으로 미국이 제공하는 능력(예컨대 정보자산)"을, 지속능력이란 "한국군이 갖출 수 없어 미국이 계속 제공하는 능력(예컨대 핵우산)"을 뜻한다고 한다. 결국, 당시의 전작권 환수 구도에서 북한의 핵·미사일은 미국이 제공하는 '지속능력'으로 대응한다는 것이었다는 얘기다.

박근혜 정부는 북한의 핵·미사일 위협에 대한 군사적 대응능력이 갖춰질 때까지 전작권 환수를 늦춰야 한다고 했지만, 그 전제조건을 충족시키는 것은 사실상 불가능한 일이다. 핵무기에 대응할 수 있는 무기는 오직 핵무기뿐이다. 한국군의 재래식 무기로 대체 어떻게 북핵에 대한 대응 능력을 갖추겠다는 것인가? 북핵 위협에 대응한답시고 천문학적인 돈을 들여 미국에서 아무리 많은 무기를 사들여 와봤자, 그것은 북핵이라는 비대칭적 전력 앞에선 별 의미가 없는 것이다. 박근혜 정부가 북한의 핵·미사일 위협에 대한 대응능력이 확보될 때까지 전작권 환수를 늦춰야 한다고 했던 것은 그냥 전작권을 안 가져오겠다는 얘기였을 뿐이었다.

앞에서 미 정부·의회는 박근혜 정부의 '전작권 재연기' 움직임에 부정적인 기류가 강했다고 했는데, 그렇다면 미국이 전작권 전환 재연기에 합의한 배경은 뭘까?

먼저 언급하지 않을 수 없는 것은 박근혜 정부의 방위비 분담금 증액과 대규모 미국산 무기 구매 결정이다. 박근혜 정부는 2014년 1월 타결된 한미 방위비분담협정 개정에서 한국이 전년도보다 505억 원이나 늘어난 9200억원을 부담하기로 했다. 또한 그해 들어 F-35 전투기(7조 3,418억원 어치), 무인 정찰기 글로벌 호크(8850억원 어치 추산), 패트리엇^{PAC}-3 미사일(1조4000억원 어치 추산) 등 거의 10조원 규모의 미국산 첨단 무기들을 구매하기로 최종 결정했다. 바로 이 같은 방위비 분담금 증액과 대규모 미국산 무기 구매 결정이 미 정부·의회의 기류를 바꾸는 데 큰 영향을 미쳤다고 봐야 할 게다.

이와 함께 우리가 또 하나 주목해야 할 것은 미국의 전략적 입장이 2000년대 초반—앞서 말한 것처럼 당시 미국의 주요 관심사는 중동 문제였고, 따라서 그즈음엔 미군의 전략적 유연성이 강조되었음—과는 많이 달라졌다는 점이다. 이제 미국 입장에선 급부상하는 중국 견제가 최대 과제가 되었고, 그에 따라 한·미·일 3각 군사협력의 강화 내지는 대對아시아 전략의 통합성이 중요하게 됐다는 것이다. 이는 곧 한국의 전작권을 미국이 계속 보유하는 것의 효용성이 커지게 됐다는 걸 뜻한다고 할 수 있다. 과거 미국의 주요 관심사가 중동 문제였던 시기에 부시 정부가 미군의 '전략적 유연성' 강화 차원에서 한국에 전작권을 넘기려 했던 면이 강했다면, 지금 미국 입장에선 자국의 세계전략의 최우선 순위가 중국 견제가 됨으로써 한국의 전작권을 계속 쥐고 가는 게 더 유용하게 됐다는 얘기다[20]. 결국, 미국이 '전작권 전환 재연기'에 합의한 이면에는 중국의 급부상에 따른 자국의 세계전략의 변화 내지는 '아시아 재균형 정책' 채택 이후의 동아시아 전략의 변화가 녹아 있다는 것이다.

국내에서 '전작권 전환 연기'를 가장 앞장서 부르짖었던 단체가 바로 예비역 장군들의 모임인 성우회였다. 성우회는 전작권 환수를 반대하는 이유로 "한반도 방위는 기본적으로 한·미 연합으로 해야 하는데, 전작권이 전환되면 이런 근본적인 틀이 깨진다"는 것을 들었었다. 참으로 당혹스럽다고 하지 않을 수 없다. 아니, 이는 전작권을 언제까지고 계속 미국에 맡겨야 한다는 얘기가 아니고 무엇인가. 스스로의 힘으로 자신을 지키는 문제와 관련해 군인은 다른 누구보다 강건한 기풍과 자세를 보인다는 게 일반적인 통념이라 할 수 있는데도, 우리의 경우는 어찌 이렇단 말인가. 박근혜 정부의 '전작권 환수 재연기'에 결정적인 역할을 했다고 봐야 할 남재준 국가정보원장은 '육군 대장' 출신이 아니던가(그는 육군참모총장을 그만둔 뒤 성우회의 전작권 환수 반대운동을 주도했었음). 노무현 정부 당시 어느 미군 고위 지휘관은 이런 얘기를 했다고 한다. '한국군 전·현역 장성들은 한국군이 마치 미군과 같은 하드·소프트웨어를 가져야 작전권을 행사할

---

20 이처럼 한국 전작권에 대한 미국의 '계속적 보유' 필요성이 오히려 커지는 상황에서 박근혜 정부가 거의 10조원 대에 이르는 미국산 무기를 구매해 가면서까지 재연기를 위해 미국에 매달리듯 했으니, 이는 실로 이해하기 어려운 것이었다고 할 수밖에 없다. 미국 입장에선 그야말로 '꽃놀이패'요, '꿩 먹고 알 먹기'였다고 해야 할 게다.

역사의 갈림길에 선 대한민국

수 있다고 생각하는데, 만약 그렇다면 지구상에 미국 외에 작전권을 가질 수 있는 나라는 하나도 없다'고 말이다. 성우회를 비롯해 전작권 환수를 반대하는 이들 대부분이 한·미 연합방위를 엄청나게 강조하는데, 이는 기실 국방에 대한 책임을 미국에 미루는 것이라 할 수 있다. 이렇게 해서야 어떻게 '스스로 나라를 지킨다'는 국방의 주인의식이 확립될 수 있겠는가 말이다.

전작권 환수를 반대하는 이들의 심리상태나 자세, 태도는 지난 수백 년의 우리 역사 속에서 우리 스스로가 작전권을 가지고 전쟁을 치른 경험이 거의 없었다는 사실과도 관계가 있는 게 아닐까 한다. 임진왜란 때의 작전권은 명나라 군대가 행사했으며[21], 정묘호란이나 병자호란 땐 사실상 전투라고 할 만한 게 별로 없었기에 언급할 뭐가 없고, 대한제국이 일본 식민지로 전락할 땐 전투 한 번 치르지 못한 채 망국을 지켜보기만 했으며, 2차 대전 후의 해방은 연합군에 의한 것이었고, 6·25 전쟁 때의 한국군은 미군의 지휘를 받았기 때문이다.

한 현역 장성이 2013년 초 어느 자리에서 "역사적으로 한국은 스스로를 지키지 못해온 나라"라고 말했다는 걸 한 신문 칼럼에서 접한 적이 있는데, 그 장군이 어떤 맥락에서 그런 말을 했는지는 정확

---

21 전쟁 초반부터 조·명 연합군의 군령권은 명군이 행사했다. 바다에선 조선 수군이 단독으로 전투를 치름으로써 별 문제가 없었으나 전쟁 막판에 명나라 수군 도독 진린(陳璘)이 대규모 해군을 이끌고 옴에 따라 조선 수군에 대한 군령권 역시 명군이 행사하게 됐는데, 이로 말미암아 이순신 장군은 전공을 진린에게 돌려가면서까지 전투를 수행해야 했다.

히 모르겠으나 그 말 자체는 틀린 게 아니지 않을까 한다. 이 말이 설마 "역사적으로 한국은 스스로를 지키지 못해온 나라"이기 때문에 전작권을 미국에 계속 맡겨야 한다는 얘기이겠냐만, 인간 세상에 '설마'가 사람 잡는 경우 또한 비일비재하다는 걸 떠올리면 그리 안심할 일도 아닌 듯싶다.

국가 간의 합의를 두 번이나 깨면서까지 자국의 전작권을 돌려받지 않겠다고 한 것은 너무나 비정상적인 것이라고 할 수밖에 없다. 이는 근본적으로 나라를 스스로 지키겠다는 정신력의 부재를 드러내는 것이라 할 수 있다. 자기 군을 스스로 지휘·통제하는 걸 두려워하거나 회피해서는 결코 안 된다고 생각한다. 그렇게 해서야 어떻게 우리의 안보를 우리 스스로의 주도적 책임 하에 이끌어 갈 수 있겠는가 말이다[22].

전작권 환수 문제는 군의 차원을 넘어 우리의 외교·안보 전반과 깊숙이 연관된 사안이 아닐 수 없다. 전작권 환수가 미뤄질 경우 외교·안보 영역에서 우리가 미국의 눈치를 살펴야 하는 상황이 지속될 가능성이 크고, 한국 정부의 대외적 운신 폭과 외교적 입지를 넓혀가는 것도 쉽지 않다고 할 수 있다. 유사시 자기 군대조차 스스로 지휘·통제 못하는 나라를 주변 강대국들이 얼마나 제대로 된 외교 상대로 존중해 주겠는가[23].

---

22 한국과 미국이 2000년대 초반 전작권 전환 계획을 수립했을 때와 달리 현재는 북핵이 고도화되어 북한이 사실상의 핵보유국이 됨으로써 전작권 전환 문제가 재평가되어야 한다는 얘기가 나라 안팎에서 나오고 있지만, 이제 오히려 북핵 문제에 대해 발상의 대전환이 요구된다고 본다.

23 미국은 향후 동맹국들의 부담과 역할 증대를 계속해서 요구할 것으로 예상되는데, 한국은

역사의 갈림길에 선 대한민국

지금까지 전작권 환수 연기 및 재연기 사태를 살펴봤는데, 이는 결국 우리의 '정신적 상황'의 문제를 적나라하게 보여주는 것이라고 할 수밖에 없다. 미국과 이미 합의된 '전작권 전환 결정'을 두 번이나 뒤엎으면서까지 그 환수를 스스로 걷어차 버린 것은 특정 대국에 대한 뿌리 깊은 의존 심리와 안보에 대한 주인의식의 결핍, 그리고 대외적 자율성의 강화를 위한 의지의 빈곤 등을 고스란히 드러내는 것일 테다.

이제 이쯤에서 크나큰 논란과 후폭풍을 몰고 왔던 사드THAAD(고고도 미사일 방어)의 한반도 배치 문제를 짚고 넘어가지 않을 수 없을 듯하다. 사실 **사드의 한반도 배치**는 '전작권 전환 연기'와 연동됐을 가능성이 있다. 미국은 김대중 정부 이후 한국에 자국 주도의 미사일방어체제MD 참여를 계속적으로 요구해 왔었는데, 전작권 연기 합의 이면엔 한국의 MD체제 편입 문제가 자리하고 있을 수 있다는 것이다. 전작권 재연기 합의 1년 전에 개최된 한미연례안보협의회(2013년 10월) 참석차 서울로 향하던 척 헤이글 당시 미 국방장관은 전작권 전환 문제와 관련해 "아직 최종적인 결론을 내릴 수 있는 상황은 아니다"라고 하면서도 "MD는 아주 큰 부분"이라고 했다.

그러면 지금부터 사드의 한반도 배치 문제를 전작권 전환 이슈의 연장선상에서 좀 자세히 살펴보도록 하겠다.

'의존적 동맹에서 자립적 동맹으로 전환해 가면서 부담에 상응하는 역할과 지위'를 확보해야 한다.

먼저 박근혜 정부의 사드배치 결정 과정부터 한번 보자. 2014년 6월 커티스 스캐퍼로티 당시 주한 미군사령관은 "사드의 (한반도)전개를 미 정부에 요청한 바가 있다"며 사드의 한국 배치 필요성을 공개적으로 제기했는데, 이로써 사드 배치 문제가 처음 수면 위로 떠올랐다. 그 직후 한국 국방부는 사드의 한반도 배치를 공식 부인했고, 한민구 장관 역시 "협의된 게 없다"고 했다. 하지만 한 장관의 발언은 곧바로 묘하게 바뀐다. 6월 말 열린 국회 국방위에서 "주한미군의 방호를 위해서 사드를 전개한다면 그것이 우리 한반도 방위에도 도움이 된다"고 했기 때문이다. 박근혜 정부는 이때부터 이른바 '전략적 모호성'을 내세우며 사드 도입 논란이 불거질 때마다 "사드 도입은 논의되지 않고 있다"고 했다. 하지만 2013년 7월 스캐퍼로티 주한미군 사령관 지명자가 미 상원 인사청문회에 제출한 사전 질의 응답서에는 이미 한반도에서의 MD 구축 3단계 방안(1단계는 주한미군에 패트리엇3, 한국군에 패트리엇2 미사일 배치, 2단계는 한국의 패트리엇 미사일 업그레이드)의 마지막 단계로 사드 배치가 상정돼 있었고(여기서 사드가 사거리 1000km에서 3000km 안팎의 준중거리 또는 중거리 미사일 위협에 대응하는 것이라고 밝힘으로써 사드의 한반도 배치가 단순히 한국 방어용이 아니란 점을 인정한 셈이다), 또 그 몇 개월 전인 2013년 4월엔 우리 방사청 및 공군 관계자들이 사드 제조업체인 미국 록히드마틴을 방문, 사드에 관한 비밀 브리핑까지 받았던 것으로 알려지고 있다. 게다가 사드 제작사인 록히드마틴은 2015년 10월 29일(현지 시간) "한미 양국 정부 당국자들이 사드 배치 문제를 지금 논의하고 있다는 사실은 분명하다"고 함으로써 '천기'를 누설하기까지 했다. 그럼에도 불구하

역사의 갈림길에 선 대한민국

고 박근혜 정부는 "요청도, 협의도, 결정도 없다"는 이른바 '3불'을 계속 강조하며 '부인'으로 일관했던 게 아닐 수 없다. 그러다가 북한이 4차 핵실험(2016년 1월)을 실시하자 기다렸다는 듯 미국과 사드 배치 협의를 개시했고(3월에 공식 착수), 그 뒤 넉 달 만에 도입을 확정했던 바, 결국 박근혜 정부는 2년 동안이나 국민을 속인 것이다. 이처럼 국민을 속이고 국회를 배제한 채 밀실에서 일방적으로 진행된 사드 배치 결정은 잘못된 게 아닌가 말이다. 사드 배치의 필요성 여부를 따지기 이전에 배치 과정의 절차적 정당성 자체가 부재했다는 것이다.

그러면 이제 본질적인 문제인 사드의 군사적 효용성 내지는 실효성에 대해 살펴보기로 하겠다. 사드가 한국에 배치되면 정말로 북핵을 억지 또는 무력화시킬 수 있고, 그리하여 "대한민국과 국민의 안전"이 지켜질 수 있을까?

사드 1개 포대(현재 한국에는 1개 포대가 배치돼 있음)는 X-밴드 레이더, 발사대 6기, 요격미사일 48발 등으로 구성된다(이는 표준 구성요소임). 재장전엔 30분 정도가 소요된다. 그런데 북한은 현재 약 1000발의 스커드 및 노동미사일을 실전 배치하고 있는 것으로 알려지고 있다. 북한이 48발 이상의 미사일을 동시다발로 발사하면 사드가 이를 전부 막아낼 순 없을 테다. 북한이 기만탄(가짜 탄두)이나 잠수함발사 탄도미사일SLBM을 사용할 경우에도 사드는 무용지물이 된다고 한다(북한은 최근 SLBM 발사에 성공한 것으로 보도됐다).

무엇보다 사드는 높은 고도[미사일 비행 종말 단계 중 고(高)고도]에서 미사일을 요격하는데 적합한 무기체계가 아닐 수 없다. 그런데 남·

북한의 거리는 너무 짧아 미사일이 낮은 궤도로 날아오고 빨리 도착한다. 2013년 발간된 미 의회조사국 보고서도 한국은 북한과 너무 가까워 미사일 방어시스템으로 별다른 이득을 기대하긴 어렵다고 지적하고 있다. 종심縱深이 짧은 한반도의 특성을 고려할 때 당연한 얘기라고 할 수 있다(한국 국방부도 "한반도의 지리적 환경에서는 상층 방어 MD보다 하층 방어 MD가 가장 효과적이다. 우리 군은 상층 방어를 위한 MD에는 참여하지 않을 것"이라고 밝히기도 했다).

사드가 이처럼 높은 고도에서 미사일을 요격하는 데 적합한 무기 체계이기 때문에 특히 수도권 방어에는 한계가 있다고 할 수밖에 없다. 북한이 서울 등 수도권에 단거리 미사일을 발사할 경우 비행 고도가 낮아 요격 고도가 높은 사드로는 맞히기가 어렵다는 얘기다. 더욱이 수도권의 주요 위협 요소는 북한의 장사정포라 할 수 있는데, 이 장사정포도 낮게 날아오기 때문에 사드로 이를 막아낼 순 없다. 이와 같이 사드가 인구의 거의 절반이 살고 있고 국가 핵심 시설이 집중돼 있는 수도권을 방어하지 못하는데도 북한의 공격으로부터 "대한민국과 국민의 안전을 보장"하기 위해 그 도입을 결정했다는 것은 쉽게 납득하기 어렵다. 사드가 이처럼 수도권을 방어하지도 못하고, 그리하여 패트리엇 미사일을 보강해 수도권을 방어하는 식이라면, 대한민국과 국민의 안전을 보장하기 위해 사드가 필요하다는 주장은 애초에 성립되기 어려운 것이 아닌가? 수도권이 사드의 방어 범위에서 제외된다는 사실에서 사드가 단순히 한국 방어용이 아니란 게 그대로 드러난다고 할 수 있다. 사드 배치는 본래 미국의 패권 유지 전략에서 비롯됐으며, 사드는 기본적으로 MD의 한 부분이다. 국방 예산 압박에 시달리는 미국이 단지 한국의 방위나 주한 미군의 방호를 위해 10억 달러(1조1300억원)라는 막대한 비용을 들여 사드를 배치한다면 이는 상식적으로 생각해 봐도 이상한 일이 아닐 수 없다(물론 미국은 사드를 한국에 배치한 다음 그 비용을 한국의 방위비 분담 금 등에 끼워 넣을 가능성이 많지만).

이제 한국의 사드 배치 결정과 관련한 대외적 차원의 문제를 살펴보도록 하겠다. 사드의 한반도 배치는 우리가 이미 생생히 목도한 바와 같이 중국과 러시아의 격렬한 반발을 초래할 수밖에 없다. 왜냐하면 중국과 러시아는 사드의 한반도 배치를 단순히 북한에 대한 군사적 억지의 차원이 아닌, 대륙세력 봉쇄를 위한 미국의 군사력 강화 조치의 하나, 즉 자신들을 위협하는 '미국 중심 MD 체계 구축'의 일환으로 바라보기 때문이다. 바꿔 말하면, 자신들의 전략적 안보 이익을 훼손·침해하는 행위 내지는 지역의 전략적 균형을 무너뜨리는 행위로 인식한다는 것이다.

중국은 사드의 한국 배치를 '한·미·일 군사협력 강화를 통한 미국의 대중 포위 전략 현실화의 핵심 기제' 내지는 '미국 중심 MD체계 편입'이란 차원에서 바라본다. 그간의 한미동맹 목표가 대북 억세였고, 그랬기 때문에 중국이 한미동맹을 인정했다면, 사드 배치 이후엔 주한미군의 역할과 기능이 자국을 견제하고 포위하는 수단으로 확장되고 있다고 여긴다. 말할 것도 없이 중국은 주한미군의 역할과 기능이 대북 억지를 넘어 자국 견제로 확대되는 것에 강렬히 반대한다. 사드의 한반도 배치를 단지 무기 하나의 문제로 보는 게 아니라 지역의 전략 균형 훼손이나 주한미군의 기능·역할 변화 등을 포함하는 전략적 차원의 문제로 받아들인다는 것이다(따라서 한-중 간의 사드 갈등은 해결된 게 아니라 잠복한 것이다). 그리고 중국은 2025년까지 오키나와-대만-필리핀-남중국해-말레이시아로 이어지는 이른바 제1도련선 내로 미국의 군사력이 들어오지 못하게 하고 종국적으론 제2도련선(일본 동쪽 해상에서 사이판-괌-인도네시아로 이어짐) 밖으로 미국을 밀어내려 하는 전략적 목표를 갖고 있는 바, 이런 측면에서 사드의 한반도 배치를 반대한다고도 할 수 있다.

　러시아 또한 사드 포대가 들어서는 성주 지역이 자국의 군사적 조치의 대상이 될 수 있다고 밝히는 등 사드의 한반도 배치에 강력 반발하고 나섰다. 러시아는 소련 해체 이후 자국의 국제적 위상이 크게 떨어지는 상황에서도 '미국과의 대등한 핵전력 유지'를 최우선적 국가 과제의 하나로 삼아 왔다 하지 않을 수 없는데, 러시아 입장에서는 동유럽에서의 미국 MD 기지 설치와 주한 미군의 사드 배치가 이 같은 전략적 균형을 뒤흔드는 미국의 군사적 도발로 받아들여질 게다. 루마니아에서 2016년 미국 MD가 본격 가동되고 폴란드에도 미국 MD 기지 건설이 추진되는 상황에서 사드의 한반도 배치가 진행됨으로써 러시아는 예민한 반응을 보였다고 할 수 있다. 푸틴 대통령은 자국의 서부 접경국들에 배치되는 미국 MD와 관련해 "미국이 동유럽에 사드 시스템을 배치해 러시아에 위협이 된다면 우리는 이를 무력화시킬 조치를 취할 수밖에 없다"고 했고, 러시아 정부는 폴란드 등 미국 MD가 배치되는 국가에 대해 핵공격을 가할 수 있다고도 했다. 사드의 한반도 배치와 관련해 러시아의 한 군사전문가는

"(사드가 한국에 배치되면) 러시아는 한국을 잠재적 적국으로 주시하기 시작할 것"이라면서 "사드 배치는 한국의 군사적 안전을 제고하는 것이 아니라 악화시키는 것으로 변질될 수 있다"고 지적했다. 잘 알려져 있다시피 과거 미국은 한국에 수백 개의 전술핵을 배치했는데, 사실 이것도 북한 때문이 아니라 소련과의 핵 경쟁 때문이었다.

지금까지 사드의 한반도 배치 문제를 들여다봤는데, 사드 도입이 북핵 대응 차원에서 군사적 실효성이 충분히 있는 것이거나, 아니면 국익 차원에서 잃는 것보다 얻는 것이 더 큰 선택이라면 한국 정부 입장에서 그것을 추진할 수도 있겠으나, 그 실효성이나 국익을 냉철하고 깊이 있게 따져보지도 않은 채 그런 결정을 내렸다면 그것은 올바른 접근법이라고 하기가 어렵다[24]. 다시 말해, 사드배치 결정 과정에서 한국 정부가 사드를 둘러싼 국제정치의 복잡한 현실과 미중 전략경쟁 양상 등을 철저히 꿰뚫어 보고 그에 기초하여 정말로 지혜롭게 접근했는가 하면, 그게 전혀 아니었다는 것이다.

이제 앞에서 얘기했던 대로 우리의 '정신적 상황'의 문제를 역사

---

24 당시 여당(새누리당)과 제1야당(민주당)도 비판 받아 마땅하다고 생각한다. 왜냐하면 여당은 사드 배치의 객관적·실질적 효용성의 문제는 제쳐둔 채 사드 도입을 비판하는 사람들을 무조건 종북·반미로 몰아붙이는 데 몰두했고, 제1야당인 민주당은 찬반 당론조차 못 정한 채 정치적 유·불리만 저울질하며 여론의 눈치를 살피는데 급급했기 때문이다. 주요 정치세력들이 국가적 생존이 걸린 안보 문제에 대해 이런 태도를 보인다는 것은 실로 참담한 일이 아닐 수 없다. 사실 지금 한국에서 정말 큰 문제는 사회적·국가적 중대 이슈와 관련하여 무엇이 우리 공동체의 진정한 미래를 위한 것인지, 무엇이 우리의 진정한 국익을 위한 것인지에 대한 합리적인 논의나 토론, 논쟁 자체가 거의 불가능하다는 것이다.

적 차원에서 한번 살펴보도록 하겠다.

과거 전통시대의 오랜 기간 동안 한반도 국가의 지배층은 **중화주의**에 지나치게 함몰됐다 하지 않을 수 없다[25]. 중화주의라는 주변 대국의 세계관에 너무 깊이 사로잡힘으로써 한반도 국가의 지배층은 심지어 "중국의 천자를 중심으로 하는 국제질서와 그 안에서의 자신의 위치를 우주론적 차원에서 미화"할 정도로까지 됐다. 물론 한반도 지배층이 깊숙이 수용하게 된 중화주의직 세계관은 한반도 국가가 중화제국과의 문화적·경제적 교류를 두텁게 하고, 수백 년에 걸친 장기 평화관계를 가능케 한 기반으로 작용했다고 할 수 있다[26]. 하지만 문제는 그 과정에서 한반도 국가 지배층의 중화주의·중화질서에 대한 지나친 몰입과 헌신이 체질화되어 버렸다는 것이다.

한반도 국가의 지배층/지식인들이 중화주의에 얼마나 깊이 사로잡혔었는지는 과거 한반도가 겪은 전쟁—임진왜란·정묘호란·병자호란—이나 조선 후기의 새로운 흐름으로 평가되곤 하는 이른바 '실학'의 대표적인 학자들—정약용·박제가—을 들여다보면 잘 드러난다 할 수 있다.

그러면 먼저 그 전쟁들을 살펴보기로 하겠는데, 논의의 초점은 말할 것도 없이 중화주의·중화질서에 대한 한반도 국가 지배층의 과

---

25 중화주의는 "중국의 한민족(漢民族)이 자국과 자민족의 문화를 최고의 지위와 절대적 기준에 올려놓는 문명관"인 동시에 "스스로를 주변 국가들과 구분하는 세계관이며 국제질서관"이다. 이는 자신을 세계의 중심으로, 주변 이민족 집단을 오랑캐로 보며, 한족(漢族)의 문화를 문명(華)으로, 주변의 비(非)한족 문화를 야만(夷)으로 위치시킨다.

26 이삼성 저 『동아시아의 전쟁과 평화1』 참고. 뒤에 나오는 임진왜란, 정묘호란, 병자호란과 관련해서도 이 책을 중요하게 참조했음.

도한 몰입과 헌신이 전쟁의 발발과 전개과정에 어떤 영향을 미쳤는지가 될 것이다.

임진왜란부터 한번 보자. 일본은 8세기 중엽에서 14세기 중엽에 이르는 약 600년의 기간 동안 중앙 집중화된 정치권력의 결핍 등으로 인해 '파편화된 정치구조적 상황'에 처해 있었고, 그 후 14세기 말엔 무로마치 막부에 의해 전국 통일정권이 세워지기도 했으나 '오닌의 난(1467년)' 이후부터는 전국시대의 혼란이 계속됐다 하지 않을 수 없다. 그러다 마침내 16세기 중엽 일본은 새로운 통일의 단계로 들어선다. 통일의 가닥을 잡았다고 할 수 있는 오다 노부나가는 도카이 지방東海地方의 대영주 이마가와 요시모토를 오케하자마 전투(1560년)에서 격파하는 등 다른 영주들을 차례로 제압하고 1568년 "천황"이 거주하는 교토로 입성한다. 이어 1573년에는 자신이 쇼군으로 옹립한 아시카가 요시아키가 일으킨 '반反 노부나가 군'을 진압, 그를 추방함으로써 무로마치 막부마저 멸한다. 그리고는 조총 부대를 주력으로 하여 당시 유력 다이묘 가문이자 숙적이었던 다케다 가豪의 군대를 나가시노 전투에서 섬멸한다(1575년). 이 전투에서 조총 부대를 앞세운 오다 군이 정예 기마부대를 주력으로 한 다케다 군을 궤멸시킨 것은 일본의 전투 방식 내지는 군 전술 운용에 있어서의 역사적인 변화라고 할 수 있다. 노부나가는 이처럼 일본 통일의 기반을 다지면서 이른바 '천하포무天下布武'의 길로 내달렸지만, 1582년 가신家臣 아케치 미쓰히데로부터 불의의 기습을 받아 갑자기 죽게 된다. 그러자 노부나가의 죽음을 재빨리 간파한 또 다른 가신 토요토미 히데요시가 군사를 신속히 움직여 미쓰히데를 단숨에 물리치고선 그 자리를 꿰찬다. 히데요시는 곧 오다 시절의 연합세력이었던 도쿠가와 이에야스와 전쟁을 벌였으나 이내 강화를 제의, 이에야스를 휘하로 포섭한다(이에야스도 히데요시와의 대결이 자신에게 유익하지 않다고 판단했음). 이에야스의 힘까지 끌어들인 히데요시는 그 후 호조가의 오다와라 성을 점령하는 등의 과정을 거쳐 결국 1590년 일본 통일을 완성했던 것이다.

이처럼 오다 노부나가와 토요토미 히데요시를 거치며 오랜 혼란과 전란이 평정, 종식되고 일본 통일이 이뤄졌지만, 조선 지배층은 일본의 이 같은 커다란 변화를 깊이 주목하지도 않았고 예의주시하지도 않았다. 조선은 "지척의 잠재적인 지정학적 위협"인 일본의 존재와 그 내부의 격렬한 변동 및 강력한 정치·군사적 힘의 통합에 대해 충분한 관심과 주의를 기울이지 않았던 것이다.

이렇게 된 데는 일본이 아주 오랫동안 정치적 파편화 현상과 전국난세戰國亂世의 혼란을 겪었던 데다 조선 지배층이 중화질서의 바깥 또는 그 경계에 위치해 있던 일본에 대해 전형적인 화이론적華夷論的 경시의 태도—중화 이외의 세력들을 오랑캐로 규정하여 멸시함—를 갖고 있었던 탓이 크다. 조선 지배층은 오로지 '중화'만을 바라보면서 유교 철학적 추상의 세계를 고고히 유영游泳하는데 여념이 없었고, 그들에게 일본은 그저 '왜구의 소굴' 내지는 '무식한 소국小國' 정도로 인식됐을 뿐이었다. 조선 위정자들은 한동안 일본이 전국시대인지 통일국가의 시대인지조차 파악 못할 정도였다고 하지 않는가. 그만큼 조선 지배층은 일본에 대해 무관심했고 무지했다는 것이다.

1580년대 말부터 '일본통일'이 무르익어가면서 히데요시의 해

역사의 갈림길에 선 대한민국

외침략전쟁 가능성이 어느 정도 드러나기 시작했다고 할 수 있다. 그리고 임란 전 쓰시마 측에서 조선에 조총을 선물로 전해주기도 했으나 조선 조정은 이를 그냥 무기고에 처박아 놓은 채 잊고 있었다. 화이론華夷論의 관념에 사로잡혀 있던 조선 지배층은 쓰시마 측에서 보낸 조총을 '섬 오랑캐의 무기' 정도로만 봤을 테고, 그리하여 그것을 중요하게 여기지 않고 무시했으리라. 뿐만 아니라, 임란 직전 조선의 사신들이 일본에 갔다 가지고 온 히데요시의 국서, 즉 왜서倭書에 "군사를 거느리고 명나라로 쳐들어가겠다"는 내용이 들어있었음에도 불구하고 조정에선 여전히 전란이 있을지 없을지에 대한 논란만 분분했다.

조선 지배층은 철학적 사유의 영역에서 뿐만 아니라 대외인식과 현실외교의 영역에서도 '중화주의 사고 틀'에 철저히 묶여버렸다. 그에 따라 조선은 중화질서의 바깥 또는 그 경계에 위치해 있던 일본의 존재를 주시하거나 그 내부의 역동적 흐름에 충분한 주의를 기울이는 게 어렵게 됐음은 물론, 현실주의적 관점에서 뭔가 대책이나 전략을 마련하는 것도 힘들게 됐다고 할 수 있다. 임란 전 조선의 대비태세와 관련하여 어느 역사학자는 "태평에 젖은 양반 관리들은 안일 속에서 고식적인 대책에 만족할 뿐이었다"고 했다지만 당시 조선의 그런 안일과 사실상의 무대책이 과연 태평세월 탓으로만 돌려질 수 있는 것일까? 조선이 일본의 침략 앞에 그토록 무대책, 무방비 상태에 놓여 있게 된 근저엔 결국 조선 지배층의 '중화주의 중독' 현상과 그로 인한 '정신적 마비'가 자리하고 있었던 게 아니냔 것이다.

게다가 임란 후 조선의 '중화주의 중독' 현상은 더욱 깊어진다. 조선 왕조가 일본을 격퇴시킨 공을 거의 전적으로 명나라에 돌리면서 재조지은再造之恩(조선을 구원해 다시 일으켜 세워준 명나라의 은혜)을 자신의 정통성을 재확립하는 이데올로기로 삼았기 때문이다. 이렇게 되어 조선의 '중화주의 중독' 현상은 더한층 심화되었고, 이런 '정신적 상황'에 처해 있던 조선은 임란 후 300년이 지난 19세기 말 20세기 초 또다시 닥친 일본의 강력한 침략 앞에 여전히 무대책, 무방비 상태로 서 있을 수밖에 없었다고 해야 할 세다.

이제 정묘호란(1627년)과 병자호란(1636년)을 한번 보기로 하겠다. 문제를 조금 압축적으로 드러내기 위해 정묘호란과 병자호란, 그 양 시점 사이에 있어서의 후금의 힘의 변화 내지는 조선이 직면한 대외적 환경 변화를 먼저 살펴볼까 한다.

정묘호란 즈음의 후금은 태조 누르하치가 명나라에 대한 공격을 시도하다 산해관山海關(만리장성의 동쪽 끝으로 중국 심장부인 북경으로 들어가는 관문)에서 두 차례(1622년·1626년)나 패배한 때였고, 병자호란 즈음의 후금은 누르하치의 아들 홍타이지(청 태종)가 명과 연결돼 버티고 있던 몽골 세력을 제압한 후 국호를 청으로 바꾸고 칭제稱帝를 하는 등 '제국'의 기틀을 다진 때였다.

그렇다면 당시 조선의 대응은 과연 이 양 시점 사이에 있어서의 커다란 정세 변화에 조금이라도 조응하는 방향으로 이뤄졌는가? 전혀 그렇지가 않았다. 조선이 후금(청)과 명나라 사이에서 국제정세를 인식하고 그 대응 방향·방식을 결정하는 데 있어 이 같은 커다란 정세 차이는 사실상 무의미했다. 자신을 둘러싼 대외정세의 변동에 따

역사의 갈림길에 선 대한민국

라 유연하게 대응함으로써 국가적 위기를 돌파하려는 것이 정상적 국가, 정상적 정부의 태도일 텐데도 조선은 도무지 그렇지가 않았다는 것이다.

왜 그렇게 됐을까? 그것은 조선이 중화주의에 사로잡혀 대명사대 이데올로기에 결박당해 있었기 때문이다. 1623년 광해군을 몰아내고 들어선 인조정권은 중화주의적 명분 내지는 대명사대 이데올로기의 관점에서 국제관계를 바라봄으로써 대외정세의 변동에 따라 유연하게 대응해 나갈 수가 없었던 것이다[인조정권은 반정(反正)이라는 정변을 통해 집권을 했기에 "명나라로부터 승인을 받고 인조의 책봉을 얻어내기 위해 친명의 태도를 분명히 할 필요에 직면"해 있기도 했다]. 전형적인 화이론華夷論의 관점에 갇혀 '중화中華'인 명나라를 지성으로 섬기는데 몰두했던 조선은 후금을 세운 만주족을 개·양이나 몰 줄 아는 오랑캐虜라 멸시했을 뿐이었다.

북방세력은 그들이 강성해지면 중국 중원을 본격 공략하기 전에 자신들의 측면 내지 후방이라 할 한반도 지역을 먼저 눌러놓곤 했다. 그들 입장에선 자신들의 옆구리 내지 배후지에 해당하는 한반도 지역을 미리 '안정화'시켜 놓을 전략적 필요성이 있었던 것이다(그러나 이것이 한반도 국가가 전쟁을 결코 피할 수 없었다는 것을 뜻하진 않는다). 고려 때의 몽고 침략 역시 몽고가 당시 중국 중원의 지배자였던 금나라 정복을 위해 그들의 '동방 전략'을 본격화하면서 1차 침략(1231년)이 이뤄졌고, 금 멸망(1234년) 이후의 계속적인 고려 침공 또한 남중국에 여전히 버티고 있던 남송에 대한 전면적인 정복을 앞두고 이뤄졌다.

한반도가 북방세력에게 전략적 차원에서 이렇게 인식되는 가운데 조선이 친명적인 태도를 보였던 바, 이는 후금을 더욱더 자극했다고 할 수밖에 없다. 잘 알려져 있다시피 당시 압록강 하구 가도를 차지하고 있던 명나라 장수 모문룡 문제가 특히 중요한 이슈였다. 모문룡은 후금에 빼앗긴 요동—명나라는 1621년에 이미 요동 전체를 후금에 빼앗겼음—을 회복하겠다고 외치며 후금을 자극했는데, 이 모문룡 군대에 식량과 군수물자를 제공하는 것으로 보이는 조선의 행보는 후금 입장에선 "결코 간과할 수 없는 문제"로 여겨졌을 테다. 후금은 모문룡 군대를 지원하는 '배후위험세력 조선'을 눌러놓고 자신에게 "목의 가시와도 같은" 모문룡 세력을 제거할 필요가 있었던 것이다. 게다가 1626년 영원성寧遠城 전투에서 후금이 명의 명장 원숭환袁崇煥에게 패배하고, 그 전투에서의 부상 후유증으로 태조 누르하치가 사망하게 되자 후금 입장에선 자신의 측면 내지 배후지에 대한 '안정화'의 필요성을 더욱 강하게 느꼈을 수도 있다. 결국, 후금은 강력한 '무력 카드'를 꺼내들었던 바, 이것이 정묘호란의 발발(1627년)을 의미하는 것임은 말할 것도 없다.

1627년 당시 후금은 북서쪽에 몽골 세력—릭단 칸—이 버티고 있는 가운데 남서쪽에서 명과 대치해 있는 상황이었다. 조선출병으로 자신의 내부가 취약해질 경우 명이 기습할 가능성이 없지 않았다. 후금이 조선 침공 후 강화를 맺고 재빨리 철수한 것은 이러한 점이 작용했다고 볼 수 있다. 그렇다면 그런 상황에서도 후금이 굳이 조선에 3만 대군을 출병시킨 것은 그만큼 조선이 '명과 밀착돼 있는 배후위험세력'이라는 데에 강하게 자극 받았기 때문일 게다.

이제 병자호란(1636년) 즈음으로 가보자. 그때는 이미 한 차례 전란의 참화를 겪은 뒤였고, 게다가 조선은 점점 더 고립되어 가는 상황이었다. 그런데도 조선은 이 시기에 '숭명반청崇明反淸'의 기치를 더욱 결사적으로 받드는 듯한 모습을 보이며 '청과의 극단적인 갈등'으로 치달았다. 조선 조정은 한반도의 지정학적 조건과 현실적 힘의 관계에 대한 심사숙고가 더욱 절실해진 시점에서 이전과는 다른 어떤 대비책도 없이 그 같은 모습을 보였다는 것이다. 이는 하나의 국가, 하나의 정부로서 너무나 비정상적인 태도라고 할 수밖에 없다.

당시 조선이 직면한 선택을 '전쟁으로 맞설 것인가, 아니면 그대로 청나라와 군신관계를 맺을 것인가'라는 식으로 압축하는 학자도 있다지만, 이는 당시 조선이 맞닥뜨린 선택의 실질을 제대로 드러낸 것이라 하기 어렵다. 왜냐하면 '전쟁으로 맞서는 선택'을 할 경우, 청과 어느 정도 맞붙어 볼 만한 것이 되거나 청과의 군신관계를 피하는 것으로 연결될 수 있을 때 그것이 '그대로 청나라와 군신관계를 맺는 것'과 다른 선택이 될 수 있을 텐데, 그때의 상황은 전혀 그런 게 아니었기 때문이다. 당시 조선의 역량에 비춰 볼 때 조선이 전쟁을 선택하고 안 하고를 떠나서 청과 군신관계를 맺는 것은 피하기 어려운 일이었다. 전쟁을 선택하더라도 그것은 결국 '패전과 군신관계의 수용, 그 둘 다를 동시에 선택하는 것'에 불과했다는 것이다. 당시 조선에 주어졌던 실질적 선택이란 '패전의 멍에를 뒤집어 쓴 상태에서의 군신관계 수용'이냐, 아니면 '전쟁을 비켜간 외교적 선택으로서의 군신관계 수용'이냐, 그 둘 중의 하나였을 뿐이었다.

병자호란 직전 청 태종이 사절단을 파견하자 척화론이 기세를 뻗치던 조선 조정은 사절 접견 자체를 거부했다. 그렇다고 조선이 자신의 행위를 감당할 어떤 복안을 갖고 있었던 것은 전혀 아니었다. 전쟁에 이르러 조선 조정이 거의 유일하게 세운 대책이란 강화도로의 몽진 채비였다. 고려시대 무신정권이 몽고가 침입하자 장기 지속 항전을 명분으로 백성을 버리고 강화도로 들어갔듯 조선 조정 역시 청에 대한 군신관계 거부를 명분으로 백성을 버리고 강화도로 피신하려 했던 것이다(전쟁 발발 후 강화도로 가는 길이 차단되자 남한산성으로 피신했음).

전쟁 발발 전 조선 조정 내부에서는 "예의와 삼강은 인간 사회의 기본 질서인데 명을 배반하고 오랑캐를 섬기면 이미 세상은 망한 것이 되므로 나라의 흥망을 돌아보지 않고 청에 맞서야 한다"(김상헌[27] 등 척화론자들)느니 "우리나라는 예의지국으로 조상들로부터 소중화란 미명을 이어 왔고, 우리는 사대심事大心으로 이 하나를 어김없이 지켜 왔는데, 이제 오랑캐에 복종하면서까지 겨우 생존하고 사직을 이어간다면 어떻게 조상들을 대하겠는가"(홍익한)라느니 하는 등의 주장이 쏟아졌다. 한마디로 대명사대가 중요하지 나라가 망하고 백성이 고통을 당하는 게 뭐가 그리 중요하냐는 식이다. 한 나라 지배층의 '정신적 상황'이 이 지경에 처해 있었다는 것은 실로 놀라운 일이 아닐 수 없다. 대명사대의 명분을 자국의 생존·존립과 자기 백성

---

27 김상헌의 묘비엔 '유명조선(有明朝鮮) 문정공 청음 김선생 상헌지묘'라고 새겨져 있다고 한다. '유명조선(有明朝鮮—여기서 有는 일종의 접두사로 별 뜻이 없음) 문정공'은 '황제국 명나라의 제후국인 조선의 문정공'이란 뜻이다. 비석이 세워진 1669년을 '숭정기원후(崇禎紀元後. '숭정기원후'의 시작은 숭정제가 제위에 오른 1627년임) 42년 기유 4월'이라 기록하고 있는데, 숭정은 이미 멸망한 명의 마지막 황제 숭정제의 연호가 아닐 수 없다. 훗날 김상헌은 지조와 절개의 상징으로 떠받들어졌는데, 그 지조와 절개가 어디를 향한 것이었는지가 이 묘비문에서 그대로 드러난다고 할 수 있다.

역사의 갈림길에 선 대한민국

의 안위·안녕보다 우위에 놓았다는 것은 조선 지배층이 중화주의에 얼마나 깊이 사로잡혀 있었는지를 극명히 보여주는 것이라고 할 수밖에 없다.

어찌 보면 사대라는 게 꼭 나쁜 것도 아니요, 반드시 구차한 것도 아니라고 할 수 있다. 약소국이 자기 백성을 지키고 자신의 생존 도모를 위해 전략적 관점, 전략적 차원에서 사대하는 것을 어떻게 무조건 나쁜 것, 무조건 부끄러운 것이라 할 수 있겠는가 말이다. 하지만 앞에서 살펴본 조선의 모습은 전혀 그런 게 아니지 않은가.

조선 지배층에게 있어 중화세력과의 군신관계는 그지없이 아름다운 것이어도 만주세력과의 군신관계는 수십만 자기 백성의 삶과 목숨이 파괴되는 한이 있더라도 여지없이 거부되어야 하는 것이었다. 조선 위정자들의 말대로라면 만주세력과의 군신관계는 나라가 망하더라도 배척돼야 하는 것이었다. 백성들이 겪어야 할 그 엄청난 고통과 비극은 안중에도 없는 듯한 태도다. 조선 위정자, 유학자들이 밥 먹듯 입에 올리던 그 민본民本은 대체 어디로 갔단 말인가?

이리하여 결국 조선은 전체 인구의 10%에 달하는 50만 명에 가까운 백성들이 청나라로 끌려가는[28]등 더욱 약탈적이고 보복적인 침략전쟁을 겪어야 했던 동시에 자신이 개·양이나 몰 줄 아는 오랑캐라 멸시했던 바로 그 세력의 신하국이 되는 최악의 굴종 또한 떠안아야 했다. 한 나라를 운영하는 위정자들에게 있어 핵심적으로 중요한

---

28 당시 붙잡혀 간 백성 가운데 너무나 많은 이들이 끌려가는 도중에 맞아 죽고 굶어 죽고 병들어 죽고 얼어 죽었으며, 심양瀋陽. 선양)까지 끌려간 이들은 온갖 능욕을 당하면서 인신매매의 대상이 되었다고 한다.

것은 국가의 생존과 그 구성원들의 안위에 대해 고도의 정치적 책임을 지는 일이 아닐 수 없다. 그런데 당시 조선의 위정자들은 대명사대라는 명분만 앞세운 채 나라의 생존과 백성의 안위는 제대로 돌아보지 않음으로써 그 정치적 책임을 철저히 내팽개쳤다고 할 수밖에 없다. 물론 전쟁 도발의 책임과 도덕적 비난을 떠안아야 할 쪽은 마땅히 침략세력이나 전쟁과 외교는 도덕의 문제로 재단될 수 있는 게 아니다.

지금까지 정묘호란과 병자호란을 살펴봤는데, 조선이 중화주의에 매몰되지 않고 주체적인 대외인식 및 전략적 관점을 갖고서 대외정세에 유연하게 대응해 나갔더라면 전쟁을 피할 수 있었거나, 그렇게 되진 못했더라도 전쟁의 참화와 백성의 고통을 줄일 수 있는 가능성은 열려 있었다고 할 수 있다. 하지만 조선은 중화주의에 사로잡혀 국제관계를 중화주의적 명분 내지는 대명사대 이데올로기의 관점에서 바라봄으로써 그러한 가능성을 살릴 수가 없었던 것이다.

정묘호란과 병자호란을 겪은 뒤에도 '중화주의 중독' 현상에 대한 조선의 성찰은 이뤄지지 않았다. 성찰은커녕 오히려 그것이 더 심화됐다. 조선은 명나라가 망하고 난 이후에도 명에 대한 의리를 강조했을 뿐만 아니라 만주족이 지배하는 중국보다 조선이 더 문명국이라는 소중화주의[29]에 깊이 빠져들었기 때문이다. 소중화주의는 조선 후기 집권층의 강력한 이념적·사상적 기반이자 엄청난 자부심(?)의

---

29 정통 중화 명나라는 없어지고 청나라는 가짜 중화이니 이제 조선이 '작은 진짜 중화'라는 것이다.

원천이 됐다. 심지어 청나라가 중국을 완전 통일하고 강희·옹정·건륭제를 거치며 중국 역사 상 가장 융성한 시대를 열었던 때조차도 조선 지배층은 청을 오랑캐라 멸시하거나 백안시했다. 참 대단한 기개(?)였다고도 할 수 있으나, 실상 그것은 치명적인 자기 파괴적 허위의식의 표현이었을 뿐이었다. 이러한 자세나 태도는 그들이 현실을 있는 그대로 보지 않고 얼마나 애써 외면했는지를 생생히 보여주는 것이라고 할 수밖에 없다. '있는 그대로의 현실'을 인정하지 않고 외면했던 조선 지배층의 정신적 상황, 정신 구조는 이후(19세기) 중화질서의 붕괴와 새로운 세계질서의 형성에 직면하여 조선이 현실에 바탕을 두고 대응해 나갈 수 있는 인식의 지평을 봉쇄해 버렸다고 해야 할 게다(이는 결국 조선의 멸망에 결정적인 기여를 하게 된다).

이제 앞서 얘기했던 대로 조선 후기의 새로운 학문적·사상적 흐름으로 얘기되곤 하는 이른바 실학의 대표적인 인물들—정약용·박제가—을 들여다보는 것을 통해 중화주의 문제를 계속 고찰해 보도록 하겠다. 이들은 과연 중화주의에서 조금이라도 벗어났던 것일까?

먼저, 실학을 집대성한 인물로 평가받는 다산 정약용을 그가 쓴 '일본론'[30]을 중심으로 하여 한번 살펴보기로 하겠다.

다산은 이 '일본론'에서 "이제 일본에 대해 걱정할 것이 없다"고 선언한다. 즉, 일본의 침략에 대해 우리가 더 이상 근심할 필요가 없다는 것이다. 그는 '일본론1'에서 '일본 유학자 몇 사람의 글을 읽

---

30 『다산시문집』 제12권, 한국고전번역원, 윤태순·양홍렬·이정섭 공역.

어보니 그 글이 찬란한 문채文彩가 있다'고 하고는 곧바로 이 때문에 "일본에 대해 걱정할 것이 없음을 알겠다"고 한다. 아니, 이게 대체 무슨 말인가? 일본 유학자들의 문채가 찬란하니 이제 일본의 침략에 대해 걱정할 것이 없다고 하고 있으니 말이다. 말인즉슨, 일본 유학자들의 문채가 찬란하다는 것은 곧 일본도 유교적 문명화가 이뤄졌다는 것을 뜻하는 바, 이처럼 일본도 오랑캐에서 벗어나 문물을 갖추고 예의를 알게 되었으니 이제 우리를 침략하는 행위 따위는 하지 않을 것이란 얘기다. 그냥 간단히 말하면 일본인들도 유교적으로 교화되어 도덕적 성품이 높아졌기 때문에 우리를 침략할 가능성이 거의 없다는 것이다.

다산은 "문물이 없으면, 예의염치로써 사나운 마음이 분발함을 부끄러워하게 할 수 없고, 원대한 계책으로써 무턱대고 뺏으려는 욕심을 중지시킬 수 없는 바, 그렇기 때문에 표범과 시랑 같은 사나운 짐승처럼 성나면 물어뜯고 탐나면 먹어치우게 되니, 어떻게 옳고 그름을 헤아릴 수 있겠는가"라고 하면서 오랑캐를 방어하기 어려운 이유가 바로 여기에 있다고 하고 있다. 일본도 유교적 문명화가 이뤄져 문물을 갖추고 예의를 알게 되었으니 사나운 마음이나 무턱대고 뺏으려는 욕심이 억제되고 옳고 그름을 헤아릴 수 있게 됐다는 것이리라.

다산은 우리 역사도 끌고 들어온다. "옛날에 우리나라에 문물이 없었을 적에는 수양제가 백만 대군을 이끌고 쳐들어왔었지만 한 치의 땅도 못 얻었고, 당 태종은 온 나라의 군사력을 총동원하였으나 한쪽 눈이 먼 채 되돌아갔고, 고려 때에는 여진을 굴복시켰고 유구국琉球國을 위력으로 제재했었다"고 하고 있다. 그 당시 우리는 문물을 갖추지 못하고 예의를 알지 못했기 때문에, 다시 말해 그때의 우리는 사나운 마음이 분발함을 부끄러워 할 줄 모르는 미개의 상태에 있었기 때문에 사나운 마음이 맹렬히 일어날 수 있어 그런 엄청난 대군을 물리칠 수 있었고, 주변세력도 제압할 수 있었다는 것이다. 그런데 과연 이런 인식이나 주장이 타당한 것이라 할 수 있을까? 그 같은 대규모 침략세력을 격퇴시킨 것을 두고 당시 우리가 문물이 없고 예의를 모르는 야만의 상태에 있었기 때문에 사나운 마음이 억제되지 않고 격렬히 일어날 수 있어 가능했다는 식으로 말하는 게 과연 온당한 것이라 할 수 있겠는가 말이다. 어쨌든 다산은 이어서 "문물이 점차 성해지고 예의를 숭상함으로부터는 외적이 침입해 오면 두 손을 마주잡고 공물을 바칠 줄만 알 뿐이었다"고 하고 있다. 우리나라가 문물이 갖춰지고 예의를 알게 되면서부터는 외적이 침략해 들어와도 그에 사납게 대응하지 않고 그저 공손하게 공물을 주기만 했다는 것이다. 바로 이 같은 우리의 경우가 일본에 대해 걱정할 것이 없는 "명백한 증거"라는 얘기다.

다산은 또 이렇게 말한다. 일본이 이전엔 참으로 오랫동안 여러 나라에 대한 침략과 약탈을 일삼았었는데 "우리나라의 주현州縣이 일본과 싸우지 않은 지가 이미 2백여 년이나 되었고, 중국과도 서로 물화物貨를 매매하는 배들의 왕래가 끊이지 않고 있는" 바, "진실로 예의와 문물이 그들의 천박하고 탐욕스러운 풍속을 대폭 혁신시키지 않았다면, 어떻게 수천백 년 동안 고칠 수 없었던 것을 이렇게 하루아침에 거부 반응도 없이 그치게 할 수 있었겠는가"라고. 그리고는 "노략질하기 위해 군사를 일으키려는 자가 있으면 그 측근의 신하가 간하기를, '그 땅은 얻어도 지킬 수가 없고 재물을 노략질하면 도적이란 이름만 남을 뿐입니다'하고, 싸우기 위해 군대를 동원하려는 자가 있으면 그 측근의 신하가 간하기를, '아무 때 군대를 동원하여 공격했다가 단 한 사람의 군졸도 돌아오지 못했고, 아무 때에는 군대를 동원하여 공격했다가 그 여파로 나라도 따라서 망했습니다[토요토미 히데요시 가(家)가 망했다는 것을 의미—책쓴이]'하니, 이에 중지하게 되었다"고 하고 있다. 이는 모두 문文이 승勝한 효과, 즉 "문채가 실질보다 나은 효과"라는 것이다[31] 다산은 문채가 실질보다 나아지면 군사에 힘쓰지 않기 때문에 망령되이 이익을 노려 움직이지 않는다고 하고 있다.

다산이 이처럼 '일본론1'에서 일본도 유교적 문명화가 이뤄져 문물을 갖추고 예의를 알게 되었으니 이제 우리를 침략할 가능성이 거의 없다고 하고 있지만, 그의 이 같은 주장은 중화주의적 세계관·가치관이 너무 깊이 침윤한 것으로 이후의 역사가 잘 말해 주듯 적실성을 결여한 것이라고 할 수밖에 없다.

---

31 우리가 보통 다산을 실학자라고 하는데 정작 다산 자신은 이처럼 실질보다 문채를 훨씬 더 중시하고 있으니 뭔가 이상하다 하지 않을 수 없는데, 다산이 이렇게 실질보다 문文을 중시하는 것을 보면 그는 개혁적이라기보다는 복고적이거나 보수적이었다고 해야 하지 않을까 한다. 다산은 당시 이미 해체 중이던 신분제와 관련해 나라의 모든 백성이 "다 귀하면 성공하지 못하고 이롭지 못하다"고 했다. 그는 '모든 사노(私奴)의 양처(良妻, 양인 신분의 처) 소생은 모두 어미를 따라 양인이 되게 하는 노비종모법' 시행(1731년) 이후 노비가 줄어든 것을 두고 "이때부터 위는 약해지고 아래가 강해져서 기강이 무너지고 민심이 흩어져 통솔할 수 없게 되었다"며 이의 시행을 강력히 비판하고는 "어지럽게 망하는 것(亂亡)"을 구하기 위해서는 '부모 중 한 사람이 노비면 그 자식은 노비가 되는 과거의 노비법'으로 돌아가야 한다고 했다.

이제 다산의 '일본론2'를 한번 보자. 이 글에서 다산은 우리가 일본에 대해 걱정할 것이 없는 구체적인 이유 다섯 가지를 조목조목 제시한다.

그 첫 번째 이유로 드는 것이 '토요토미 히데요시가 백만 대군을 동원하여 두 번이나 큰 전쟁을 일으켰지만 화살 한 개도 돌아가지 못했음은 물론 나라도 따라서 망했는데[32] 백성들이 지금까지 그것을 원망하고 있다는 것'이다. 임진왜란, 정유재란이란 두 번의 큰 전쟁을 일으켰지만 결국 실패했고, 백성들이 그것을 아직까지 원망하고 있으니, 일본이 다시는 그런 전철을 밟지 않을 것이 "명백하다"는 얘기다. 하지만 다산의 이런 주장이 과연 상황을 제대로 짚은 것이거나 앞을 제대로 꿰뚫은 것이라 할 수 있을까? 그 두 번의 전쟁이란 200년 전에 일어났던 일이다. 200년 전의 그 전쟁에서 실패했고, 그 전쟁을 일본 백성이 아직까지 원망하고 있으니 일본이 조선을 다시 침략하지 않을 것이라고 보는 것은 현실성이 한참이나 떨어지는 것일 테다.

다산은 또 "(일본이) 영남에서 해마다 쌀 수만 곡을 운반하여 1주州의 생명을 살리고 있다"고 하고는 "지금 그들이 대대적인 약탈을 감행하더라도 반드시 이 쌀의 이익과 맞먹을 수가 없음은 물론 맹약만 깨질 것이니, 그들이 흔단(틈이 생기는 실마리—책쓴이)을 유발시키려 하지 않을 것이 명백하다"면서 이를 두 번째 이유로 들고 있다. 하지

---

32 토요토미 히데요시 가(家)가 망했다는 것을 의미한다. 히데요시는 정유재란 중이던 1598년 병사하는데, 그의 여섯 살 난 아들 히데요리가 후계자가 되었지만 결국 도쿠가와 이에야스에 의해 제거된다.

만 이는 국가 간에 일어나는 침략이나 전쟁을 꽤나 협소한 관점으로 바라보는 것이라 할 수 있다. 대규모의 침략이나 전쟁은 대부분 식량과 같은 그런 차원을 훨씬 뛰어넘어 발생한다. 임진왜란만 해도 그게 어디 식량 문제의 차원에서 일어났던 전쟁인가 말이다.

다산은 또한 "청나라 사람은 우리나라를 왼팔로 여기고 있고, 우리나라의 북쪽 경계가 또 그들의 근거지와 아주 가까이 서로 맞붙어 있다"면서 "따라서 청나라 사람이 결단코 싸움에 익숙한 이들로 하여금 자기들의 왼팔을 점거하게 하지 않을 것이거니와, 일본도 우리나라를 얻어봤자 소유할 수 없다는 것을 명백히 알고 있다"고 하고는 이를 세 번째 이유로 들고 있다. 물론 만주족이 세운 청나라 입장에서는 한반도가 자신들의 왼팔 내지 옆구리에 해당됐던 게 분명하지만, 그 왼팔 내지 옆구리가 점거 당하지 않도록 하기 위해서는 반드시 그만한 힘이 뒷받침돼야 한다. 하지만 청나라는 다산 사후 4년 만에 일어난 아편전쟁에서 영국에 속절없이 패배했고, 그 뒤 청일전쟁에선 일본에까지 패하게 된다. 일본은 결국 '청나라 사람의 근거지'였던 만주를 점거, 거기에 자신의 괴뢰국인 만주국을 세웠을 뿐만 아니라, 다산이 "얻어봤자 소유할 수 없다"고 했던 우리나라를 오랫동안 "소유"했다.

다산은 또 "일본이 옛날에는 여러 주를 통합하지 못했기 때문에 교활한 무리들이 각기 제 뜻대로 군사를 일으켜 노략질을 자행했었다"고 하면서 "때문에 신라와 고려 때에는 침략이 빈번하였으나, 지금은 섬 하나도 임금에게 통할되지 않은 곳이 없고, 그러므로 그들이 감히 멋대로 병화兵禍를 일으키지 않을 것이 명백하다"고 하고 있다. 이를 네 번째 이유로 들고 있는 것이다. 하지만 중앙의 권력이 지방의 여러 주들을 통할하여 강력히 틀어쥘 때 대규모 병화兵禍의 가능성은 외려 커진다고 할 수 있다. 임진왜란만 해도 그렇지 않은가. 토요토미 히데요시가 오랜 혼란과 전란의 시대를 종식시키고 내부적 통일을 이룬 바로 그 힘, 다시 말해 그 통합된 정치·군사적 힘이 외부로 폭발, 분출돼 나온 것이 임진왜란이 아니던가 말이다.

　다산은 또한 "일본이 중국과 교통하지 못할 적에는 중국의 비단과 보물들을 모두 우리에게서 얻어 갔고, 또 고루한 우리나라 사람의 시문과 서화를 얻어도 귀중한 보물로 여겼었다"고 하고는 "그러나 지금은 그들의 배가 바로 강소성江蘇省과 절강성浙江省까지 교통하여 중국의 물건만 얻어갈 뿐 아니라, 여러 물건을 제조하는 방법까지도 배워가지고 돌아가서 스스로 제조하여 넉넉하게 사용하고 있는데, 어찌 이웃나라를 약탈하여 도적질했다는 이름을 얻어가면서 겨우 거칠고 나쁜 물건을 얻으려 하겠는가"라고 하고 있다. 이를 다섯 번째 이유로 들고 있는 것이다. 하지만 내부적으로 풍족해지면 외부 침략을 하지 않을 것이라고 보는 것은 맞지 않는 것이라고 할 수 있다. 대규모의 외부 침략이나 전쟁 도발은 오히려 내부적으로 국력이 탄탄해졌을 때 이루어지는 것이 아닌가. 국력이 충실해지면 대외 팽창의 가능성은 커진다고 할 수 있다. 다산 사후 50년 정도가 지난 19세기 후반 일본은 아시아에서 가장 먼저 서구적 근대화에 박차를 가했고, 이를 통해 구축한 국력을 바탕으로 하여 곧바로 대륙 침략의 길, 해외 팽창의 길로 내달렸지 않은가.

　지금까지 다산의 '일본론1·2'를 살펴봤는데, 다산이 여기서 일본도 유교적 문명화가 이뤄졌다는 점 등을 들어 우리가 일본의 침략에 대해 걱정할 필요가 없다는 것을 누누이 강조하고 있지만, 그의 사후 불과 70여 년 만에 조선은 침략을 당하는 정도가 아니라 일본에 강제 합병을 당한다. 다산은 중화주의적 세계관·가치관에 너무 깊이 사로잡혀—즉, 유교적 관점에 갇혀—현실 세계를 지나치게 단순하고 낙관적으로 바라봄으로써 크나큰 착오를 범했다고 할 수 있다. 다산이 중화주의에서 조금도 벗어나지 못했음이 이 '일본론'에서 잘 드러난다고 할 수밖에 없다.

이제 조선 후기의 또 한 명의 대표적인 실학자인 초정 박제가를 한번 살펴보도록 하겠다. 박제가의 개혁가적인 면모는 실로 두드러졌던 듯하다. 이른바 "개혁 군주"로 일컬어지는 정조조차도 그를 저 유명한 중국 송대宋代의 개혁가 왕안석에 비유했다고 하지 않는가. 물론 정조는 그의 개혁론이 너무 급진적이어서 채택되긴 어려운 것이라 여겼지만, 어쨌든 그의 개혁론이 왕안석의 그것에 견줄 만큼이나 대단한 것이라고 봤던 게다. 그런데 그가 너무 개혁적이고 너무 혁신적이어서 그랬던 것일까? 그는 '중국어 공용론'—우리말을 버리고 중국어를 공용어로 삼자는 것임—을 주창하고 만다[33].

---

33 다른 실학자들도 우리말·우리글에 대해 비슷한 인식이나 견해를 드러냈다. 홍대용은 "우리나라는 중국을 사모하고 존숭하며 의관문물이 중화를 방불케 하여 예부터 중국에서 '소중화'라고 부르지만 언어만은 아직도 이풍夷風, 오랑캐 풍습을 면치 못했으니 부끄럽기 짝이 없는 일"이라고 했다. 그리고 박지원은 중국의 언문일치言文一致를 부러워하면서도 언문諺文, 한글을 속되게 이르던 말번역은 비판했으며, 정약용은 언문을 쓰는 것은 중화주의적 학문에 위배되는 것으로 봤다 한다.

박제가는 "중국어는 문자의 근본이다"[34]고 전제하면서 중국말과 우리말을 비교한다. 예컨대, 천天자의 경우, 중국은 말과 글자가 같아 "천天을 그대로 티엔天"이라고 하는데, 우리는 굳이 '하늘 천'으로 달리 부른다는 것이다. 그리하여 박제가는 이렇게 말한다. "우리나라는 중국과 가깝게 접경하고 있고 글자의 소리가 중국의 글자 소리와 대략 같다. 그러므로 온 나라 사람이 본래 사용하는 말을 버린다고 해도 안 될 이치가 없다. 이렇게 본래 사용하는 말을 버린 다음에야 오랑캐라는 모욕적인 글자로 불리는 신세를 면할 수 있고, 수천 리 동국東國에 저절로 주周·한漢·당唐·송宋의 풍속과 기운이 나타날 것이다. 이 어찌 크게 상쾌한 일이 아닌가?"라고. 참으로 당혹스럽다고 하지 않을 수 없다. 조선의 사대부들을 '우물 안 개구리', '나라의 좀벌레'로 보면서 이들이 천하를 야만족이라 무시하며 자신들만 중화中華라 떠벌이고 있다고 맹렬히 비판하던 박제가가 우리말을 버려야 오랑캐라는 부끄러움을 면할 수 있고, 그런 다음에야 저절로 주·한·당·송의 풍속과 기운이 이 땅에 나타날 것이라고 하고 있으니 말이다.[35]

---

34 안대회 교감 역주 '북학의'.

35 박제가의 이런 주장은 정약용이 자신의 '동호론(東胡論)'에서 "아, 이미 중국에 살 수 없을 진댄 살 곳은 동이(東夷)뿐이다"라고 한 것과 많이 닮아 있다. 박제가와 정약용이 이처럼 우리(나라)를 동국(東國)이나 동이(東夷)로 불렀다는 것 자체가 중국인의 인식 틀 내지는 중화주의를 무비판적으로 수용하고 믿은 결과라 할 수 있다. 사실 이 중화주의 문제는 21세기인 지금에도 우리에게서 툭툭 튀어나오고 있다. 이른바 '적폐 청산'과 개혁을 엄청나게 강조한 문재인 정부에서 주중 한국 대사로 임명됐던 어떤 이(뒤에 청와대 비서실장에 임명됨)는 시진핑 중국 주석에게 신임장을 전달하는 제정식 당시(2017년 12월 5일) 방명록에 '만절필동(萬折必東)'이란 글귀를 썼다. 이 만절필동은 '황하의 강물이 만 번을 꺾여 흘러도 결국엔 동쪽으로 흐른다'는 뜻으로[중국은 서고동저(西高東低)의 지형이기 때문에 장강도 황하도 서에서 동

박제가는 심지어 기자箕子와 한사군漢四郡까지 거론하며 "그 때 사용되던 중국말"이 왜 전해지지 않느냐고 하고 있다. "옛날 기자箕子가 5천명의 백성을 이끌고 평양에 와서 도읍을 정했"으므로 "백성들이 기자가 쓴 중국의 말을 배웠을 것이 분명"하고, 또 "한漢나라 때에는 조선이 그 영역으로 편입되어 한사군漢四郡이 설치되기도 했"는데, 왜 "그 때 사용되던 중국말"이 우리에게 전해져 내려오지 않느냐는 것이다. 더 나아가 그는 "역대 임금님께서는 중국어를 익히도록 명을 내리셔서 조회朝會를 하는 자리에서 우리말을 사용하지 못하도록 금지하는 팻말을 세워놓으셨고, 백성들에게는 중국말로 소송에 임하도록 요구하셨"는데 "단순히 외교사절 사이에 통역하려고 그렇게 조치 하셨겠는가?"라고 하고는, 그런데도 "말을 완전히 바꿀 수는 없었다"고 하고 있다. 우리말을 버리지 않은 게 몹시도 안타깝다는 투다.

박제가는 자신의 이런 '중국어 공용론'에 대해 "중국과 대등해"지

으로 흐른다] 본래 "충신의 절개"를 의미했으나 그 의미가 "천자를 향한 제후들의 충성"으로 확대됐다. '소중화(小中華)의 성지' 경기도 가평 조종암(朝宗巖)에는 선조의 글씨 '만절필동'이 새겨져 있으며, '조선의 대표적 중화주의자' 송시열이 존명사대주의(尊明事大主義)를 열렬히 추구한 흔적이 곳곳에 남아 있는 충북 괴산 화양계곡의 큰 바위에는 조종암에 새겨져 있는 선조의 이 친필을 모본으로 한 글씨가 깊이 각자(刻字)되어 있다. 한국을 대표해 중국에 나간 대사가 이 글귀를 썼다는 것은 정말 놀라운 일이 아닐 수 없다. 그렇잖아도 그 몇 달 전 중국의 시진핑 주석은 미중 정상회담(2017년 4월)에서 "역사적으로 한국은 중국의 일부였다"고 했다. 과거 한반도 국가가 중국의 속국 내지 제후국이었다는 것일 테다. 그런데 주중 한국대사로 나간 인사가 시진핑 주석 앞에서 '만절필동'이란 글귀를 썼으니 이 얼마나 해괴한 일인가 말이다. 이 인사뿐만이 아니라 이듬해(2018년) 대한민국의 국회의장이 된 이도 이 만절필동이란 말을 참으로 애용했다[이 말을 '어떤 일이 여러 곡절을 겪더라도 결국은 갈 데로 간다'는 뜻으로 썼을 수도 있지만, 그렇더라도 한반도는 동고서저(東高西低)의 지형이라 강물은 대체로 서(西)나 남(南)으로 흐르는데 왜 꼭 만절필동인가 말이다]. 이 말을 얼마나 좋아했는지 그는 IPU(Inter-Parliamentary Union, 국제의회연맹) 총회 연설 등에서 이 글귀를 언급했음은 물론, 한자로 쓴 친필 족자를 바자회에 내놓기도 하고 심지어 미국 하원의장(낸시 펠로시)에게 선물하기도 했다[그 말의 뜻을 떠나 한국의 국회의장이 한자로 쓴 친필 족자를 외국 정치인에게 선물한다는 것 자체도 이상한 게 아닌가).

기 위해서라고 했다. 그런데 중국과 대등해지기 위해 우리말을 버려야 한다는 식이라면 우리 것 중에 버리지 못할 것은 하나도 없을 게다. 그렇다면 차라리 우리가 중국에 통합되어버리는 게 더 낫지 않겠는가.

자기 언어를 지키지 않고 자기 언어를 존중하지 않는 민족이나 공동체가 과연 자신의 정체성을 유지하면서 계속 생존해 갈 수 있을까? 선진적인 문물이나 제도를 받아들이더라도 그것은 어디까지나 자신의 중심을 잃지 않고 자신의 소중한 것들을 지키면서 해 나가야 할 것이다. 우리말은 우리 얼의 지주라고도 할 수 있다. 우리말과 우리글이 희미해지면 우리의 얼 또한 희미해질 수밖에 없다[36]. 그렇게 되어 우리 자신을 잃어버리게 된다면, 우리가 중국과 대등해진다는 게 무슨 의미가 있겠는가.

박제가의 '중국어 공용론'은 1990년대 우리 사회 보수세력 일각에서 제기되었던 '영어 공용화론'을 떠올리게 한다. '영어 공용화론'의 논거 또한 이와 매우 닮아 있다. "국제적 표준"인 영어를 우리의 공용어로 하는 것을 통해 영어가 한국의 지배적 언어가 되면(사실상 '영어 전용'의 취지였음) 국제어인 영어가 누리는 네트워크 경제로부터 우리가 큰 혜택을 입을 것이란 얘기인데, 이는 결국 영어를 우리의 공용어로 하면 한국 경제가 그만큼 더 빨리 성장할 수 있고, 한국이 그

---

36 지금 우리 사회에서 아주 심각한 영어 남용 현상이 벌어지고 있는데, 신문·방송을 봐도, 거리의 간판이나 광고·상표를 봐도 무분별한 영어 사용이 넘쳐 나고 있다. 우리나라 사람 대다수가 우리말을 애써 외면하거나 무시하고 외국어 표현을 더 선호한다. 물론 이런 현상은 한문이 전통시대 한반도인의 계급을 갈랐듯 오늘날엔 영어가 우리 사회의 계층을 가르는 현실을 반영하는 것이라고 할 수 있겠지만 말이다.

만큼 더 빨리 선진국에 진입—선진국과 대등해지는 것임—할 수 있다는 것일 테니 말이다.

뿐만 아니라, 박제가의 '중국어 공용론'은 근래 한국의 모든 집권 세력들—민주정부(김대중·노무현 정부), 보수정부를 가릴 것 없이—이 개혁 또는 선진화라는 깃발 아래 미국식 기준—이른바 '글로벌 스탠더드'로 불리기도 한다—을 거의 맹목적으로 도입하려 했던 것을 상기하게 한다고도 할 수 있다.

결국, 그렇게도 급진적인 개혁가로 평가받던 박제가조차도 중화주의에 깊이 사로잡혀 있었음이 그의 이 '중국어 공용론'에서 잘 드러난다 하지 않을 수 없다. 그 또한 전형적인 화이론華夷論의 관념에서 한 발짝도 벗어나지 못했던 것이다.

지금까지 우리의 '정신적 상황'의 문제를 역사적 차원에서 중화주의 문제[37]를 조명해 보는 것을 통해 짚어봤는데, 과거 전통시대의 오랜 기간 동안 한반도 국가의 지배층/지식인들은 중화주의, 즉 중국인의 세계관 내지는 인식 틀(생각 틀)에 깊이 사로잡히거나 갇혀버림

---

37 여기서 필자는 중화주의 문제를 비판적으로 살펴봤는데, 사실 그동안 우리 내부에선 우리 역사를 조금만 비판적으로 바라봐도 식민사관이니 자학사관이니 하면서 엄청난 비난의 화살이 퍼부어졌다(물론 식민사관은 강력히 비판되어야 한다). 그런데 과연 이런 식의 반응이나 태도, 자세가 진정 우리 공동체의 미래를 위해 바람직한 것이라 할 수 있을까? 역사를 정면으로 응시하지 않고 역사를 제대로 성찰하지 않는 바탕 위에서 어떻게 미래를 위한 초석을 단단히 다져갈 수 있겠는가. 식민사관을 벗어나야 한다는 명분하에, 또는 자학사관을 버려야 한다는 미명하에 그동안 우리 학계나 많은 지식인들은 우리의 문제나 잘못을 덮고 합리화하고 미화하는데 급급해 온 면이 짙다. 이래서는 안 된다고 본다. 우리는 우리 자신의 문제나 잘못을 제대로 돌아보고 깊이 성찰해야 한다. 그럴 때만이 우리 공동체는 성공적 존속을 도모해 갈 수 있다고 생각한다.

역사의 갈림길에 선 대한민국

으로써 스스로의 독립적 사유 능력이 퇴화 또는 약화됐고, 그에 따라 주체적인 대외인식 및 전략적 관점을 갖는 것 자체가 어렵게 됐다고 할 수 있다. 그리고 중화주의·중화질서에 대한 그 같은 인식 패턴과 태도는 그 대상만 바뀐 채―중국에서 미국(미국중심주의·미국중심질서)으로― 현대의 대한민국 지배엘리트와 많은 지식인들에게서 그대로 나타났고, 그동안 한국 정부나 국정 최고책임자들이 대외적 자율성의 제약을 자진하여 감수하려 하거나 대외적 자율성의 강화 문제를 스스로 놓아버리는 듯한 태도를 자주 보여 왔던 것도 이런 흐름 속의 현상이 아닐 수 없다는 것이다.

4

동아시아공동체론과
안중근 동양평화론의 문제

근래 한국 지식인들 사이에서 우리의 미래 생존책으로 많이 거론되어 온 게 바로 동아시아공동체론(또는 동북아공동체론)이다. 동아시아 담론이 한국 지식인들 사이에서 하나의 지적 유행처럼 되었다고까지 할 수 있는데, 지금부터 이 동아시아공동체론과 그 연관 지점으로서의 안중근 의사의 동양평화론을 살펴보도록 하겠다.

한국의 많은 지식인들이 **동아시아공동체론**을 적극 거론하는 배경엔 물론 협력과 공존, 화합과 평화의 여망이 자리하고 있다. 하지만 '지역'[38]에 대한 한국 지식인들의 인식은 대부분 "독자적인 것이라기보

---

[38] 국제정치 개념으로서의 지역주의는 '지리적으로 인접한 국가들이 공통의 이해관계와 상호 의존에 기초하여 교류와 교역, 협력과 통합을 증진시켜 나가는 것'을 뜻한다.

다는 주변 강국의 관념을 차용한 것"이기 때문에, 우리가 무턱대고 동아시아 담론에 빠져들어 갈 경우 그것은 자칫 우리 자신이 모르는 사이에 우리가 주변 강국이 형성해 내는 지적知的 자장磁場 내지는 전략적 포석의 자장 내로 끌려들어가는 것이 될 수 있다.

사실 동아시아 담론의 발원지는 일본이다. 19세기 후반 일본에서 '아시아연대론'이 제기됐고, 이것이 '동양평화론'을 낳으면서 동아협동체론, 대동아공영권 등으로 발전했던 바, 결국 동양이 동아 → 대동아 → 동아시아(2차 대전 이후)로 진화했다고 할 수 있기 때문이다.

일본은 미국의 페리함대가 1853년 에도만[현 도쿄만(灣)]에 나타나 개항을 요구하는 등 19세기 중반 이후 서구의 압력에 직면하게 되자 한국, 중국과의 긴밀한 관계 구축을 통해 위기를 극복하려 했고, 이것이 아시아연대론으로 나타났다고 할 수 있다. 일본은 한편으론 서구적 근대화를 본격 추진하고 다른 한편으론 동아시아 이웃국가들과의 연대를 통해 위기를 넘어서려고 했던 것이다. 이 아시아연대론은 서양 제국주의라는 공동의 적에 맞서기 위해선 일본, 한국, 중국이 긴밀한 협조와 연대를 해야 한다는 것을 내세웠지만 실은 "동아시아 민족의 단결을 방파제"로 하여 자국이 직면한 위기를 돌파코자 한 것이었으며, 나아가 동아시아로의 세력 확장을 위한 '위장 언설'이었다고 할 수 있다.

1930년대 들면서 일본은 또다시 내우외환의 위기에 직면한다. 이는 "서양화의 모순과 서양으로부터 고립되는 과정에서 나타난 위기"였다. 일본은 위기 극복을 위해 다시 아시아와의 연대를 주창하고 나선다. 그것이 다름 아닌 1930년대 후반의 동아협동체론이다.

"파국을 보이고 있는 자유주의와 자본주의를 바탕으로 한 서양 중심의 세계사를 극복하고 동양 중심의 세계사를 만들어 가기 위해서는 무엇보다 먼저 중국, 만주국, 일본(한국)을 하나"로 묶어 지역적 운명공동체를 구축해야 한다는 것이었다. 공동방위·협동경제 등을 중심으로 하여 하나의 정치·경제 공동체를 건설해야 한다는 얘기가 아닐 수 없었다. 그런데 이 같은 '동양의 통일'을 어렵게 하는 가장 큰 걸림돌이 바로 중국의 민족주의라고 일본은 규정했다. 그리하여 일본은 중·일 전쟁을 '동아시아의 영원한 안정 확보에 꼭 필요한 신질서 건설을 위한 성전'이라 선언(1938년)했던 것이다. 결국 동아협동체론은 중국 침략을 합리화하고 미화하기 위한 것이었다고 할 수밖에 없다.

일본은 대륙 침략을 전개하면서 괴뢰국인 만주국을 수립, 소련과도 국경을 맞대게 됐는데, 당시 소련의 위성국이었던 몽골인민공화국의 최동단 작은 마을에서의 '국경 충돌'로 1939년 '할힌골 전쟁'[39]이 벌어진다. 소련군·몽골군, 관동군·일본군 양쪽에서 병력 10만여 명, 항공기 900여 대, 탱크·장갑차 1000대가 투입된 이 전쟁에서 관동군·일본군은 주코프 장군이 지휘하는 소련군에 의해 괴멸적 타격을 입는다[40]. 이 '할힌골 전쟁'에서의 패배로 일본은 북진北進에서 남

---

39 소련·몽골에선 '할힌골 전투', 일본에선 '노몬한 사건'(물론 이는 패배를 감추기 위해서다)으로 불리어진다.

40 이 할힌골 전쟁은 제2차 세계대전의 향방을 사실상 결정지은 전투였다. 할힌골 전쟁에서 패배한 일본이 남진(南進)으로 노선을 전환하자 스탈린은 주코프 장군과 극동군을 유럽으로 이동 배치시켜 대독(對獨) 전선에 전력을 집중할 수 있었고, 주코프 장군은 스탈린그라드 등에서 연전연승하며 끝내 베를린도 함락시켰다.

진南進으로 침략의 방향을 튼다. 동남아·태평양 진출로 노선을 바꾸게 된 게 아닐 수 없다. 동아협동체론이 기각되고 대동아공영권이 제기된 것이다. 이 대동아공영권 역시 지역의 정치·경제적 공존·공영과 진정한 평화·안정의 확보를 위한 것이라는 명분하에 주창되었음은 말할 것도 없다(당시 이 땅의 수많은 지식인과 이른바 지도급 인사들이 일본의 이 같은 주장에 넘어갔다). 하지만 그것은 식민 침탈을 정당화하기 위한 거짓 명분에 불과한 것이었다.

일본발 동아시아론은 1990년대 들어 다시 떠오른다. 이는 1980년대 말의 냉전 종식[41]으로 국제질서가 재편성되기 시작한 데 더해 중국의 빠른 성장과 대국화가 이뤄지고 국내적으론 경제 불황을 겪게 되는 등의 대내외적인 변화에 대응하려는 일본의 지적 움직임 내지는 새로운 국가 진로와 관련한 대안적 발상의 하나로 등장했다. 그 이전에 담론으로서의 동아시아 개념이 1960년대부터 일본 역사학계에 등장했는데(이후 일본의 동아시아공동체 담론이 한국에도 많이 소개되었음), 1990년대 들면서 동아시아가 담론의 중요한 주제로 떠올랐던 것이다. 물론 근래의 동아시아 담론이 과거 담론들의 단순한 부활은 아니다. 작금의 동아시아 담론은 자국의 영향력 확장이나 위상 강화 등을 더욱 장기적인 관점에서 더욱 은밀히 담고 있다고 할 수 있다.

우리는 과거의 아시아연대론이나 동아연대론 등의 역사성과, 작금의 동아시아 담론이 지역 강국에서 제기된 근본 배경을 꿰뚫어 보

---

[41] 냉전 질서는 '일본이 미국의 핵우산 아래서 경제 발전에 전념할 수 있는 환경을 만들어 주는 등 일본한테는 시혜적인 것'이었다.

고 동아시아공동체론의 신화와 현실을 냉철히 파악해야 한다. 지역 협력, 지역 평화를 위한다는 명분하에 지역 강국들에 의해 제기되는 각종 동아시아 담론이나 다자주의(중국도 1990년대 들어 다자주의를 모색하며 동아시아 협력에 적극 나서는 모습을 보였다) 등이 자국·자민족 중심 주의를 바탕으로 한 팽창주의나 패권주의를 그 밑바닥에 깔고 있는 건 아닌지를 통찰하는 것은 우리에겐 여전히 사활적인 문제라고 할 수밖에 없다. 상대적 약소국의 위치에 있는 한국 입장에서는 그러한 것들이 장기적 차원에서의 지역 강국 자신의 영향력 확장을 위한 지역 전략의 한 대안, 혹은 자국의 영향권 내로 주변국들을 끌어들이기 위한 포석의 일환으로 내세워지고 있는 건 아닌지를 철저히 들여다봐야 한다는 것이다.

작금의 동아시아공동체론과 관련하여 그동안 우리 내부에서 많이 거론되어 온 게 안중근 의사의 **동양평화론**이 아닐 수 없다. 유명 학자를 비롯해 많은 지식인들이 앞다퉈 안 의사의 동양평화론을 입에 올릴 정도였다. 안 의사의 동양평화론이야말로 지금의 EU처럼 지역평화를 담보할 탁월한 미래 비전을 담은 것이라고도 하며, 이것이야말로 작금의 동아시아공동체론의 모태요, 시발이라고도 한다. 어떤 학자는 서구 열강의 침략에 맞서 동양 3국(한·중·일)의 연대를 추구한 당대 조선 지식인들은 동양의 평화와 조선의 독립이 상호 연관돼 있는 것으로 봤다면서(이런 시각이 당시에 과연 제대로 된 것이었는지에 대해 뒤에서 논의할 것임) 그 대표적인 것으로 안 의사의 동양평화론을 꼽는다. 이런 현실 앞에서 필자는 안 의사의 동양평화론을 좀 자세히 살펴볼 필요가 있다고 생각했다.

안 의사는 '동양평화론 서문'에서 당시의 세계를 동양과 서양으로 구분하고, 그 시기를 서양세력이 동양으로 뻗쳐오는 시대로 규정했다. "예로부터 동양의 민족들은 다만 문학에만 힘쓰고 제 나라만 조심스레 지켰을 뿐"인데 유럽의 여러 나라들은 "도덕을 까맣게 잊고 나날이 무력을 일삼"으며 "조금도 꺼리는 기색이 없다"고 하고 있다. 요컨대, 안 의사는 당시의 세계를 서양과 동양의 대결, 백인종과 황인종의 대결로 바라봤고, 이런 현실 인식의 바탕 위에서 서양 침략이라는 환난에 맞서 동양 사람들이 일치단결해 극력 방어함이 최상책임을 주장했던 것이다.

그런데 안 의사의 이런 인식과 주장은 필자를 참으로 당혹스럽게 한다. 왜냐하면 당시의 일본은 이미 서양침략세력과 똑같은 제국주의 침략세력이었기 때문이다. 일본은 벌써 서양침략세력과 손을 잡고 그들과 똑같은 '제국주의 침략의 길'을 걷고 있었는데도 안 의사는 같은 동양, 같은 황인종임을 들어 한·청·일 3국이 힘을 합쳐 서양 침략에 맞서야 한다고 했던 게 아닐 수 없다.

안 의사의 국제정세 인식은 한마디로 동양주의, 인종주의에 기초한 것이었다. 동양 사람들이 일치단결해 서양침략세력에 맞서야 한다는 안 의사의 시각은 한말 계몽단체인 대한자강회[42]를 중심으로

---

42 자체 발간한 '월보'의 내용들은 우리가 단순히 한말 계몽단체라고 알고 있는 것과는 상당히 다른 면모를 보여주고 있다. '황인종 연합론'을 주장한 오가키 다케오[이 사람은 뒤에 "일본 국수주의들 단체인 '흑룡회'가 편찬한 '동아선각지사기전(東亞先覺志士記傳)'에 그 전기가 실리기"까지 한 인물임—여기서 선각지사란 말할 것도 없이 "일본의 대외 침략 주역"을 뜻하는 것임]라는 일본인의 글이 20여 편이나 게재되었다('월보'는 13회까지만 발간됨).

동양을 내세우며 활동했던 지식인들의 관점과 매우 닮아 있다. 그들은 동양에 평화가 자리 잡으려면 서양침략세력과의 대결이 불가피하고, 이들을 물리치기 위해선 대한제국과 일본 등 동양의 나라들이 일치단결해야 한다고 봤다(보통 '항일 애국운동가'로 불리는 당시의 계몽주의자들 사이에선 '황인종 연합론'이 유행했음). 그러나 이런 인식이나 진단은 앞서 이미 말한 것처럼 당시의 국제정치 흐름을 제대로 읽은 것이라 할 수 없다. 이미 서양 제국주의 세력과의 연대를 통해 동아시아 침략에 나선 일본에 대해 함께 힘을 합쳐 서양 침략에 맞서자고 하는 게 어떻게 적실성을 가질 수 있겠는가 말이다.

안 의사는 일본을 '같은 동양'이라고 생각했지만 일본은 안 의사가 동양평화론(1910년 집필)을 쓰기 4반세기 전부터 이미 스스로를 아시아의 여타국들과는 완전히 다르게 구분했다. 1880년대에 벌써 '아시아를 이탈, 서구 문명권으로 들어간다'는 탈아입구론脫亞入歐論이 일본에서 외쳐졌기 때문이다. '메이지의 스승' 또는 '일본 근대화의 아버지'로 불리는 후쿠자와 유키치는 저 유명한 '탈아론'(시사신보, 1885년 3월 16일자)에서 '서구인들은 일본, 중국, 한국을 같은 문화를 가진 비슷한 나라로 생각하는데 이는 일본에 걸림돌이 될 뿐이다. 나쁜 친구와 사귀는 사람은 함께 나쁜 친구가 되는 것을 면치 못한다. 일본은 마음속으로부터 이웃의 나쁜 아시아 나라들을 거부해야 한다'고 했다[43]. 또한 후쿠자와는 "우리 일본국은 잡아먹는 자(서

---

43 그것은 '문명국과 비문명국이라는 관계구조를 일본과 다른 아시아 국가들과의 관계로 전이시키는 것'이기도 했다. 이는 일본이야말로 아시아의 새로운 맹주가 될 수 있다는 것을 함의했다.

역사의 갈림길에 선 대한민국

양 침략세력—책쓴이)의 대열에 끼여 문명국(서양 유럽국들과 미국—책쓴이) 사람과 더불어 같이 좋은 먹이를 찾아야 한다"고까지 했다('외교론', 1883년).

안 의사가 동양평화론을 쓰기 4반세기 전에 이미 후쿠자와의 이런 주장들이 나왔고, 그가 '일본 근대화의 아버지'로 불리고 있다는 것에서 잘 알 수 있듯 일본은 그가 주장한 방향으로 곧장 내달렸다. 일본은 서구적 근대화, 서구적 문명화에 박차를 가했고, 이를 바탕으로 제국주의 침략의 길, 해외 식민 침탈의 길로 빠르게 달려 나갔던 것이다. 그럼에도 안 의사는 "합치면 성공하고 흩어지면 패망한다는 것은 만고에 변함없는 분명한 이치"임을 강조하면서 동양 사람들이 일치단결해 서양 침략에 맞서야 한다고 주장하고 있었던 게 아닐 수 없다. 이는 결국 후쿠자와의 '탈아론'이 나온 지 4반세기가 지나도록 일본 제국주의의 흐름 내지는 그 본질에 제대로 다가가지 못했다는 걸 뜻한다고 해야 할 게다.

안 의사가 당시의 세계를 서양과 동양의 대결, 백인종과 황인종의 대결로 바라봤던 탓에 러일전쟁에 대한 안 의사의 인식 또한 이해하기 어려운 쪽으로 자리 잡는다. 러일전쟁은 황백인종黃白人種의 대결이었기에 지난날의 원수졌던 심정이 사라져 버리고 '같은 인종'으로서 일본을 지지하고 도왔다는 것이다. 하지만 러일전쟁이 대체 어떤 전쟁이었나? 러일전쟁에서 일본이 정말로 겨냥한 게 무엇이었는가 말이다. 러일전쟁에서 일본이 진짜 목표로 했던 것은 만주나 중국이 아니라 한반도에 대한 독점적 지배였다. 일본의 저의가 이러한데도 같은 동양, 같은 황인종이기 때문에 한국은 일본을 도와야 했다는 것인가? 안 의사는 러일전쟁에서 일본이 승리한 것을 두고 "통쾌하도다" "장하도다"고 하면서 하늘이 한 매듭을 짓기 위해 일본으로 하여금 러시아를 때려눕히게 한 것이라고 했다. 그 승전은 "가히 천고에 희귀한 일이요 만방에 기념할 자취"라고 했다. 하지만 조선이 자신도 모르게 망국의 길로 접어든 결정적 순간은 바로 이 러일전쟁 시기였다.

안 의사는 일본이 러일전쟁 승리 후 한국을 "점거"한 것과 관련해 "세계의 모든 사람의 머릿속에 의심이 홀연히 일어나서 일본의 위대한 명성과 정대한 공훈이 하루아침에 바뀌어 만행을 일삼는 러시아보다도 못된 나라로 보이게 되었다"고 했다. 하지만 일본이 러일전쟁 승리 후 하루아침에 돌변하여 한국의 외교권 박탈과 보호국화를 실행했던 게 아니지 않은가 말이다. 안 의사는 러일전쟁에서 승리한 일본이 같은 황인종인 조선을 배신했기 때문에 '동양'이 위험에 빠졌다고 봤지만(당시 조선 지식인 상당수가 이런 인식을 공유했음), 실은 애초에 일본이 조선을 배신하고 말고 할 게 전혀 없었다. 왜냐하면 앞에서 이미 말했듯 일본은 처음부터 한반도에 대한 독점적 지배를 겨냥했기 때문이다. 러일전쟁 승리 후 이뤄진 '일본의 한국 점거'는 같은 황인종인 한국을 배신해서가 결코 아니었다. 그것은 일본이 오래전부터 착착 진행시켜 온 대륙침략 계획의 한 귀결일 뿐이었다.

여기서 일본이 어떻게 러일전쟁을 준비했는지를 잠깐 살펴보고 넘어갈까 한다. 얘기를 조선의 임오군란(1882년)으로까지 거슬러 올라가 한번 해 보도록 하겠다. 당시 일본의 메이지 정부는 조선에서 청과 영향력을 다투다 임오군란에서 낭패를 보게 된다. 이를 계기로 일본은 군비증강 8개년 계획을 세운다. 향후 청과의 대결에 대비하여 해군력을 강화하고 육군병력을 대대적으로 증강하는 것을 주요 내용으로 하는 이 계획에 일본 정부는 엄청난 예산을 투입한다. 그리하여 마침내 일본은 청일전쟁(1894~1895년)에서 승리하게 되고, 그 전리품으로 요동반도 할양 등을 얻어낸다. 하지만 주지하다시피 일본은 러시아, 독일, 프랑스의 '삼국간섭'[44]에 막혀 요동반도를 다시 내놓게 된다(일본은 이 때 강대국과의 동맹 필요성을 절감함-이후 영일동맹조약 체결). 일본은 러시아의 개입에 분노하며 그 굴욕을 반드시 되갚겠다면서 이제 '전후 10년 계획'을 수립한다. 육·해군을 대폭 증강하고 기간산업 육성 등에 박차를 가한다. '전후 10년 계획'의 실행과 더불어 또 하나의 결정적 기획이자 조치인 영일동맹조약[45]을 체결함으로써 러시아와의 결전 준비는 빈틈없이 진행됐다. 이리하여 결국 일본은 러일전쟁에서 승리하게 되는데, 여기서 선명히 드러나는 것은 일본의 대륙침략 계획—항상 한반도를 그 교두보로 상정한다—이 러일전쟁 훨씬 이전부터 이미 작동하고 있었다는 것이다(안 의사는 일본이 러일전쟁 승리 후 갑자기 돌변하여 한국을 점거했다고 봤는데 그와는 전혀 달리). 사실 1894년 일본이 청일전쟁을 일으켰을 때, 이미 거기엔 '러시아와의 종국적 대결'이 깔려있었다. 일본의 청일전쟁 도발 자체가 러시아의 동쪽으로의 본격적인 팽창정책을 의미하는 시베리

---

44 청일전쟁 후 동북아에서의 일본의 세력 확장을 견제하기 위해 러시아 주도로 행해졌다.

45 영국과 일본이 러시아의 동진에 함께 대응하는 동시에 아시아에 대한 이권을 나누기로 약속했던 조약이다. 그즈음 러시아는 1894년 이래 프랑스와 동맹관계에 있었는데, 따라서 일본 입장에선 동맹국인 영국을 통해 사실상 프랑스를 견제하는 측면도 있었다.

아횡단철도 착공(1891년)에 자극을 받은 것이었기 때문이다. 일본은 시베리아횡단철도가 개통되기 전에 청과의 문제를 종결지어야 한다고 봤던 게다.

　다시 안 의사의 동양평화론으로 돌아오면 일본의 러일전쟁 승리를 안 의사가 '쾌거'로 생각했던 것은 개전 당시 일왕日王이 발표한 선전포고문 내용, 즉 "동양평화를 유지하고 대한독립을 공고히 한다"는 전쟁명분을 곧이곧대로 믿었기 때문이라 할 수 있다[46]. 안 의사는 "동양평화와 한국 독립에 대한 문제는 이미 천하만국 사람들 이목에 드러나 그들은 금석金石처럼 믿게 되었고, 한청韓淸 두 나라 사람들의 뇌리에 깊이 새겨져 있음"에 이는 "비록 천신天神의 능력으로도 소멸시키기 어려운 것"이라고 하면서 일왕의 선전포고문 내용에 대한 신뢰를 드러냈다. 하지만 일왕의 선전포고문 내용은 겉으로 내세워지는 명분에 불과했다. 일왕이 말한 "동양평화"란 침략전쟁을 포장, 호도, 미화하기 위한 것이었고, 그가 말한 "대한독립을 공고히 한다"는 것 역시 대한제국을 다른 열강의 영향력에서 완전히 분

---

46 안 의사는 이토 등이 "천황"을 속이고 "천황"의 뜻을 왜곡, 침략정책을 수행하고 있다고 봤는데, 이전에 의병 운동을 할 때도 모병 연설에서 침략의 최종 책임자인 천황을 규탄하지 않고 이토의 침략정책만 비판했다고 한다. 공판 과정에서 안 의사는 이토의 15가지 죄악을 든 뒤 "내가 죽고 사는 것은 논할 것 없고 이 뜻을 속히 일본 천황 폐하께 아뢰어라. 그래서 속히 이토 히로부미의 옳지 못한 정략을 고쳐서 동양의 위급한 대세를 바로잡도록 하기를 간절히 바란다"고 했다. 이는 이토 등이 일왕의 뜻을 왜곡, 대외 침략 정책을 전개하고 있다고 본 것이며, 일왕이 상황을 제대로 알게 되면 일본의 태도나 자세가 바뀔 것이란 인식과 기대를 드러내는 것이라고도 할 수 있다. 하지만, 과연 이토가 일왕을 속여 일왕이 그의 정략을 제대로 모르는 상황에서 일본의 제국주의적 침략과 조선의 보호국화가 추진된 것일까? 또, 일왕이 현실을 제대로 알게 되면 과연 일본의 제국주의적 침략이 돌연 멈춰질 수 있었고, 그리하여 동양의 위급한 대세가 바로잡혀 동양 평화가 이룩될 수 있었을까? 분명한 것은 일제(日帝)의 최고 정점인 일왕 내지는 그 체제의 중핵인 천황제가 누락된 제국주의 일본을 우리가 상상하기는 어렵다는 것이다.

리해 내는[47] 것을 통해 한반도를 일본의 독점적 영향권 아래 재위치시킨다는 의미가 깔려 있는 것이었다. 사정이 이러한데도 당시 한국 입장에서 일왕이 내세운 러일전쟁 명분을 그대로 믿고 '동양평화'를 떠올리거나 '대한 독립의 공고화'를 기대했다면 그것은 너무나 순진한 것이었다고 할 수밖에 없다.

안 의사의 '동양평화론'과 관련해 우리가 또 하나 정말 주목해야 할 것은 '동양'이란 개념 자체이다. 이 '동양'이란 말은 '서양'의 반대말로 아주 오래전부터 있어왔던 게 전혀 아니다. 그것은 근대 일본에 의해 발명되어 제창되어진 것이다. '동양'이란 말은 메이지 유신을 전후한 시기에 일본 자신을 둘러싼 대외적 환경 변화에 대응하기 위한 개념적 장치로 만들어져 그들이 말하는 이른바 '역사적 실천'의 영역 내지는 '국가 이성(국익)'의 영역으로 불러들여진 개념이다.

---

47 한반도를 중국의 영향권에서 분리해 내는 일본의 작업은 청일전쟁 후 양국 사이에 체결된 시모노세키조약에 의해 실행됐다. 청국의 리훙장과 일본의 이토 히로부미가 체결한 시모노세키 조약 내용을 보면, 그 제1조가 "조선이 완전한 자주독립국임을 인정한다"고 되어 있는데, 여기엔 조선을 청(淸)에서 분리해 내는 것을 통해 청이 조선 문제에 개입하는 것을 차단하고, 그리하여 일본이 조선을 마음대로 침탈하고자 하는 의도가 숨겨져 있었다. 사정이 이러한데도 당시 한국에서는 "이토 히로부미를 청으로부터 한반도를 독립시켜준 은인이라는 인식이 퍼졌"고, 1898년 이토가 한국에 오자 "독립신문은 그를 조선 독립의 유공자라 칭송했으며 독립협회는 그를 열렬히 환영"했다. 주변 강대국이 한반도를 어떻게 다루는지, 또 우리가 어떤 근본적인 문제를 안고 있는지가 여기서 여실히 드러난다 하지 않을 수 없다. 100여 년이 지난 지금도 비슷한 모습들이 나타나고 있는 듯 하기도 하다. 2020년 한국을 방문한 중국 외교부장 왕이는 "세계에 미국만 있는 것은 아니다"라고 하면서 "한국은 독립 자주 국가다"라고 했다. 그가 왜 굳이 "독립 자주 국가"를 들먹였을까? 당시 여당(민주당)의 한 핵심 인사는 왕이의 이 발언에 대해 "중국에 줄을 서라는 의미보다는 다자주의 질서, 국제질서를 강조한 것이 아닐까 해석한다"고 했다. 이는 역사의식의 부재를 드러내는 것으로 참으로 안이한 인식이라 할 수 있다. 작금에 중국이 말하는 다자주의는 미국중심 국제질서에 편입돼 있는 나라들을 중국의 영향권 내로 끌어들이기 위한 책략의 의미가 강하다. 강대국들이 한반도를 다루는 외피적 논리는 100여 년 전이나 지금이나 동일하다. 그런데 정말 큰 문제는 한국의 지배 엘리트들 역시 별로 변한 게 없어 보인다는 점이다.

다시 말해, 그것은 일본 입장에서 서양에 대항하기 위해 조작해 낸 개념이었던 바, 거기에는 중국을 지나支那(차이나를 그저 소리 나는 대로 옮겨 적은 것임)라 불러 천하의 중심이란 의미를 거세, 그 격하[48]를 시도하는 한편, 새로운 지리·문화적 공간―즉, 동양―의 창출을 통해 이 공간을 일본의 영향권 내지 지배권 아래 다시 묶어내려는 의도가 내재돼 있었다(이는 청일전쟁, 러일전쟁으로 구체적인 모습을 드러냈고, 대한 제국의 식민지화 역시 그 한 귀결이었다). '동양'이란 말은 결국 일본의 대륙진출을 위한 '이념적 터닦이' 개념이요, 패권주의적 개념이었다는 게다. **'동양'이란 개념 자체가 일본 제국주의의 대외전략을 대변하는 것**이었다는 얘기다. 단재 신채호 선생이 당시의 각종 동양주의·동양평화론을 유보 없이 비판, 거부한 것은 바로 이러한 배경을 꿰뚫어 봤기 때문이라 할 수 있다.

그러면 여기서 신채호 선생의 비판 논지를 잠깐 살펴보고 넘어가기로 하겠다. 선생은 "동양 제국諸國이 일치단결해 서양세력의 동양침략을 막아야 한다"고 하는 의론을 "동양주의"로 규정하고는 이를 참으로 신랄히 비판했다(대한매일신보 1909년 8월 8, 10일자 '동양주의에 대한 비평'―참고로 안중근 의사의 이토 포살일은 1909년 10월 26일임). 동양주의란 "우리가 일본에 뺨을 맞으면 노할 것이나 그가 우리를 꾀어 말하되, 동양은 일가一家니 네가 노하지 말라 하며, 우리가 일본에게 피를 빨리면 절통하지만 그들이 우리를 속이어 말하되, 황인종은 같은 인종이니 너희가 원통해 하지 말라"하는 것으로, 그것은 결국 각 국

---

48 이는 곧 전통적 중화체제의 해체를 의미한다.

역사의 갈림길에 선 대한민국

이 약육강식의 경쟁을 벌이는 국제 정세 속에서 우리나라 사람으로 하여금 '우리나라를 중심으로 생각하는 것'을 잊게 하고 엉뚱하게도 동양을 지키려 하는 데에 빠져들게 하는 것이라고 했다. "동양에 있는 나라면 적국도 우리나라로 보며, 황인종에 속하면 원수의 종족도 우리 종족으로 인식하는 이가 점점 많이 생기는" 당시의 현실을 크게 개탄했다 하지 않을 수 없다. 선생은 "오늘날 동양주의 주창자를 살펴보건대 동양이 주인되고 자기 나라가 손님이 되어 나라의 흥망은 하늘 밖에 놔두고 오직 동양을 이같이 지키려 하니 슬프다"고 탄식하면서 "한국이 영영 망하며 한민족이 영영 없어져도 다만 이 국토가 황인종에게만 귀속되면 이를 낙관이라 함이 옳을가. 아, 옳지 않은 것이다"라고 했다. '이웃집이 내 집을 완전 강탈하여 뺏어 없애려 하는데도 마을의 단결이나 평화만 부르짖는다면 이는 옳지 않은 것'이란 얘기라고도 할 수 있다. 신채호 선생은 동양주의나 동양평화를 내세운 일본에 우리가 이념적으로 포섭되는 것, 그러한 것을 앞세운 일본의 국혼 찬탈 및 국권 탈취 기도에 우리가 넘어가는 것을 참으로 깊이 걱정했던 게 아닐 수 없다. 어떤 동양주의도, 어떤 동양평화론도 그것은 결국 서양침략을 핑계 삼아 동아시아를 자신의 패권 아래 재배열코자 하는 일제日帝의 의도가 깔려 있는 것이거나 그러한 일제의 의도가 침윤돼 있는 이념적 포섭의 자장에 끌려들어 간 것이라고 봤던 게다.

오늘의 시점에서 우리는 안 의사의 '동양평화론'을 좀 더 객관적으로 바라볼 필요가 있다고 여겨진다. 전체적 맥락을 제대로 살피지도 않은 채 그 이상적 측면에만 주목하여 그것을 무조건 상찬하는 것은 역사를 정면으로 응시하는 태도도 아니며, 역사를 진정으로 성찰하는 자세도 아닐 테다. 안 의사가 당시의 많은 다른 조선 지식인처럼 '실력 양성론'이니 뭐니 하면서 친일로 우회하지 않고 목숨을 던져 일제에 정면으로 부딪쳤던 것은 실로 위대한 행동이 아닐 수 없었다. 하지만 한줄기 빛과도 같은 그 영웅적 행위에 너무 눈이 부신 나머지 우리가 안 의사의 동양평화론을 좀 더 객관적으로 살펴보는 것을 통해 당시의 우리 역사와 오늘의 우리 자신을 다시 한 번 되돌아볼 기회를 놓쳐버린다면 그것은 후세를 사는 우리의 도리가 결코 아니라고 생각한다. 높은 이상을 갖는 것도 좋지만 주변 강대국들의 의도나 우리 자신의 발밑을 제대로 살피지 않은 채 저 멀리 높은 이상에만 초점을 맞춘다면 우리 자신의 생존 자체가 위태로워질 수 있을 뿐만 아니라 그 이상에 다가가는 것도 어렵다.

지금까지 근래 한국의 미래 생존책으로 많이 거론되어 온 동아시아공동체론과 그 연관 지점으로서의 안중근 의사의 동양평화론을 살펴봤는데, 우리가 안 의사의 동양평화론을 좀 과장되게 말하는 등의 태도를 보이며 동아시아공동체론에 깊이 빠져들어가는 것은 바람직하지 않다고 본다. 한·중·일 3자 구도를 중심으로 하는 동아시아 지역협력체는 중국이나 일본의 이익에 부합되거나 그들 강대국에 유리하게 작동될 가능성이 크다. 때문에 우리는 기존의 동북아 내지 동아시아라는 지역인식 틀을 뛰어넘어 시야의 지평을 확장해야 한다. 더불어 중층적 지역 인식을 개발하는 것도 필요하다고 해야 할 게다.

5

대륙과 해양 아우르는
생존 대전략의 밑그림

　우리 공동체의 성공적 존속을 위한 생존 대전략 내지는 원대한 전략적 비전을 만들어내기 위해서는 반드시 전제돼야 할 것이 있다고 본다. 그것은 바로 우리의 '정신적 상황의 문제'를 극복하는 것이라고 생각한다[49]. 대외적 자율성의 제약을 자진하여 감수하려 하거나 대외적 자율성의 강화를 스스로 놓아버리는 듯한 정신적 자세나 태도로는 결코 그러한 전략을 만들어낼 수가 없을 터이니 말이다. 외교든 동맹이든 그 밑에 튼튼히 자리 잡고 있어야 할 것은 주인의식

---

[49] 그동안 한국은 미국에 일방적으로 편승을 해 왔기 때문에 사실상 독자적인 전략적 사고 능력의 부재 상태에 있었다고 할 수 있다.

역사의 갈림길에 선 대한민국

이 아닐 수 없다. 그렇잖아도 지금 미중 패권 경쟁으로 인해 세계 질서의 판이 통째로 흔들리고 있지 않은가. 이제 우리는 스스로의 전략적 좌표를 빨리 설정하고 우리 공동체의 장기적 생존과 안녕을 담보할 미래지향적인 대전략을 반드시 수립해야 한다. **확고한 주인의식**을 갖는 것이야말로 그 출발점이라 할 수 있을 테다.

우리의 생존 대전략 내지는 원대한 전략적 비전을 만들어 내는 데 있어 또 하나 필수적인 것은 지정학적 상상력과 한반도의 지정학적 조건에 대한 창의적인 접근이라고 판단된다. 앞에서 한반도의 지정학적 조건을 직시하는 게 필요하다고 했지만, 다른 한편으로 필자가 참으로 강조하고 싶은 것은 지정학이란 단순히 국가의 지리적 위치 관계나 자연 환경에 초점이 맞춰져 접근되는 게 아니란 것이다. 즉, 그것은 객관적이며 불변적인 지리적 현실에 관한 것이 아닌, '각 국가가 전략을 세울 때 마주하게 되는 사물과 현상의 전체적인 맥락에 대한 연구'라는 것이다. 그렇다면 한반도라는 물리적·지리적 위치는 변할 수 없지만 우리가 하기에 따라서는 한국이 처한 지정학적 상황을 바꿔 놓을 수도 있다고 해야 할 게다.

향후 우리의 지정학적 협력지도는 기존의 동북아 또는 동아시아 중심 틀—역외자이지만 미국을 상정한다—을 완전히 뛰어넘어 그려져야 한다. 극동러시아와 몽골, 중앙아시아, 그리고 동남아시아와 인도, 환인도양으로 시야의 지평을 확장해야 한다는 얘기다.

그러면 이들 지역·국가들을 좀 자세히 살펴보기로 하겠는데, 먼저 **극동러시아** 지역부터 한번 보기로 하겠다.

근래 러시아 정부는 극동개발 프로젝트를 최우선적 국정과제의 하나로 선정, 그 추진에 심혈을 기울이고 있다. 이 극동개발 프로젝트는 푸틴 대통령이 '2012 APEC 정상회의'를 블라디보스토크에 유치하면서 본격화됐는데, 러시아가 이처럼 극동개발을 적극적으로 추진하는 배경엔 근본적으로 이 지역에 대한 중국의 소리 없는 잠식과 이로 인한 경제·안보적 위협에 대한 심각한 위기의식이 자리잡고 있다. 이 지역의 경우 원래부터 인구가 매우 희소한데다 과거 소련시절 주어졌던 '거주 인센티브'가 중단되고 생활여건·경제활동이 열악·부진함에 따라 소련 붕괴 이후 심각한 지역 공동화 현상이 벌어지고 있는데[50], 바로 이 빈자리를 중국인들이 물밀듯 몰려와 채우고 있다. 현재 이 지역의 중국인 불법 체류자만 해도 1백만 명이 넘는 것으로 추산되고 있다. 아무르 강 건너편 중국 동북 3성의 인구가 1억 2천만 명인 점을 감안하면 600만 명의 인구를 가진 극동러시아로서는 감당이 안 되는 상황이라 할 수 있다[51]. 압도적인 인구를 배경으로 한 중국 동북 3성의 경제력이 극동러시아를 잠식해 들어가고 있는 형국이다. 이미 극동 지역의 농산물·생필품 시장 등은 중국인들에 의해 사실상 장악되었다. 중국인들의 유입은 앞으로도 계속 늘어날 것이며, 극동 경제의 중국 종속 현상은 점점 더 심화될 공산이

---

50 이 지역 주민들의 '서쪽으로의 이주 행렬'이 계속돼 1992년 약 8백만 명에 달했던 인구가 근년에 600만 명 정도로 줄었다. 극동지역은 러시아 전체 영토의 36%(한반도의 28배, 한국의 62배 크기)를 차지하는데도 이 지역 인구는 러시아 전체 인구의 4% 정도에 불과하다.

51 아무르 강 이북과 연해주 등은 2차 아편전쟁 이후 청의 혼란기에 제정 러시아가 차지한 땅이다. 러시아 입장에선 극동의 중국화나 중국에 의한 실지회복을 크게 경계하지 않을 수 없다.

역사의 갈림길에 선 대한민국

크다. 이러한 상황은 극동지역에 있어서의 러시아의 안보 주권과 경제 위상에 심각한 손상을 줄 수 있으며, 장기적으론 극동의 존립 자체를 위협하는 것이 될 수도 있다. 러시아 정부의 극동개발 프로젝트 추진 이면엔 바로 이 같은 '중국의 소리 없는 잠식'—러시아에선 이를 '중국의 평화적 침략'이라고도 한다—에 대한 러시아의 국가적 위기감이 짙게 깔려 있다는 얘기다.

그런데 러시아가 이 극동개발 프로젝트를 추진해 나가기 위해서는 대규모의 대외경제협력이나 해외투자유치가 반드시 필요하다. 왜냐하면 자체적인 자본, 인력이 크게 부족한 상황이기 때문이다. 그런데 러시아로선 중국은 매우 껄끄럽고 일본은 영토 문제[52]가 가로 놓여 있다. 이에 비해 한국과는 과거사 문제도 없고 '극동지역에 있어서의 안보 주권'과 관련돼 제기될 수 있는 위험 요소도 거의 없는데다 경제적으로도 주력 분야가 상호 보완적이라 윈-윈이 가능[53]하다. 두 나라 사이에 경제적·전략적 이해가 많이 겹친다는 얘기가 아닐 수 없는데, 러시아 입장에서는 한국이 최적의 협력 파트너가 될 수 있다는 것이다.

실제로 러시아는 극동개발 최고 책임자인 유리 트루트네프 부총리 겸 극동관구 대통령 전권대표가 "북한과 인접한 지역에 여러 개

---

52 쿠릴 4개 섬 영유권 분쟁. 러시아는 2차 세계대전 종전에 따라 이들 섬이 자국에 합법적으로 귀속됐다는 입장인데 반해, 일본은 1855년 체결된 러·일 화친조약 등을 근거로 이들 섬(일본 명 북방 영토)이 "일본 고유의 영토"라며 돌려줄 것을 요구하고 있다.

53 한국은 러시아의 주요 수입 품목인 자동차·정보통신기술·합성수지 등에서 상당한 기술력 내지 수출경쟁력을 가지고 있고, 극동 시베리아에는 한국이 거의 전적으로 수입에 의존하고 있는 가스와 석유 등 에너지 자원이 엄청나게 매장돼 있다.

의 공단을 동시에 만들겠다"고 하는 등 한국에 적극적으로 손짓하고 있다. 이 같은 '공생 협력 공단'이 만들어지고 여기서 일반 소비재 제품 등을 만들어 러시아에 공급하게 되면 러시아와 남·북한 모두가 윈-윈 할 수 있을 테다. 푸틴 대통령은 2017년 5월 러시아를 방문한 한국 정부 특사 일행을 만난 자리에서 남·북·러 3각 경제협력 사업과 관련하여 러시아산 가스의 한국 공급을 위한 북한 경유 가스관 건설 사업과 남·북·러 철도 및 전력망 연결 사업 등의 재개에 대한 의지를 표명하기도 했다.

대對러 관계를 강화시켜 나가는 것은 우리 입장에서는 극동에 매장돼 있는 엄청난 에너지 자원에 접근하는 것이 될 수 있음은 물론, '언젠가는 현실이 될 경제적 블루오션으로의 진출을 의미하는 것'이라고도 할 수 있다. 지구 온난화로 말미암아 조만간 북극 항로 시대가 본격화할 것으로 예상되는데[54], 한국이 러시아와 '교통·물류 협력'을 확대해 나간다면 이는 우리에게 큰 기회의 문이 열리는 것이 될 수 있으며, 이러한 기회를 잘 활용한다면 우리는 21세기 물류 중심축의 향방을 바꿀 북극 항로 시대의 한 주역이 될 수도 있을 게다.

극동개발 사업 등을 통한 한·러 관계 강화는 남북협력 증진 및 한반도 통합을 위한 정치적 우회로가 될 수 있다는 점에서도 중요한 의미가 있다. 앞서 말한 '공생 협력 공단'뿐만이 아니라 '농업 협력 단지'(러시아의 땅과 남한의 영농기술, 북한의 인력이 결합되는 것을 상정할 수 있

---

54 인류 문명사, 세계 경제발전사의 부작용인 지구온난화로 인해 북극항로가 열린다는 점. 그리고 북극항로 운항이 본격화하면 환경오염 문제가 떠오를 수 있다는 점 등에서 씁쓸하고 걱정되는 면도 있다.

역사의 갈림길에 선 대한민국

을 것임), 교통·에너지 협력사업 등과 같은 경협체제를 만들어 운영해 간다면 그 자체가 곧 남북 협력의 공간을 넓혀나가는 것이자 한반도 평화와 남북 통합의 길을 닦아나가는 것이 될 수 있을 테니 말이다.

대對러 관계를 끌어올리는 것은 중국에 대한 한국의 경제의존도를 줄이고 중국의 압력을 상쇄하는데도 유용한 바, 이 점 또한 우리에 겐 큰 의미가 있다. 중국의 영향력 확대와 지정학적 도전은 향후 우 리를 대단히 무겁게 짓누르는 과제가 될 수밖에 없는데, 우리는 대對 러 관계의 강화를 통해 대중對中 관계를 경영해 나가는데 있어 또 하 나의 지렛대를 가질 수가 있기 때문이다.

한·러 관계 강화는 우리 입장에선 결국 '대륙으로의 길'을 본격적 으로 열어가는 것이자 대륙과 해양을 아우르는 실마리를 확보하는 것이라 할 수 있다. 한국은 그동안 유라시아 대륙에 대한 접근이 제 약돼 지정학적으로 목이 졸려 있는 형국이었는데, 대對러 관계의 제 고를 통해 이러한 상황을 해소해 나갈 수 있으며, 또 이를 발판으로 대륙과 해양을 잇는 지정학적 이점을 능동적으로 살려나갈 수가 있 기 때문이다.

근래 러시아 일각에선 한국인에게 러시아인과 같은 지위를 부여 해 극동에서의 인구 감소와 중국의 이 지역 잠식에 대처하는 한편, 경제 발전도 도모하자는 주장까지 나오고 있다. 대표적인 것이 블라 디미르 수린 박사의 '코리아 선언'[55] 인데, 수린 박사는 이 '선언'에

---

55 (전) 주駐) 우즈베키스탄 한국 대사관 공사 박병환이 쓴 『코리아 선언에 담긴 러시아의 고 민과 우리의 대응』 참고.

서 한민족과의 전략적 협력을 통해 중국인들의 '극동 유입'에 따른 러시아의 심각한 위기를 타개하고, 경제적 발전도 꾀하자고 강조하고 있다. 사실 러시아는 한반도 주변의 다른 강대국들과는 달리 남·북한 통합이나 강력한 한민족 국가의 출현에 우호적이라 할 수 있는데, 이는 러시아가 "유럽이면서 유럽이 아니고, 아시아면서 아시아가 아닌, 이중적 타자"로서의 독특한 위치에 있는데다 중국의 영향력 확장이나 동북아에서 심화하고 있는 대對중 열세에 대처하는데 있어 그 같은 형세가 자국에 유리하다고 판단하기 때문이다.

극동 지역을 중심으로 한 대對러 관계 강화가 앞에서 살펴본 것처럼 우리에게 큰 기회를 열어주는 것이 될 수 있지만, 역사적 호기의 순간은 재빨리 흘러가버릴 수도 있다는 것을 우리는 유념해야 한다. 그 기회는 결코 우리를 기다려주지 않는다는 것이다. 우리가 '남북관계의 교착'에 갇혀 있거나, 또는 한국 정부가 항상 말만 앞세워[56] 러시아의 기대에 계속해서 부응하지 못하거나, 아니면 우리가 미국을 너무 크게 의식한[57] 나머지 러시아에 적극적으로 손을 내밀지 못할 경우, 상황은 순식간에 달라질 수도 있다는 얘기다. 근래 러시아 정부가 일본 정부에 시베리아횡단철도TSR를 홋카이도까지 연결[58]하자는

---

[56] 러시아 인사들은 한국을 'MOU(양해각서) 맺는 데만 신경 쓰는 NATO(No Action Talk Only)정부'라 부른다고 한다.

[57] 미국을 의식하는 문제와 관련해선 지금처럼 중국의 영향력이 급격히 커지는 상황에선 한·러 간 협력 강화가 미국에 나쁘지 않은 면이 있기 때문에 우리는 이런 면을 파고들어 미국을 적극적으로 설득할 필요가 있다. 현재는 미국의 압박 때문에 러시아와 중국이 합동 군사훈련까지 하는 등 함께 있기를 바라지만 양국은 진정으로 서로를 믿기는 어려운 관계라 할 수 있다.

[58] 러시아와 사할린 간 타타르해협 7킬로미터와 사할린과 홋카이도 간 소야해협 42킬로미터

제안을 했는데, 이는 남북관계 교착이 장기화하는 등의 국면이 계속되자 러시아가 일본 쪽에 관심을 갖게 됐다는 걸 보여주는 것이라 할 수 있다. 러시아와 일본이 'TSR 연결'로 손을 잡고 대규모 경협이 이뤄진다면[59] 우리의 대륙 구상은 큰 타격을 받을 수밖에 없다. 만일 시베리아횡단 철도가 일본으로 이어지고 우리의 대륙 구상이 심각한 손상을 입는다면 한국은 동북아의 지리적 외톨이가 되거나 고립된 섬의 처지에 놓이게 될 수도 있다. 물론 러시아와 일본 사이엔 '영토 문제'가 가로놓여 있어 대규모 경협이 쉽게 성사되진 않겠지만, 여하튼 한·러 관계를 빨리 진척시켜 나갈 필요가 있다. 대對러 관계를 진전시켜 나가는 데 있어 무엇보다 중요한 것은 한국 정부가 러시아와의 전략적 소통을 꾸준히 강화해 가면서 극동지역 투자 등과 관련해 실질적인 액션을 취하고 다양한 협력 방안들을 지속적으로 실행해 나가는 것이라고 할 수밖에 없다.

이제, 극동러시아 지역에 이어 **몽골**을 한번 보도록 하겠다. 몽골은 동북아와 중앙아시아 지역을 연결하는 위치에 있을 뿐만 아니라 아시아와 유럽을 잇는 대륙의 가운데에 걸쳐져 있다. 이러한 점 때문에 몽골은 역사적으로 힘이 강할 땐 유라시아 대륙을 호령하며 세계로 뻗어나갈 수 있었지만, 힘이 약할 땐 주변 강대 세력/국가들에 의해 철저히 유린되거나 그들 간의 전략적 완충지대가 됐다.

를 교량이나 터널로 연결하는 것이다.

[59] 러시아는 자원 개발 등을 위해 일본에 파격적인 경제지원을 바라고 있고, 일본은 경제협력을 '당근' 삼아 북방 영토(쿠릴 4개 섬) 문제를 포함한 평화조약 체결을 겨냥하고 있다.

우리 한반도와 관련해서도 몽골은 실로 중요한 곳이 아닐 수 없다. 왜냐하면 몽골은 극동러시아와 접맥되는 지역이자 중앙아시아를 잇는 길목이기 때문이다. 향후 한국이 '대륙으로의 길'을 제대로 열어가고, 또 그 길을 넓혀가는 데 있어 몽골의 전략적 가치와 중요성은 아무리 강조해도 지나치지 않다.

몽골은 주지하다시피 중국과 러시아라는 두 강대국에 의해 완전히 에워싸여져 포위돼 있다. 이런 까닭에 몽골의 국가적 생존 환경은 녹록지 않다고 할 수밖에 없다.

근래 몽골 경제의 대對중국 종속 현상은 갈수록 심화하고 있다. 몽골의 대對중 수출 비중은 90%에 육박하고, 몽골 수출입 총액의 절반 이상을 중국이 차지하고 있는 실정이다. 몽골 수출의 80~90%는 광물 자원에 의한 것이 아닐 수 없는데, 2014년 나온 몽골 광물국 보고서에 따르면 광업 분야 특별허가증을 소유한 100% 외국인투자회사 중 52.2%가 중국 기업이다.

한편, 전통적으로 몽골에 막강한 영향력을 행사해 온 러시아는 지금도 에너지 공급 등을 통해 몽골의 급소를 쥐고 있다시피 하고 있다. 2011년 러시아는 "몽골 동부의 우라늄 광산 개발권 문제로 갈등을 빚다가 경유 공급을 중단해 몽골 경제를 휘청이게" 하기도 했다. 게다가 몽골의 생명선이라 할 몽골종단철도TMGR 역시 러시아가 건설한 것이며, 현재도 이 몽골종단철도와 동북부 초이발산 노선을 관리·운영하는 울란바토르철도회사UBTZ의 지분을 50% 갖고 있다.

몽골은 자국 경제의 활성화를 위해 중국의 투자를 크게 원하면서도 중국에 대한 뿌리 깊은 역사적 반감과 중국의 급격한 영향력 확대에 대한 경계감으로 러시아와의 협력을 강화하는 한편, 중·러의 과도한 영향력을 줄이기 위해 이른바 '제3의 이웃 전략'도 추진해 왔다. 바로 이 '제3의 이웃 전략' 차원에서 몽골은 한국, 일본, 미국, EU 등과도 관계를 확대해 왔던 게다. 그동안 몽골에 가장 많은 원조를 한 나라가 일본인데, 일본 정부는 대對중국 견제 측면에서의 몽골의 지정학적 가치를 중시해 경제협력과 교류에 신경을 써왔다. 최근엔 미국도 중국과 러시아 견제를 위한 포석으로 몽골과의 관계를 강화하고 있다.

몽골은 대對 한국 관계를 발전시키는 데 특히 적극적이라 하지 않을 수 없다. 몽골 정부는 광물자원과 농축산물에 기반한 제조업 및 에너지 분야에 한국이 집중적 투자와 기술 협력을 해 주기를 바라고 있으며, 한국과의 협력 확대 도모를 외교의 우선순위로 삼고 있을 정도다. 몽골은 국경을 접하고 있는 러시아와 중국에 이어 한국을 가장 중요한 이웃으로 여기고 있는 것으로 알려지고 있다.

사실 몽골과 한국은 상호보완적인 요소가 꽤 많다. 몽골은 한반도의 7배, 남한 면적의 16배나 되는 넓은 국토를 가지고 있고 세계 10대 자원국으로 불릴 만큼 풍부한 천연자원을 보유하고 있지만, 인구는 겨우 300만 명에 불과하고 자금·기술력은 크게 부족한 상황이다. 반면, 한국은 국토가 좁고 자원은 빈약한데, 인구 밀도는 매우 높고 자금·기술력은 상당히 뒷받침되는 편이다. 뿐만 아니라, 양국은 역사·문화·정서·생활방식·언어 등에 있어 그 관계성이나 친연성, 유사성이 매우 크다. 게다가 근래 한국에 장·단기로 거주하는 몽골인이 4만6000여명에 달하는데, 이는 몽골인의 해외 진출국 중 최다가 아닐 수 없다. 한·몽 양국이 공히 강대국들에 둘러싸여 있어 안보적으로 취약한데다 이 같은 여러 요소들을 감안하면 두 나라가 강력한 상보적·공생적 협력을 추진해 나갈 필요성이 그만큼 크다고 할 수밖에 없다.

양국이 이러한 협력을 추진해 나가는 데 있어 무엇보다 중요한 것은 상호 국가생존전략 차원에서 조망되는 상생 발전의 큰 틀을 짜는 것이라고 본다. 그 틀 속에서 광물자원 개발 및 가공, 교통·물류 인프라, 친환경 농·축산업 등의 분야에서 양국이 실질적인 협력을 진전시켜 나가는 게 바람직하다고 여겨진다. 그런데 여기서 우리가 유의해야 할 것은 **단기적 이익이나 성과에 얽매이지 말고 장기적 안목에서 전략적으로 접근해 가야 한다**는 것이다. 몽골은 우리의 중대 취약 부문인 자원과 식량 문제에 있어 협력 잠재력이 높은 나라일 뿐만 아니라, 우리가 앞으로 협력과 상생의 방법을 통해 '대륙으로의 길'을 구축해 나가는데 있어 선차적인 협력 파트너이자 핵심적인 연결고리라는 것을 염두에 두고 긴 호흡으로 움직여 나가야 한다는 얘기다.

한·몽 양국이 상보적·공생적 협력 방안을 마련하고 이를 실행해 나갈 땐 아주 조심스러운 접근이 필요하다. 왜냐하면 한·몽 양국의 강력한 전략적 협력은 중국 등 주변 강대국들을 자극할 가능성이 있기 때문이다. 따라서 우리는 강대국들의 몽골을 둘러싼 지정학적 경쟁과 상호 견제 구도를 꿰뚫어 보면서 이를 매우 사려 깊고 신중하게 추진해 나가야 한다. 특히 중국의 경계심을 최소화할 수 있도록 면밀히 신경 써야 하며, 다른 한편으론 러시아가 한·몽 양국의 강력한 전략적 협력을 수용할 수 있도록 각별한 외교적 노력을 기울여야 한다.

역사의 갈림길에 선 대한민국

이제 몽골에 이어 **중앙아시아** 지역을 한번 살펴보기로 하겠다. 중앙아시아는 옛 실크로드의 중심이요, 지정학적으로 유라시아 대륙의 중앙에 위치해 있는 지역이 아닐 수 없다. 이 지역은 동쪽으로는 중국, 서쪽으로는 유럽, 북쪽으로는 러시아, 남쪽으로는 이란과 아프가니스탄, 인도를 잇는, 다시 말해 유라시아 대륙의 동서남북을 내륙으로 잇는 전략적 요충지다(게다가 이 지역은 천연가스, 석유, 석탄 등 자원의 보고이기도 하다). 중국의 거대 전략 구상인 일대일로의 중심축이 왜 중앙아시아인지가 여기서 그대로 드러난다고 할 수 있다(미국의 즈비그뉴 브레진스키는 '거대한 체스판'에서 미국의 전략은 유라시아 대륙 내부를 장악하는 패권세력을 불허하는 것이라고 했다). 시진핑 중국 주석은 2013년 9월 카자흐스탄을 방문했을 때 이 일대일로, 즉 '신 실크로드' 프로젝트에 대해 처음 언급했다. 일대일로의 추진을 계기로 중국이 이 지역에 대대적인 '경제 물량 공세'를 취하고 있음은 말할 것도 없다(중앙아시아 국가들은 중국으로부터의 지원이나 중국과의 경제협력 확대를 원하면서도 중국의 경제적 급부상과 영향력 확장을 두려워하고 있다). 한편, 러시아는 상하이협력기구SCO(중국과 러시아를 포함해 중앙아시아 국가인 카자흐스탄, 우즈베키스탄, 타지키스탄, 키르기스 등 6개국으로 출범함)에 인도(에너지 소비가 급증하고 있는 인도 입장에서는 중앙아시아에 매장돼 있는 석유와 천연가스를 확보하는 것이 중요함)를 끌어들여 중국의 중앙아 공략 내지는 '신 실크로드 경제지대' 구축을 견제하려 하고 있다(러시아의 '인도 끌어들이기'에 대한 대응 카드로 중국은 파키스탄을 SCO에 끌어들임).

중앙아시아가 우리에겐 지리적으로 멀리 느껴질 수도 있으나 한반도와 중앙아시아의 교류는 이미 신라·고구려 때부터 실크로드를 통해 이뤄졌다. 옛 실크로드의 중심지였던 우즈베키스탄 사마르칸트의 아프로시압 궁정 벽화엔 고구려 사신으로 보이는 인물들이 그려져 있다고 하지 않는가. 이 벽화는 중앙아시아가 우리에게 지정전략적地政戰略的 차원에서 어떤 의미를 갖는지를 보여주는 것이라고도 할 수 있지 않을까 한다. 당시 고구려가 사마르칸트에 위치했던 왕국에 사신을 파견했던 것은 당나라를 서쪽에서 견제할 연대세력 확보를 위한 전략적 차원의 외교행위였을 수가 있기 때문이다. 한반도에서 사마르칸트까지의 거리는 약 5000킬로미터다. 사신 파견이 전략적 차원의 외교행위였다면 고구려의 전략적 시선이 왜 5000킬로미터나 떨어져 있는 중앙아시아에까지 뻗쳤는지를 우리는 정말로 깊이 곱씹어 봐야 한다.

앞에서 이미 말했듯 현재 중앙아시아 지역에서 벌어지고 있는 지정학적 게임의 주요 참가자는 중국, 러시아 등 강대국들이지만, 그렇다고 한국이 이 지역 국가들과의 관계를 확대해 나가는 데 있어 위축될 필요는 없다고 여겨진다. 왜냐하면 한국이 이 지역을 둘러싼 지정학적 게임의 주요 플레이어는 아니지만, 오히려 이러한 점을 역으로 활용할 수가 있기 때문이다. 즉, 이 지역 국가들의 한국에 대한 경계가 그만큼 적다는 점을 활용, 우리는 상호 우의와 전략적 협력을 더 두텁게 다져나갈 수가 있기 때문이다. 그리고 이 지역 국가들은 현재 원자재 기반의 경제에서 제조업 육성 등을 통한 새로운 경제 구조로의 전환을 모색하고 있는 바, 한국과의 협력을 강하게 원하고 있다고도 할 수 있다. 게다가 중앙아시아는 알타이 문화권으로 우리와 생활·정서·언어적으로 많은 공통분모를 갖고 있고, 고려인

역사의 갈림길에 선 대한민국

동포 또한 30만여 명이나 살고 있는 지역이 아닌가.

그동안 우리는 중앙아시아를 단순히 저발전 자원부국이나 소비 시장이란 관점에서 바라보는 경향이 강했는데, 이제 이런 시각에서 벗어나 중앙아시아의 전략적 가치를 보다 적극적으로 인식할 필요가 있다. 이른바 '자원과 기술(또는 상품)의 교환' 등과 같은 기존의 시각에서 탈피하여 우리가 공생협력의 방법을 통해 '대륙으로의 길'을 만들어 가는 데 있어 실로 중요한 지역이라는 거시적인 관점에서 중앙아시아를 바라보는 게 요구된다는 것이다. 물론 중앙아시아는 지역 통합적 요소나 통합성의 관점이 빈약하며, 중앙아 국가들 간의 관계도 매우 복잡하다. 이 같은 점을 고려하면 우리는 일단 지역적 공통성에 입각한 정책보다는 중앙아 개별 국가들과의 양자 협력을 우선적으로 강화해 나가는 것이 요청된다. 양자관계에서의 호혜적 협력 구조를 견실히 구축해 가면서 이를 바탕으로 우리가 중앙아시아 지역과 자연스럽게 밀착될 수 있게 하는 것이 바람직한 접근법으로 여겨진다는 게다.

지금까지 극동러시아와 몽골, 중앙아시아 지역을 살펴봤는데, 우리가 이들 지역·국가와 긴밀한 공생협력을 꾀하려는 구상은 그 자체가 우리에겐 하나의 큰 전략적 그림이 될 수 있다고 생각한다. 강대국들에 둘러싸여 있는 한반도의 지정학적 조건을 뛰어넘기 위해서는 이 같은 간접 우회 전략이 필요하며, '극동러시아-몽골-중앙아시아'를 축선으로 하는 우리의 북방 전략은 한반도 대전략의 척추로 상정될 수 있지 않을까 한다.

이제 시선을 남방, 즉 **동남아, 인도, 환인도양**으로 돌려보기로 하겠다. 우리의 생존 대전략 내지는 원대한 전략적 비전의 큰 방향은 한국 경제·외교의 지평을 확장하고 그 전략적 입지를 넓혀가는 쪽으로 잡힐 수밖에 없다고 본다. 이런 측면에서 동남아와 인도, 환인도양 연안 국가들과의 관계를 강화해 나가는 것도 실로 중요하다 하지 않을 수 없다. 현재 한국은 전체 수출 중 중국과 미국이 차지하는 비중이 40% 정도에 이르는 등 이들 양국에 대한 의존도가 너무 높다. 따라서 우리는 무한한 성장 잠재력과 엄청난 인구, 풍부한 자원을 갖고 있는 동남아, 인도, 환인도양 지역과의 교류 및 협력 강화를 통해 미·중 양국에 대한 의존도를 줄여나가야 한다. 이런 방향으로 경제·외교 다변화를 적극 추진해 나가는 것은 우리 입장에선 대외 경제충격으로부터의 대응 역량을 제고하는 것임은 물론, 한반도를 둘러싼 강대국들에 대한 지렛대를 하나 더 갖는 것이 될 수 있다. 그리고 앞서 언급한 '극동러시아-몽골-중앙아시아'를 축선으로 하는 우리의 북방 전략의 성공적 추진을 위해서도 이 남방 라인이 필수적이다.

그러면 동남아 지역부터 한번 보기로 하겠다. 아세안^{ASEAN}(동남아시아 국가연합)은 베트남, 인도네시아, 싱가포르, 말레이시아, 캄보디아, 미얀마 등 10개국을 포함하며 인구 6억5000만 명(중국, 인도에 이어 세계 3위임)에 국내총생산^{GDP}을 합치면 2조8000억 달러 규모(세계 5위권)다. 동남아는 이미 한국 기업이 가장 많이 수출하는 지역으로 부상했다. 통계청과 관세청이 2018년 5월 발표한 '2017년 무역통계'에 따르면 한국 기업의 총수출액 가운데 동남아 비중이 26.0%로 중국 비중(24.8%)보다 높았다[60]. 수입까지 포함한 최대 교역국은 여전히 중국이지만 동남아의 대對한국 수입 증가율 또한 크게 높아지고 있어 앞으로 **동남아가 한국의 최대 교역 대상이 될 가능성이 있다.** 동남아는 세계에서 가장 젊은 인구 구조를 가지고 있어 향후 상당 기간 동안 높은 성장세가 지속될 것으로 예상되고 있으며, 특히 '디지털 경제'로의 이행 속도가 매우 빨라 '미래 산업'에서 한국과의 교역이 더욱 활발해질 것으로 점쳐지고 있다. 하지만 지금처럼 베트남에 대한 지나친 쏠림 현상은 바람직하지 않으며, 다른 아세안 국가들과의 교류·교역도 확대해 나갈 수 있도록 다양한 협력 분야를 발굴, 유대를 더욱 넓혀 나가야 한다.

아세안은 각 국의 이해관계가 복잡하게 얽혀 있긴 하지만 미중 전략 경쟁으로 인한 압박이나 부정적 영향을 최소화하고 이들 양 강대국에 대한 대응력을 높이기 위해 역내 국가 간의 협력을 더욱 긴밀히 하는 한편, 주변 국가들과의 전략적 협력도 강화하는 방향으로 나아갈 가능성이 크다. 아세안과 비슷한 전략적 딜레마에 처해 있는 한국 입장에선 이 같은 아세안의 움직임에 동참하여 교류·협력을 확대하고 전략적 연대를 꾀해 나갈 필요가 있다.

한국이 대對아세안 관계를 강화해 나가는데 있어 잊지 말아야 할 것은 지나치게 우리의 필요성이나 시장의 확장이란 측면에서 동남

---

60 한국이 아세안과의 무역에서 막대한 흑자를 내고 있는데, 우리는 이 같은 무역수지 불균형을 줄여나가기 위한 방법을 아세안과 논의해야 한다.

아를 바라보고 접근해선 안 된다는 것이다. 경제·외교·문화 등 여러 분야에서의 연계성을 폭넓게 증진시켜가면서 그들의 마음을 얻고 장기적 차원에서의 공생 협력 기반을 꾸준히 구축해 나가는 게 중요하다는 얘기다.

작금의 미중 패권 경쟁으로 인해 기존 세계질서의 역학구도가 흔들리면서 아세안의 중요성이 더욱 커지고 있는 바, 한국 입장에서는 아세안을 국가 전략의 새로운 주요 파트너로 발전시켜 경제 다변화는 물론 전략적 유대를 도모해 나갈 필요성이 그만큼 증대되고 있다고 할 수밖에 없다.

이제 이어서 인도를 보기로 하겠다. 근래 인도는 연 7%대의 성장률을 기록하며 중국을 제치고 세계에서 가장 빨리 성장하는 경제대국으로 떠올랐다. 인구 13억3000만 명에 명목 금액 기준 국내총생산GDP이 세계 7위(2조6000억 달러)지만 구매력 기준으로 보면 중국, 미국에 이어 세계 3위(9조4000억 달러)다. 게다가 2022년경이 되면 인도는 중국을 누르고 세계 최다 인구국이 될 것으로 관측되고 있다. 유엔이 밝힌 2022년 인구 전망치를 보면 인도는 14억1800만 명, 중국은 14억900만 명이다. 그리고 미국 인구통계연구소인 인구조회국PRB이 공개한 '2018년 세계 인구 통계 보고서'에 의하면 인도는 2030년 인구 15억3230만 명을 기록, 중국의 예상 인구 14억1950만 명을 1억 명 이상 차이로 제칠 것으로 예측되고 있다. 더욱 중요한 것은 인도가 '젊은 인구구조'를 가지고 있다는 점이다. 현재 중위 연령(인구를 나이순으로 일렬로 세울 때 정중앙에 위치하는 연령)이 26.6세로 세계의 중위 연령(29.6세)

보다 3살 적고, 중국의 중위 연령(37.0세)보다는 10살이나 적다. 그만 큼 '젊은 인도'의 잠재력이 크다는 얘기가 아닐 수 없다. 이처럼 인구가 빠른 속도로 증가하고 있는데다 상대적으로 '젊은 인구구조'를 가지고 있어 인도가 세계 경제에서 차지하는 비중은 갈수록 높아질 것으로 예상된다. 게다가 최근의 미중 무역 전쟁 등으로 인해 많은 세계적 대기업들이 중국 밖으로 공급망[61]을 이전했거나 이전할 계획인 것으로 알려지고 있는데, 이들 대부분의 발길과 시선이 향하는 곳은 인도다. 이 같은 점들에 비춰보면 인도는 20~30년 안에 중국에 버금갈 정도의 '글로벌 파워'로 부상할 가능성이 있다.

우리가 또 하나 크게 주목해야 할 것은 인도가 전략적·지정학적으로 한국과 좋은 파트너가 될 수 있다는 점이다. 인도는 지금 중국의 팽창을 크게 경계하고 있는데, 이는 인도와 한국이 전략적 공감대를 형성할 부분이 많다는 걸 의미한다고 할 수 있다. 태평양 지역의 지정학적 구조를 보더라도 인도와 한국의 전략적 협력 공간은 넓다. 근래 인도는 동아시아 나라들을 중시하는 '동방정책'을 강조하면서 인도양을 넘어 태평양으로까지 관심을 확대하고 있고, 최근엔 태평양으로 향하는 길목에 위치한 인도네시아와 해양 협력을 강화, 말라카 해협 부근의 사방 섬을 이용할 수 있게 됐다. 바로 이 사방 섬을 태평양으로 향하는 자국 해군의 보급 기지로 활용할 계획인 것으로 알려지고 있다. 이는 다분히 중국의 영향력 확장을 견제하려

---

61 오늘날 지정학적 경쟁의 본질이 '영토'를 둘러싼 경쟁에서 '연결'을 둘러싼 경쟁으로 진화하고 있다는 것. 다시 말해 세계 공급망이나 에너지 자원 등과 관련된 연결성의 증대가 전략의 핵심으로 떠오르고 있다는 것을 우리는 유념할 필요가 있다.

는 의도가 담긴 것이라고 할 수 있다. 앞에서 이미 언급했듯 중국은 현재 남중국해, 동중국해에서 영향력을 확대하고 있고, 향후 미국을 서태평양에서 밀어내려 한다. 이런 가운데 근래 중국 정찰기가 한국 측 방공식별구역KADIZ[62]을 수시로 침범하고 있음은 잘 알려져 있는 사실이 아닐 수 없다. 이 같은 점들을 고려하면 한국 입장에선 인도와의 전략적 협력을 꾀해 나가는 것이 꼭 필요하며, 현재의 미·중 양강 구도를 헤쳐 나가는데 있어서도 대對인도 관계 강화가 긴요하다. 게다가 향후 인도가 '세계적인 경제대국'이 되거나 '21세기 중심국가'로 올라선다 해도 한반도에 지정학적 위협이 될 가능성이 적다는 점에서 우리의 더욱 매력적인 협력 파트너가 될 수 있다. 뿐만 아니라, 인도는 역사적으로 중동·아프리카 국가들과 깊은 관계를 유지해 온 나라이기에 우리가 환인도양 연안국들과의 협력을 도모해 나가는 데 있어 그 교두보 역할을 할 수 있다는 점에서도 중요한 국가이다.

이제 인도를 넘어 환인도양으로 시야를 좀 더 넓혀보기로 하겠다. 환인도양 연안국 및 그 주변국들에는 세계 인구의 3분의 2가 살고 있으며, 환인도양 지역은 석유 등 자원 또한 풍부한 곳이다. 게다가 이 지역은 이른바 유라시아 대륙 중심부Heartland와 연안지역Rimland이 만나는 곳으로 그 지정전략적地政戰略的 의미는 실로 심대하다 하지 않을 수 없다. 사실 그동안 미국의 세계 전략의 핵심은 이 하트랜드와

역사의 갈림길에 선 대한민국

림랜드의 결합을 저지하는 데 있었고[63], 반면 현재 중국이 추진하고 있는 일대일로 정책은 그간 해양세력에 의해 분절됐던 유라시아 대륙 중심부와 연안지역의 유기성을 살리고자 하는 전략이라 할 수 있다. 한국이 환인도양 연안국들, 특히 그 동서부 지역 나라들에 큰 관심을 가져야 하는 이유는 무엇보다 이 지역이 우리의 생존 대전략의 두 축으로 상정될 수 있는, 극동러시아-몽골-중앙아시아로 이어지는 북방 라인과 동남아-인도-환인도양으로 이어지는 남방 라인이 접맥되는 지역이기 때문이다. 한국이 2018년 11월 아시아·아프리카의 인도양 연안 국가들로 구성된 '환인도양연합'IORA, Indian Ocean Rim Association의 대화상대국으로 가입됐는데, 이는 우리에게 상당히 고무적인 것이라 할 수 있다. 이 '환인도양연합'은 1997년 인도와 남아공 주도로 출범해 현재 이들 두 나라를 포함해 스리랑카, 방글라데시, 태국, 인도네시아, 말레이시아, 싱가포르, 호주, 이란, UAE, 예멘 등 22개 회원국으로 구성돼 있으며, 한국, 미국, 중국, 일본, 영국, 독일, 프랑스, 이집트, 터키 등 9개국이 대화상대국으로 가입돼 있다. 우리가 이 '환인도양연합'을 플랫폼으로 하여 역내 국가들과의 소통·교류·협력을 확대하고 내실화해 간다면 결국 '극동러시아-몽골-중앙아시아'를 축선으로 하는 우리의 북방 전략과 '동남아-인도-환인도양'을 축선으로 하는 우리의 남방 전략이 카스피해에서 만나게 된다. 한반도를 중심으로 북방과 남방, 대륙과 해양으로 방대하게 뻗

---

63 미국은 유라시아 본토로부터의 위협이나 대륙세력의 팽창을 막기 위해 림랜드—한국의 지정학적 위치 역시 이 림랜드에 해당한다고 볼 수 있음—를 확보, 대륙을 봉쇄코자 해 왔다.

어나간 우리의 생존 대전략이 여기서 접맥되는 게 아닐 수 없다. 이처럼 북방 전략과 남방 전략이 서로 받쳐주고 보완하면서 연결될 때 한반도 대전략의 효과는 극대화될 것이다.

이제 우리는 **기존의 동북아 또는 동아시아 중심의 지역 인식 틀, 외교 틀에서 벗어나야 한다.** 그동안 한국은 미·중·일·러 등 4강 중심의 외교에 치중해 왔다 하지 않을 수 없는데, 이런 식의 외교패턴이나 양자관계에 몰입되는 식의 접근으로는 지금 우리가 직면하고 있는 외교·안보적 도전을 극복해 나가는 것도, 강대국들의 틈바구니에서 우리의 자주적 생존 활로를 열어 나가는 것도 어렵다고 할 수 있다. 우리는 새로운 지정학적 상상력으로 '육해陸海 협력 지도'를 그려야 하며, 그에 기초하여 경제·외교 다변화 등을 적극적으로 추진해 나가야 한다.

지금까지 우리의 생존 대전략을 수립하는데 절실히 요청되는 것들을 살펴보고 대강의 전략적 그림도 그려봤는데, 우리가 원대한 전략적 비전을 만들어내기 위해서는 치열한 정신과 강력한 의지, 확고한 주인의식과 주체적인 전략적 관점[64]이 전제돼야 함은 말할 것도 없고, 국제관계의 구조와 흐름을 꿰뚫는 거시적인 안목과 최소

---

[64] 이러한 관점은 독립적 사유능력에서 나온다고 할 수 있는데, 과거 전통시대에는 중화주의로 인해, 그리고 현대에 이르러선 미국중심주의로 인해 우리의 독립적 사유능력이 퇴화 또는 약화됐다. 이 같은 사유의 종속성을 극복하는 것이야말로 우리의 근본적 과제라 하지 않을 수 없다.

역사의 갈림길에 선 대한민국

30~40년, 길게는 100년 이상을 내다보는 장기長期 포석의 호흡, 그리고 대담·장대한 상상력 및 고도의 지정학적 창의성 등이 참으로 중요하다고 할 수밖에 없다. 우리는 이러한 것들이 응축된 원대한 전략적 비전을 마련해 이를 전략적 침로로 하여 세계 질서가 통째로 흔들리고 있는 이 거대한 세력전환기를 헤쳐 나가는 동시에 미·중·일·러 등 4대 열강의 틈바구니에서 우리의 자주적 생존 활로도 열어 나가야 한다(이 대전략의 실행 과정에서 남북 통합 문제 또한 자연스럽게 풀려나갈 수 있어야 한다). 이는 우리에게 너무도 오랫동안 씌워졌던 '역사의 굴레'를 돌파해 가는 것이라고도 할 수 있다.

맺는 글

지금 우리가 어떤 사회적·공동체적 비전을 마련하느냐에 따라 우리의 미래는 크게 달라질 수 있다고 본다. 어떤 비전을 마련할 것이냐의 문제와 관련해 정말 중요한 것은 **좋은 사회, 좋은 공동체에 대한 우리 나름의 상**을 그리는 게 아닐까 한다. 지금까지 우리는 성장제일주의, 성장지상주의를 추구하면서 현 선진국 모델, 특히 미국식 모델을 모방하려 애써 왔다 하지 않을 수 없는데, 이제 이런 것에서 벗어나 좋은 삶이 무엇인지를 깊이 성찰하고, 그 바탕 위에서 좋은 사회, 좋은 공동체에 대한 우리 나름의 상을 짓는 게 진정 중한 일이 아니겠느냔 것이다.

사실 그동안 우리는 19세기 말까지는 중국 표준에 의해, 1900년대 초반부터 해방 이전까지는 일본 표준에 의해, 그리고 해방 이후부터 지금까지는 미국 표준에 의해 살아왔다고 할 수 있다. 우리도 이제 우리 나름의 제도는 물론이요, 표준을 만들어 낼 때가 됐다고 해야 하지 않을까 한다. 한국이 선진국이 되어야 한다고 할 때 그 핵심적 의미 중 하나는 바로 이것이 되어야 한다고 생각한다. 이를 위해서는 우리가 인문적·철학적·전략적 차원에서 높은 수준의 사유를 할

역사의 갈림길에 선 대한민국

수 있어야 하고, 또 고도의 혁신적 기술력을 보유해야겠지만, 그렇다고 그러한 제도와 표준을 만들어 내는 것을 너무 복잡하게 생각할 것도 없다고 여겨진다. 왜냐하면 한편으론 좋은 사회, 좋은 공동체에 대한 우리 나름의 상을 제대로 그려 거기에 맞춰 우리 사회의 제도나 기제를 만들어 나가고, 다른 한편으론 한국이 핵심 기술을 많이 가진 기술선도국이 될 수 있도록 가일층 노력해 간다면, 그게 곧 우리 나름의 제도는 물론이요, 표준을 만들어 가는 게 될 수 있을 터이니 말이다.

그렇다면 좋은 사회, 좋은 공동체에 대한 우리 나름의 상을 어떻게 그려볼 수 있을까? 좋은 삶이 무엇이고, 좋은 사회가 무엇인지에 대해선 우리 공동체가 함께 정의해야겠지만 필자가 생각하기엔 다음과 같은 점들이 그 상을 그리는데 좀 깊이 고려돼야 하지 않을까 싶다.

첫째, 주거·의료·노후·환경을 포함한 생활의 여러 기초 영역에서 삶의 기본적인 안정성이 폭넓게 확보되어야 한다는 것이다. '생활의 가장 근간적 공간인 집' 문제로 불안에 떨지 않고 살아 갈 수 있으며, 몸이 아플 때 치료비 걱정에 짓눌리지 않고 병원에 갈 수 있고, 노후에도 생계에 대한 큰 근심 없이 안정적 생활을 이어갈 수 있으며, 우리의 삶이 자연이나 환경과 조화롭게 공존할 수 있는 등 우리 사회구성원들의 삶의 도정道程에 그 기본적인 안정성이 광범하게 깃들 수 있도록 해야 한다는 얘기다.

둘째, 우리 공동체 구성원 누구나가 자신이 처한 경제적 환경이나 자신의 출신 계층, 성별 등에 상관없이 자신의 끼와 개성을 마음껏 발산·발휘할 수 있고, 자신의 잠재력과 가능성을 충분히 키우고 펼칠 수 있게 돼야 한다는 것이다. 이를 위해 매우 중요한 것은 삶의 초기 조건, 즉 경쟁으로 들어가기 전 단계의 조건을 어느 정도 평등하게 만들어 줘야 한다는 게 아닐 수 없다. 좋지 않은 가정환경 등으로 인해 불리한 위치에 있는 이들을 보호하고 지원해 누구나 같은 출발선에 설 수 있도록 해줘야 한다는 것이다. 작금의 우리 사회 현실을 한번 보라. 출발선에 제대로 서 보지도 못하는 아이들이 얼마나 많은가. 경쟁에 뛰어들지조차 못하는 이들에게 경쟁의 공정성이 무슨 큰 의미가 있겠으며, 기회의 균등이란 게 무슨 실질적 의미가 있겠는가 말이다. 한 사람의 '인생 전망'을 틀 지우는 데 있어, 그리고 그 사람이 현실의 삶을 실제 꾸려가는 데 있어 자기 자신의 의지만큼이나, 혹은 그 이상으로 사회구조가 미치는 영향이 크다는 점이 사회의 기본 제도에 깊이 서려 있는 사회, 바로 그런 사회가 좋은 사회가 아닐까 한다. '경쟁으로 들어가기 전 단계의 평등'을 위해서는 사전적事前的 복지체계를 잘 갖춰 나가는 게 긴요하다. 여기저기서 재원 문제를 들고 나올 수도 있겠지만 필자가 보기엔 지금 한국 현실에서 정작 중요한 문제는 경제적 능력이라기보다는 정치의 능력이라고 여겨진다. 다시 말해, 현재의 한국 상황에서 정말 큰 문제는 예산의 문제, 돈의 문제가 아니라 '복지' 문제를 국가정책 과제의 앞자리에 놓고 20~30년 정도를 내다보면서 이를 단계적·체계적으로 추진해 나갈 안목과 의지, 역량을 지닌 정치세력, 정당이 없다는 것이다. 스웨덴이나 핀란드 같은 북유럽 국가들은 국민소득이 우리보다 훨씬 낮을 때부터 사회복지지출을 늘렸었다. 1인당 국민소득 1

역사의 갈림길에 선 대한민국

만 달러, 2만 달러라는 동일 시점에서의 선진국들과 한국의 GDP 대비 사회복지지출을 비교해 보면 그 차이는 너무도 현격하다. 1인당 국민소득 1만 달러라는 동일 시점에서의 사회복지지출 비율을 보면 스웨덴(1977) 27.8%, 독일(1979) 25.7%, 프랑스(1979) 23.5%, 미국(1978) 13.7%, 일본(1981) 10.4%, 한국(1995) 3.5%다. 2만 달러라는 동일 시점에서는 스웨덴(1988) 32.2%, 프랑스(1990) 30.1%, 독일(1990) 29.6%, 미국(1988) 14.1%, 일본(1987) 11.3%, 한국(2004) 6.3%다. 복지 시스템을 마련하는 데 있어 가장 관건적인 것은 예산의 문제, 돈의 문제라기보다는 정치의 능력, 정부의 의지라는 게 이 'GDP 대비 사회복지지출 비교'에서 잘 드러난다 할 수 있다. 현재(2019년 기준) 한국의 국내총생산GDP 대비 사회복지지출 규모는 12% 정도로 선진 복지국가들의 3분의 1 수준에 불과하다. OECD 회원국들과 비교해도 그 평균의 절반 수준에 그치고 있다. 제대로 된 '복지' 플랜을 마련하는 게 우리에겐 참으로 중요한 과제라고 할 수밖에 없다.

셋째, 우리 공동체가 경제적 격차나 계층적 차등이 적은 사회가 되도록 해야 한다는 것이다. 소수에게 엄청난 부가 집중돼 있는 나라라 하더라도 GDP 수치를 기준으로 하면 부자 나라일 수 있고 선진국일 수 있다. 하지만 그런 부자 나라, 그런 선진국이 좋은 사회를 구현하고 있다고 하긴 어려울 게다. 소득이나 부富가 그 공동체 구성원 전체에게 어느 정도 고르게 분배돼야 할 이유는 여러 차원에서 얘기될 수 있겠지만, 여기서 필자가 언급하고 싶은 것은 개인 또는 기업이 일궈낸 성공이나 성과라는 것이 과연 그들의 능력과 노력만의 산물인가 하는 점이다. 아무래도 그건 아니라고 해야 할 듯싶다.

왜냐하면 개인 또는 기업이 일궈낸 성공이나 성과라는 것은 그들의 빼어난 능력과 각별한 노력만으로 성취된 것이 아니라 그 공동체가 역사적·사회적으로 구축한 지식, 기술, 제도 등에 바탕한 것이거나 그러한 것들에 크게 힘입은 것이기 때문이다. 기술 발전만 해도 그 것은 천재적인 소수의 발명가나 탁월한 몇몇 개인에 의해 이뤄진 것이라기보다는 수많은 개인들의 집단적·사회적·협력적 노력에 의해 이뤄진 것이라고 할 수 있다. 노벨경제학상을 받은 허버트 사이먼은 모든 소득의 90%는 이전 세대에 의해 축적된 지식이나 그 사회가 가진 공통의 자산 덕분이라고 했다. 그렇다면 모든 공동체 구성원은 사회적 공통 자산의 혜택을 어느 정도 고르게 분배 받을 권리가 있다고 해야 하지 않겠는가. 게다가 개인의 성공에는 그가 어느 시대에 태어났고(예컨대, 미국의 농구 황제 마이클 조던이 미국에서 농구가 현재와 같은 위상을 갖지 못한 100년 전에 태어났더라면 그가 과연 지금과 같은 명예와 부를 누릴 수 있었을까?), 어느 나라에서 출생했으며, 어떤 가정환경에서 자랐고, 얼마나 우수한 두뇌를 타고 났으며, 또 살아가면서 어떤 사람들을 만나게 됐는지 등도 큰 영향을 미친다고 할 수 있는데, 사실 이런 것들은 모두 자기 노력에 의해 이뤄지거나 획득된 것이라기보다는 운에 의해 결정되거나 주어진 것이라고 할 수 있다. 개인이 일궈낸 성공이나 성과, 부富라는 게 온전히 자신의 노력과 실력만으로 성취된 게 아니라 많은 부분이 운이나 우연, 타이밍의 결과일 수 있다는 것이다(그래서 우리 모두는 조금 겸손해 질 필요가 있다고 여겨진다—특히 성공한 사람들일수록).

경제적 격차나 계층적 차등이 적은 사회가 되도록 해야 하는 또 다른 중요한 이유는 불평등이 부자와 빈자 모두에게 좋지 않은 영향을 미치기 때문이다. 불평등이 큰 사회는 신뢰 수준이 낮고, 범죄율이 높으며, 기대 수명이 낮다고 하지 않는가. 뿐만 아니라 크나큰 불평등은 민주적 정치과정과 법의 지배를 훼손하며, 많은 이들이 그렇게도 강조하는 경제적 효율성과 생산성마저 악화시킨다고 할 수 있다.

넷째, 노동의 가치와 역할이 인정되고 존중되어야 한다는 것이다. 노동은 인간 공동체 내지는 모든 사회적 구조물의 기초 혹은 근간에 해당하는 영역이며, 노동자들은 그 사회의 절대 다수 구성원이자 중심적인 생산자 집단이 아닐 수 없다. 그럼에도 불구하고 그간의 한국 노동 현실은 실로 참담한 지경이었다.

단체행동권이 헌법에 엄연히 보장돼 있음에도 불구하고 노동자들의 집단행동은 죄악시 됐고, 노조의 파업은 철저히 분쇄됐다. 노동조합 자체가 불온시 됐음은 말할 것도 없고, 노동문제를 거론하기만 해도 뭔가 불그스름하고 좌파적인 것으로 여겨졌다. 노조 활동을 하려면 징계나 해고, 구속의 위험을 무릅써야만 했고, 단체행동을 했다간 업무방해죄로 몰리기 일쑤였을 뿐만 아니라 민사상의 엄청난 손해배상을 청구 당하기도 했다[1]. 파업 관련 업무방해죄[2]에 대한 근래의

---

1 쌍용자동차 정리해고 반대 투쟁 시 회사는 노동조합에 대해서 뿐만 아니라 수 십 명의 노동자들에게 약 100억원의 손해배상을 청구했고, 현대자동차의 경우 '불법파견 정규직화 투쟁'을 한 비정규직 노동자들에게 총 210억원이 넘는 손해배상을 청구했으며(결국 법원은 노조원 122명에게 70억원의 손해배상 판결을 내렸는데, 이 판결은 노동자의 자살로 이어졌음), 한진중공업 정리해고 반대 투쟁 시에도 회사는 158억원의 손해배상을 청구했다(이 또한 노동자의 자살로 연결됐음).

2 그동안 이 업무방해죄는 한국에서 노동자와 파업을 탄압하는 '전가의 보도'로 활용돼 왔는데, OECD 회원국 중 한국 외엔 파업을 업무방해죄로 처벌하는 나라는 없다고 한다.

대법원 판결만 하더라도 그것은 참으로 이해하기 어려운 것이었다. 2009년 11월에 있었던 철도파업[3]에 대해 대법원은 업무방해에 해당된다며 유죄 취지의 판결을 내렸는데, 이는 예고된 파업은 업무방해죄가 적용되지 않는다는 기존의 대법원 판례와 상반되는 것일 뿐만 아니라 상식적으로 생각해 봐도 납득이 잘 안 되는 것이라 할 수 있다. 노조가 파업을 예고했다 하더라도 실제 파업을 강행할 것으로 사측이 예측하기 어려웠다는 것이 대법원의 유죄 판단 근거인데, 그렇다면 앞으로 사측이 무조건 "파업을 강행할지 몰랐다"고 하면 모든 파업은 무조건 불법이 된단 말인가? 이 같은 판결은 노동자들의 정당한 파업권을 사실상 봉쇄 또는 무력화하는 것이라 할 수 있다. 국민의 권익을 지키는데 앞장서야 할 대법원이 이처럼 업무방해죄의 적용요건을 폭넓게 해석해 사용자 편을 들어주는 것은 한국 사법부의 일그러진 모습을 그대로 보여주는 게 아닐 수 없다. 1990년대 중반부터 정부의 고용 유연화 정책 등이 강력히 시행되면서 사법부는 권력의 입맛에 따라 친사용자 성향을 강화해 왔었는데, 이 '철도파업 판결'뿐만 아니라 다른 많은 판결에서도 대법원의 친사용자적·친기업적 편향성이 뚜렷이 드러났다.

부당노동행위 인정률[4]을 보더라도 민주정부—김대중·노무현 정부—를 포함해 역대 어느 정권에서도 10%대를 넘지 못했다. 이는 헌

---

3 철도노조는 이명박 정부의 이른바 '공공기관 선진화 방안'에 따른 인력감축 계획에 반발해 파업을 벌인 혐의로 기소됐으나 1·2심에서 무죄를 선고 받았다.

4 노동자들이 사용자를 상대로 제기한 부당노동행위 구제 신청 중 부당노동행위를 인정받는 비율을 이르는 것이다.

법상 보장된 노동자의 기본권을 침해하는 사용자의 부당노동행위를 "심각한 범죄행위로 인식하지 않고 있다"는 걸 보여주는 것이라 할 수 있다. 2006년 10.2%를 기록했던 부당노동행위 인정률은 2009년 7.5%로 떨어졌고, 2010년엔 5%대 밑으로까지 추락했다. 실로 믿기 어려운 수치라고 할 수밖에 없다.

많은 노동자들이 기본권조차 제대로 보장받지 못하면서 억압·차별·멸시 받는다면 그 사회가 과연 인간적·윤리적 기초를 가질 수 있을까? 노동자 혹은 노동이라고 하면 보통 제조업 부문에서 일하는 사람들 또는 노조를 떠올리기가 쉬운데 노동자란 분명 그보다 훨씬 더 넓은 범위를 아우른다. 노동자란 노동력의 제공을 통하여 사회경제적 생활을 영위하는 사람들이 아닐 수 없는 바, 영세자영업자도, 식당 종업원도 다 노동자이기 때문이다. 노동자·종업원이 생산 또는 사업의 파트너로 인정받지 못하는 것은 "우리 사회의 모든 갑질이나 인간에 대한 최소한의 존중마저 부정되는 수많은 사회경제적 관계의 뿌리"라고 할 수 있다. 노동자·종업원이 동등한 인간으로 대우 받지 못한다면, 그 사회에서 인간에 대한 존중이 어떻게 확보될 수 있겠는가 말이다.

노동을 억압하거나 노동자를 생산의 파트너로 인정하지 않고 배제하는 것이 과연 나라 경제나 기업의 장기적 발전에 도움이 되는 것일까? 현재 세계 최고의 복지 선진국인 스웨덴과, 2차 세계대전 패전국에서 유럽 최강국으로 재부상한 독일의 경우를 한번 보자. 지금 한국의 노조 조직률이 10% 정도인데, 스웨덴의 노조 조직률은 70%에 가깝다(원래 80~90% 정도 됐던 게 떨어져 이 수준이 된 것임). 그런데도 스웨덴 경제는 성장·안정·평등이라는 측면 모두에서 미국보다 더 뛰어난 실적을 보여주고 있다는 평가를 받고 있다. 그 평가의 내용을 보면 2010~2012년의 기간 동안만 하더라도 미국의 성장률은 2%인데 비해 스웨덴은 3.7%였고, 실업률은 미국이 9.2%, 스웨덴이 7.7%였다. 국내총생산GDP 대비 무역수지 흑자 비중은 미국 -3.3%, 스웨덴 6.3%였고, GDP 대비 사회복지지출 비중은 스웨덴이 미국보다 훨씬 큰데도 재정 상태는 미국보다 비교할 수 없을 정도로 건전했다. 소득 지니계수 또한 스웨덴이 미국보다 훨씬 낮았다. 그리고 독일의 경우엔 잘 알려져 있다시피 노동자가 경영에 참여하는 '공동결정제'를 시행하고 있는데, 이는 자본과 노동, 주주와 종업원 양자가 이사회에 공동으로 참여하여 경영진 선출 등 기업 경영과 관련된 결정을 함께 내리는 제도가 아닐 수 없다. 독일 내에서는 이 공동결정제야말로 "독일 산업의 역동성과 경쟁력의 원천이자, 경제적 성공의 비결"이란 평가까지 나온 바 있다. 여기서 하나 덧붙이고 싶은 것은 "자본과 노동의 이해관계가 균형적으로 고려될 수 있게" 한 독일의 '사회적 시장경제'라는 게 보수 정당인 기민당 주도로 실행됐다는 것이다. 한국의 이른바 보수 정당을 떠올리면 상상조차 할 수 없는 일이 아닌가. 결국, 스웨덴과 독일의 경우에서 우리가 어렵잖게 알 수 있는 것은 노동자들의 목소리와 권리가 억압되지 않고 살아 숨 쉬며, 그들이 생산의 정당한 파트너로 중시되고 존중되어야 기업도 나라 경제도 지속적인 발전을 이뤄나갈 수가 있다는 것이다.

이젠 우리도 정말 달라져야 한다고 본다. 노동자·종업원이 생산 또는 사업의 실질적인 파트너로 수용되어야 한다. 그리고 노동자들의 의사와 이익이 정치적으로 대표될 수 있어야 함은 물론, 그들이 정치적으로 역할을 할 수 있어야 한다. 사회세력 간 '힘의 균형'과 '상호 견제'가 이뤄져야 한다는 것은 민주주의의 실효적 작동을 위해 실로 중요한 것이라 하지 않을 수 없다. 이 같은 '힘의 균형'과 '상호 견제'가 이뤄지지 못할 때 민주주의 원리나 제도들은 효과적으로 작동하기 어렵다.

다섯째, 자본주의 시장경제체제의 근본적 문제에 깊이 다가가며, 이른바 '글로벌 스탠더드'에 얽매이기보다는 우리 나름의 사회경제모델을 만들어 가야 한다는 것이다. 그동안 한국 정부는 '글로벌 스탠더드'라는 이유로 미국 정책을 그대로 가져와 한국에 적용하려 했는데, 이런 정책적 자세는 바람직하지 않다고 본다. 한국의 현실에 뿌리를 둔, 우리의 상황에 맞는 정책들을 고안하고, 이러한 정책들을 실행해 나가는 것을 통해 우리의 길을 꾸준히 걸어가는 게 중요하다고 생각한다. 경제발전과 복지강화를 함께 이뤄낼 우리 나름의 방법을 도출, 한국적 사회경제모델 내지는 우리 현실에 맞는 '조절된 시장경제체제'를 만들어 나가고, 이를 통해 우리 사회구성원 모두가 더 인간적인 삶을 누릴 수 있도록 하는 게 바람직하지 않겠느냔 것이다.

여섯째, GDP의 숫자보다는 생명과 인간적 가치, 우리 사회구성원들의 삶의 질이 중시돼야 한다는 것이다. 경제적·물질적 성장 혹은 부의 확대재생산에만 매달리는 것에서 벗어나 생명과 인간적 가치, 우리 사회구성원들의 삶의 질이 진정 소중하게 여겨질 필요가 있다는 얘기다. 한국 경제는 주지하다시피 불과 몇십 년 만에 1인당 국민소득이 100달러 이하에서 3만 달러에 이를 정도로까지 성장했다. 그런데 수많은 우리 사회 구성원들의 삶의 내용이 과연 과거보다 정말로 더 좋아졌다고 할 수 있는가? 1인당 국민소득이 과거에 비해 350배 정도 늘어났는데도 지금 자살률은 세계 최고 수준, 출산율은 세계 최저를 기록하고 있으며, 많은 사회경제적 약자들이 피부로 느끼는 삶은 갈수록 힘들어지고 있지 않은가. 이제 양적 성장에만 거의 맹목적으로 집착하는 경제에서 탈피해야 한다. 한국 경제의 대전환을 이뤄내야 한다는 것이다. 경제 발전이 '삶의 질'을 무시하거나 도외시 한 채 GDP의 숫자만 끌어올리는 방향이 아닌, 우리 사회 구성원 모두가 자신의 역량을 제대로 펼칠 수 있게 하고 그 삶의 질을 향상시키는 방향으로 도모돼야 한다. 경제 발전이나 성장이 사회윤리적 의미—윤리란 타인의 고통에 공감할 줄 아는 능력이라고도 할 수 있다—와 인간적 가치를 내포하는 것이어야 함은 말할 것도 없고, 자연을 파괴하고 착취하는 방식으로 이뤄져서도 안 될 것이다. 모든 생명은 그물망처럼 연결돼 있기에 인간, 그리고 다른 뭇 생명, 자연이 동떨어져 존재한다고 할 수 없다. 때문에 생명의 가치, 생명 중시는 사람에게만 협소하게 적용되어선 안 되며, 뭇 생명과 자연을 향한 것이어야 한다. 그럴 때만이 그 어떤 것도 가볍게 여기지 않고 쉽게 희생시키지 않는 정신적·사회적 토대가 형성될 수 있으며, 그럴 때만이 인간, 그리고 다른 뭇 생명, 자연이 조화롭게 공존할 수 있다고 생각한다. 어떻게 보면 사람이 살기 좋은 세상을 만든다는 것은 사람 중심의 세상을 만드는 게 아니라고 할 수 있다. 왜냐하면 사람이 살기 좋은 세상을 만든다는 것 자체가 다른 뭇 생명을 존중하는 것에서 출발해야 할 터이니 말이다.

일곱째, 다원적 가치가 존중되고, 이념적 차원이나 사회구조적 힘의 차원에서 우리 사회가 한쪽으로 지나치게 쏠리지 않도록 해야 한다는 것이다. 한국 사회는 분단과 냉전반공주의로 인해 가치구조가 획일화됐고, 그에 따라 우리 사회에서는 다원적 가치가 존중되지도 못하고 다원주의가 자리 잡지도 못해 왔다. 이 같은 환경이나 조건에서는 개인 또는 집단의 다양한 목소리와 의견이 제대로 개진되거나 표출될 수 없음은 물론, 공동체 내에서의 합당한 사회적 공론이나 정상적 여론의 형성이 어렵고, 주요 정파·정당 간의 정치경쟁도 가치나 정책을 중심으로 하여 전개되기가 힘들다. 게다가 한국은 사회구조적 힘의 차원에서도 한쪽으로 너무나 쏠려 있는 사회라 하지 않을 수 없다. 즉, 한국 사회는 "초중앙집중화되고 재벌중심적인" 사회라는 것이다. 때문에 우리 사회가 좀 더 좋은 사회가 되기 위해서는 다원적 가치가 존중되어야 함은 말할 것도 없고, 사회·경제 구조를 포함한 여러 차원에서의 다원화—수도권 과밀 분산 및 지역 균형발전 포함—가 이뤄져야 한다는 것이다.

여덟째, 한국 경제 내지는 우리 공동체의 생존 기반이 외풍, 즉 대외변수에 쉽게 영향받거나 흔들리지 않도록 해야 한다는 것이다. 한국은 경제·식량·에너지 등의 대외의존도가 지나치게 높아 국민 경제 또는 국가적 생존 기반이 크게 불안정하거나 취약한 상태에 놓여 있다고 하지 않을 수 없다. 그동안 한국이 괄목할 만한 경제 성장을 이뤘다지만 경제대외의존도는 과도하게 높고, 곡물자급률은 20% 정도에 불과하며, 에너지 자급률은 약 3%밖에 안 된다. 수출이 잘 안 되거나, 주요 상대국이 무역보복을 들고 나오거나, 식량·에너지 확보가 여의치 않을 경우, 국가적 위기에 처할 수도 있는 구조란 것이다. 잘 사느냐의 문제가 아니라 생존 자체가 문제가 될 수도 있다는 얘기다. 우리 경제의 체질을 중·장기적 관점에서 체계적으로 개선, 강화해 나가는 것을 통해 지나치게 높은 대외의존도를 줄여 나가야 하며, 심각하게 위협받고 있는 식량 주권 문제에도 적극적으로 대처하고 에너지 안보 강화에도 크게 신경을 써야 한다. 우리 공동체의 안정적 생존과 성공적 존속을 위해선 이 같은 영역에서의 장기 계획이 필히 수립되어야 하며, 이는 정권교체와 상관없이 지속적으로 추진되어야 한다.

아홉째, 열강의 틈바구니에 끼여 있는 한반도의 지정학적 조건 속에서도 우리의 자주적 생존 활로를 열어 나가고, 우리 스스로가 우리 운명의 주인으로 굳건히 설 수 있도록 해야 한다는 것이다. 우리는 전통시대를 포함해 참으로 오랫동안 어느 한 강대국과의 일방적인 관계구조 속에서 생존해 왔고, 그런 가운데 주변 강대 세력/국가들의 역학관계가 변할 때마다 우리의 운명이 비극적으로 요동쳤다 하지 않을 수 없다. 이제 이 같은 존재방식이나 대외관계 틀, 역사의 경로에서 벗어나야 한다는 것이다. 외교·안보 문제와 관련해 한국 정부가 독자적인 플레이어가 될 수 있도록 해야 하며, 향후 강대국들의 역학관계나 기존의 지배적인 국제질서가 변전, 변환되더라도 우리의 생존과 운명이 비극적으로 요동치지 않게끔 해야 한다. 이를 위해서는 우리가 확고한 주인의식을 가지는 한편, 긴 안목의 원대한 전략적 비전을 마련해 이를 일관되고 주도면밀하게 실행해 나가는 게 반드시 필요하다.

지금까지 우리 나름의 좋은 사회상 내지는 공동체상을 그리는 데 있어 중요하게 고려돼야 할 것들을 짚어봤는데, 인간 존재의 어쩔 수 없는 한계성이나 인간 그 자체가 모순적인 존재라는 점을 감안하면 인간이 만들어 낼 수 있는 사회란, 인간이 건설할 수 있는 공동체란 어쩌면 상당히 제한적인 것이라고 할 수밖에 없을지도 모르겠다. 하지만 그럼에도 불구하고 조금 더 나은 사회를 실현하기 위해 끊임없이 노력하는 것, 조금 더 나은 공동체를 구현하기 위해 불가능하다고 여겨지는 것들에 부단히 도전하는 것, 바로 이것이 우리가 진정 해야 할 일이 아닐까 한다.

역사의 갈림길에 선 대한민국
혼돈·표류·권력쟁투를 넘어 비전·전략으로

초판 1쇄 발행 2022년 6월 7일

지 은 이   천무진 ⓒ 2022

펴 낸 이   김환기
펴 낸 곳   도서출판 이른아침
주   소   경기 고양시 일산동구 정발산로 24 웨스턴타워 업무4동 718호
전   화   031-908-7995
팩   스   070-4758-0887
등   록   2003년 9월 30일 제313-2003-00324호
이 메 일   booksorie@naver.com

ISBN 978-89-6745-133-2 (03300)